RÉFLEXIVITÉS AFRICAINES

PUBLIC THINKING SERIES
SERIES EDITOR

Parfait D. Akana (The Muntu Institute & University of Yaounde 2)

© Muntu Institute Press, 2021 - Yaoundé, Cameroun

ISBN : 9789956464388

© Jimsaan, 2021 - Dakar, Sénégal

PUBLIC THINKING SERIES – N°1

CYCLE DES CONFÉRENCES DE "THE MUNTU INSTITUTE"

RÉFLEXIVITÉS AFRICAINES

Parfait D. Akana (Dir.)

Muntu Institute Press - Jimsaan, 2021

À la mémoire Fabien Eboussi Boulaga, inspirateur généreux et exigeant, Président d'honneur de The Muntu Institute

Sommaire

II. SANTÉ ET ÉCOLOGIE

III. DOMAINES MÉDIATIQUE ET POLITIQUE

POST-SCRIPTUM

AVANT-PROPOS
LE RISQUE DE LA PENSÉE

Parfait D. Akana

THE MUNTU INSTITUTE & UNIVERSITÉ DE YAOUNDÉ II-SOA

*"Comme tu peux le voir, la vie ici [au Came-
roun] est faite de points d'exclamation !"*

Fabien Eboussi Boulaga (Inédit)

Ce à quoi invite ce volume, c'est à un exercice réflexif, un
retour à soi et pour soi. Pour saisir ce qui arrive et nous arrive dans le monde où nous vivons. Il y a 15 ans, dans un
numéro spécial de *Terroirs* (revue africaine de sciences sociales et de philosophie) consacré à Mongo Beti, Fabien
Eboussi Boulaga posait les questions suivantes :

> "Pouvons-nous prendre un intérêt passionné et informé
> pour ce qui se passe en Afrique, chez nous, autrement
> qu'en écho aux réactions des agences, de la presse et des
> médias occidentaux ? Sommes-nous capables de nous for-
> mer un jugement de valeur historique, politique et moral
> sur les évènements survenant dans notre continent et dans
> le monde, qui ne soit une réplique de deuxième ou de troi-
> sième ordre des sentences de ce qu'il est convenu d'appe-
> ler la communauté internationale ?" (2004 : 5).

Ces questions, et bien d'autres encore, sont au fondement
du projet intellectuel de The Muntu Institute (African Huma-
nities and Social Sciences). Le livre issu du premier cycle de

nos conférences que voici en est l'une des expressions concrètes. Il prolonge deux années intenses de conférences diverses, d'un exercice public de la pensée où nous avons expérimenté le "risque" que constitue chaque fois le passage "d'une culture du consensus à une culture du débat critique et contradictoire" (Jean-Marc Ela, 2007 : 81). Quelle est la rançon, peu glorieuse, d'un tel "risque", assumé, sous nos latitudes ? C'est le lot de controverses qu'une activité dissonante, transgressive, entraîne inéluctablement parce qu'elle introduit dans le confort des consensus bienveillants une "fausse note" comme dirait Erving Goffman. La fausse note c'est de considérer qu'il est encore possible, dans un système de l'improduction devenu "loi", de penser, de promouvoir un exercice public de la pensée qui ne succombe pas à la religion du lieu : le conformisme, l'acquiescement et l'acclamation érigés en réflexes structurants de la vie de l'esprit... Aussi, la possibilité de continuer ou de "recommencer" la tâche de penser "tout seul ensemble avec les autres" (Fabien Eboussi Boulaga, 1992 : 7) n'est pas le privilège d'un individu exceptionnel, au-dessus de son époque et de ses contemporains, mais des hommes et des femmes ordinaires qui, en raison du lieu, proportionnent leurs actions à leurs moyens et dessinent ainsi dans des contextes de forfaiture endémique, des "lignes de résistance"...

Chaque conférence durant ce cycle aura été, à ce titre, une ligne de résistance. Le lecteur ou la lectrice de ce livre ne manquera pas d'y voir aussi des lignes de faille. Elles sont inévitables. L'une de celles-ci concerne l'insuffisante participation et présence des femmes dans ce volume. Par-delà des difficultés structurelles qui nous obligent à être plus inventifs, il nous faudra résolument travailler plus pour accueillir, par divers mécanismes, une parole dont la discrétion dans des espaces de pensée est une violence intellectuelle et un déni.

Cet engagement est une condition importante de sens pour une entreprise comme la nôtre, soucieuse de jouer un rôle majeur dans l'animation d'espaces de convivialité critique et intellectuelle qui inscrivent les savoirs et les connaissances dont se réclament des groupes ou des individus dans les circuits de la discussion collective.

Discuter de ce que l'on sait ou croit savoir, de ce qu'on a appris, découvert, imaginé, et le faire d'une manière qui laisse ouvertes des possibilités de dépassements, qui oblige à des correctifs, parfois profonds, ou qui nous conforte dans nos intuitions de départ est déjà le signe d'une hospitalité intellectuelle et un témoignage de civilité.

Celle-ci, malheureusement, est une denrée de plus en plus rare dans les temps que nous vivons et où l'on voit, surgir de nos écrans, ceux-là sur qui Fabien Eboussi Boulaga ironisait quand il les qualifiait de "maîtres du nouveau savoir"[1]. Il y a, dans ces apparitions, l'imposture de la violence, tyrannique, avec laquelle ces « maîtres » assènent leurs vérités définitives sur ce qui se passe dans nos sociétés. Le retour

---

[1] Conversation avec lui en mars 2007. Allusion était faite ici à un numéro du mensuel *Patrimoine* (N° 76, Mars 2007) : *Universités d'État. "Maîtres du savoir". La liste se rallonge !*

aux « choses-mêmes », pour reprendre la formule husser-lienne, et l'impératif d'une description critique de notre condition s'impose. Il évite la séduction paresseuse de ce qui pourrait être ou advenir. Il ne glose pas sur des possibles radieux et le sens historial de notre avènement à nous-mêmes qui, dans une étrange servilité idéologique, après avoir été placé sous la conditionnalité, par une certaine élite universitaire, du vol du secret de l'Occident, prêche au-jourd'hui le vol du secret de l'Orient...

En finir avec ces sermons, échapper au vertige des spécu-lations vaporeuses, tristes alibis sous nos latitudes d'un sys-tème d'improduction endémique qui fait l'économie des raisons et des logiques du lieu et privilégient, en guise d'ex-plications exclusives et ultimes, quelques fétiches comme "la guerre hybride", "le postmodernisme", le "postcolonialisme" et autres épouvantails est, plus que jamais, un impératif éthique. Il s'agit, non pas d'ignorer le rôle des puissances et des idéologies étrangères dans le façonnage de notre ethos, mais de congédier cette subjugation hallucinée qui fait cer-taines élites universitaires parler de l'Afrique, de ce qu'il lui faudrait, de ce qu'elle pourrait devenir, depuis le ventre des autres quand il est question de "penser spatialement", c'est-à-dire de "renoncer à d'innombrables fictions de diversion et d'aliénation et à opter résolument contre l'occultisme pour des explications qui s'étalent et s'exposent à l'examen." (F. Eboussi Boulaga, 2004 : 5). Mais, la radicalité de telles expli-cations, ce à quoi elles obligeraient à renoncer, c'est-à-dire aux privilèges rentiers d'une sous-classe de fonctionnaires de la philosophie et d'autres disciplines universitaires, est un risque inutile quand l'enjeu est ailleurs : manger et se reproduire, quoiqu'il en coûte... Un enjeu maquillé de "dialectique", enrôbé de fulgurances "philosophiques" et cyniquement affublé du mot de "lutte". La "lutte contre la déstabilisation du pays", la "lutte contre la partition du pays", la "lutte pour l'intégrité physique du pays", "la lutte pour l'État", etc.

Le "pays" et sa "défense", au péril-même de ce dont on veut assurer la "sauvegarde", devient alors une fiction totalitaire qui paramétrise toute réflexion autorisée et acceptable, c'est-à-dire acquise, sans discussion, au mythe de ce à quoi nous devrions notre allégeance inconditionnée.

Quelle est la part du Cycle de Conférences de The Muntu Institute face à une telle injonction et à cette étrange religion de l'acquiescement dans ce qui est parfois considéré, abusivement, dans nos pays, comme la vie des idées ? Elle est et consistera principalement en l'institution d'un véritable "champ de réflexivité" où, par l'exercice d'une discussion critique, enracinée dans les expériences concrètes du lieu, nous assumons cette tâche profondément humaine, toujours à recommencer, d'être raisonnable car, "Être raisonnable, c'est revenir à soi comme puissance autonome de réceptivité et de détermination, comme initiative qui est elle-même la genèse du sens de l'être au monde" (Edmond Ortigues). Ceci est le premier impératif éthique dans l'espace du débat critique qui nous enjoint à proclamer, comme Démosthène quand prolifère le mensonge : "Même si j'avais décidé de taire quelque chose, maintenant je suis entraîné à parler".

RÉFÉRENCES

DÉMOSTHÈNE, *Plaidoyers politiques. Tome III : Sur les forfaitures de l'Ambassade*. Collection Budé, Les Belles Lettres, Paris, 1956.

Fabien EBOUSSI BOULAGA, "L'honneur de penser", *Terroirs*, N°1, GERDDES, Yaoundé, 1992

_____"Penser spatialement", *Terroirs (revue africaine de sciences sociales)*, Yaoundé, 2004

_____ "Champs de réflexivité", *Terroirs*, Vol 1. N°1-2, Éditions Terroirs, Yaoundé, 2016

Jean Marc ELA, *Les cultures africaines dans le champ de la rationalité scientifique. Livre II*, L'Harmattan, Paris, 2007

Edmond ORTIGUES, *Le temps de la parole,* Presses Universitaires de Rennes, Rennes, 2012

I. FRONTIÈRES, INSÉCURITÉ ET GÉOPOLITIQUE

FRONTIÈRES, SÉCURITÉ ET SOUVERAINETÉ EN AFRIQUE POSTCOLONIALE

Erick Sourna Loumtouang

CNE/MINRESI & The Muntu Institute

Résumé – Cette étude met en dialogue trois notions centrales du devenir de l'Etat africain postcolonial : frontières, sécurité et souveraineté. Les frontières africaines ont jusqu'à nos jours « mauvaise réputation ». Stigmates coloniaux sacralisés en 1964 à travers le principe de l'utis possidetis juris, elles agissent sur les États africains à la fois comme « remède et poison », donnant ainsi corps à l'expression grecque de « pharmakon ». Gages de souveraineté si l'État s'y projette suffisamment et crée une cohérence dans le territoire contrôlé en synchronisant le centre et la périphérie, elles peuvent néanmoins constituer des espaces à travers lesquels transite la menace sécuritaire si elles sont négligées, peu sûres, et non viables pour les populations. Cette nature duale et névralgique des frontières contraste en Afrique avec le peu d'intérêts qu'elles suscitent à l'égard des politiques publiques qui y sont menées. Cette situation rend compte de la figure de l'utilité et de l'accesoireté. Les implications qui découlent de cette double perception poussent à se poser la question de savoir, quelle place occupe la frontière comme gage de la souveraineté en Afrique postcoloniale, dans un contexte marqué par les questions de sécurité ? Il s'agit à travers ce questionnement de rendre compte dans une perspective pluridisciplinaire de la centralité de la frontière à la fois comme élément de survie, mais également de désintégration de l'État face aux multiples flux qui déterritorialisent la menace sécuritaire dans un contexte de rétrécissement du monde.

Mots-clés : Frontières - Sécurités - Souveraineté - Afrique postcoloniale - Cameroun

Abstract *- This study brings together three central notions of the future of the African postcolonial state: borders, security and sovereignty. African borders have until today "bad reputation". Colonial stigmas sacred in 1964 through the principle of utis possidetis juris, they act on African states as both "remedy and poison", thus giving substance to the Greek expression "pharmakon". borders are pledges of sovereignty if the state projects enough into them by creating coherence between central and peripheral territories. However, they can constitute spaces through which the security threat passes if they are neglected, insecure, and unsustainable for populations. This dual and neuralgic nature of borders contrasts in Africa with the little interest they arouse in respect of the public policies carried out there. This situation accounts for the figure of utility and accessory. The implications that flow from this double perception raise the question of knowing, what place does the border occupy as a pledge of sovereignty in postcolonial Africa, in a context marked by security issues? Through a multidisciplinary approach, this study deals with the centrality of the border both as an element of survival, but also of disintegration of the State in a context of shrinking of the world.*

Keywords : Borders - Security - Sovereignty - Postcolonial Africa - Cameroon

Introduction

Le discours dominant sur la miniaturisation[1] du monde induit par les phénomènes de circulation et de globalisation après la fin de la guerre froide, a relégué au rang de problématique obsolète, la question des frontières. Le « gigantesque », forme de mondialisation primitive que décrivait Heidegger se serait accru à l'occasion de l'unipolarisation du monde (Mbembe, 2005). Cette donne aurait dévalué les lignes frontières, symbole de l'identité et de la souveraineté de l'État westphalien, prédisant ainsi l'avènement d'un autre âge : celui du sans frontiérisme[2]. La montée fulgurante du néolibéralisme allait ainsi de pair avec « la fin des territoires nationaux » dissouts par le flot d'une variété de flux (Badie, 2013) ; même si certains penseurs comme Jean François Bayart estiment que l'expansion du néolibéralisme, l'universalisation de l'État nation et le retour des souverainetés nationales sous forme d'identitarismes participent de la même logique de ce qu'il appelle « l'impasse national-libéral » (Bayart, 2017). La souveraineté territoriale devenait dans ce monde à l'illusion ouvert un concept liquide, elle n'était plus l'« autorité absolue que l'État détenait sur son territoire », mais un impérium amoindri par une intensification sans précédent des flux qui avaient fait disparaître de la carte mentale de certains citoyens du monde la restriction d'aller et de venir à travers les frontières. Dans ce contexte, estime Michel Foucher, les logiques de réseaux

---

[1] Nous faisons référence à la pensée de Marshall Mc Luhan selon laquelle le monde serait devenu un village planétaire.

[2] Cette vision du monde est illustrée à travers l'avènement de certaines ONG à l'instar de médecins sans frontières.

bousculaient « les approches classiques du pouvoir exercé sur les superficies quadrillées » (Foucher, 2016 :8). Ce phénomène situé en grande partie dans l'espace européen (Schengen) ou occidental contrastait avec une autre dynamique qui se donnait à voir dans d'autres provinces du monde, celle d'une « obsession des frontières » (Foucher, 2012). Cette hantise de la limite prit la forme du mur de séparation, de la clôture de barbelés, du gouffre, du ravin et de bien d'autres figures qui rappelait une sorte de volonté d'exclure l'autre de ce monde où il n'existait désormais que de l'inimitié (Sourna, 2016 ; Mbembe, 2016). Une biographie sociale des frontières à travers leurs matériaux de construction permettait ainsi de connecter le mur à la société qu'elle était censée protéger de la barbarie, de l'islam, du migrant subsaharien (Sourna, 2016). La folie daechite avec les attentats dans l'hexagone, les tueries de Boko Haram dans le bassin du lac Tchad, et la terreur d'Al qu'aida dans le Sahel venaient nous rappeler de la nécessité d'un « monde avec les frontières » différent d'un « monde de frontières ». En effet, comme le reconnaît Michel Foucher, elles n'avaient jamais disparu (Foucher 2016). La raison principale de ce retour aux limites tient en grande partie à l'obsession sécuritaire née des lendemains des attentats du 11 septembre 2001. Cet épisode qui marqua un tournant décisif en ce qui concerne les études de sécurité consacrera également le retour des souverainistes et de l'État dans un contexte où plusieurs théoriciens avaient prédit sa liquéfaction (Badie, 2013). Dans cet environnement turbide, quelle place occupe l'État africain postcolonial ?

Dans ce contexte de turbulences, les États africains post-coloniaux se caractérisent par une faible résilience face à ces bouleversements géopolitiques internationaux. Cette faiblesse se matérialise d'une part à travers leur incapacité à réguler par-delà les frontières les questions de sécurité et leur inci-dence sur le principe de souveraineté et d'autre part à adresser avec pertinence, efficacité et efficience les questions de poli-tique intérieure dont l'incidence sur la sécurité et les frontières n'est pas moindre. La question des frontières corrélée aux pro-blématiques de souveraineté et de sécurité en Afrique postco-loniale reste donc un enjeu central pour le devenir de l'État.

Les frontières africaines nées dans la seconde moitié du XIXe siècle sur les cendres des territoires coloniaux sont res-tées pour beaucoup en l'état de marches, tracées approxima-tifs contestés par les États à travers les conflits de frontières, mais également par les populations qui les traversent en fai-sant fi de leur existence. Le processus d'apprivoisement de l'espace perçu autant dans sa dimension matérielle de terri-toire borné et symbolique d'espace vécu et parcouru rendent donc actuelle et prégnante une réflexion sur les frontières en Afrique postcoloniale, dans un contexte où ressurgissent des velléités irrédentistes à caractère nationaliste et une exploita-tion des espaces frontaliers africains comme des territoires de non-droit où l'État africain à la souveraineté amoindrie ne possède qu'un monopole relatif en ce qui concerne la violence physique légitime. Il ne se projette qu'imparfaitement sur son territoire, certaines parcelles de ce territoire constituant des enclaves.

Cependant, parler de la frontière en Afrique postcoloniale c'est également l'inscrire dans un contexte mondial marqué par une volonté de décélération de la mobilité à travers un processus d'externalisation des frontières de l'Union Européenne. Une mobilité due essentiellement à un décuplement de la violence autant symbolique que physique depuis la fin du XXe siècle. Cela dit, quelle place occupe la frontière comme gage de sécurité et de souveraineté en Afrique postcoloniale ? Il s'agit à travers ce questionnement de dégager la place centrale qu'occupe la frontière comme élément de survie, de désintégration, mais également celui du devenir de l'État africain postcolonial. Contribution historienne, le présent essai aborde ce questionnement dans une perspective synchronique. La logique argumentative se déploie en trois grands moments. Il s'agit de connecter dans un premier temps trois notions que sont les frontières, la sécurité et souveraineté comme éléments constitutifs de l'État africain postcolonial. Il s'agira ensuite de disserter sur l'effectivité du concept de souveraineté à travers l'exploration des zones frontalières du bassin du lac Tchad. Enfin, il sera question de réfléchir en termes d'utopie sur un *afrotopos* (Sarr, 2016) de la sécurité et de la souveraineté où l'existence des lignes frontière ne sera plus un obstacle à la circulation des Africains.

I. Frontières, sécurité et souveraineté en Afrique : une histoire de l'extraversion ?

État, frontières et souveraineté font partie des méta-catégories qui fondent et structurent notre modernité. Ces trois notions peuvent volontiers être considérées dans l'histoire de l'Afrique comme le fruit d'une extraversion. Les aborder de manière synchronique c'est disserter sur une histoire complexe qui découle de la connexion de l'histoire de l'Afrique d'avec l'histoire du monde.

1. Historicité des frontières africaines et questions de sécurité

Les discours portant sur les frontières africaines ont long-temps été marqués par un parti pris de principe[3]. Reliques coloniales résultat de la poussée expansionniste européenne sur le continent à partir du second quart du XIXe siècle, elles devaient être dénoncées, car ayant très peu tenu compte du tissu sociologique des populations africaines qui furent divi-sées au gré des intérêts de l'histoire impériale (Boilley, 2005). Pendant le moment décolonial, les frontières africaines furent considérées comme un symbole fort de l'anticolonialisme (Lefebvre, 2011). Cette « mauvaise réputation » mieux, ce « mythe » comme le dénomme Michel Foucher serait de nos jours, plusieurs années après les indépendances toujours vi-vaces. Les frontières « seraient aujourd'hui encore, arbitraires et absurdes, poreuses et subverties, indéfendables et défen-dues » (Foucher 2016 :9). Cette vision des frontières afri-caines inscrira ces tracés en causalité en ce qui concerne les problématiques de sécurité en Afrique postcoloniale.

Espaces belligènes, et zone de combat selon l'acception étymologique de « front », elles constituent des espaces de friction entre États[4], mais également des lieux de recompo-

---

[3] P. Boilley, 2005, Conférence sur « les Frontières en Afrique », inter-venants : Pierre Boilley, Serge Michaïlof, Henri Médard. Modérateur : Sakamandé, Paris.

[4] Nous faisons allusions à quelques conflits frontaliers entre pays afri-

sitions territoriales où l'État est absent et parfois challengé dans ses fonctions régaliennes par des régulateurs de substitutions (hommes politiques, autorités traditionnelles, populations transfrontalières, bandes armées) qui maîtrisent l'économie des marges(Roitman 2003 ; Bennafla, 2002). Aussi, les axes critiques qui structurent cette pensée sur la frontière-alibi d'insécurité tournent autour d'un élément central : celui de l'artificialité(Sourna, 2011 ; Lefebvre 2011). Cette notion clé servira de justificatif au manque de politique visible et lisible des États africains en matière de sécurisation des espaces frontaliers. Cette situation est d'autant plus prégnante que c'est seulement en 1985 et 1989 qui naissent respectivement au Cameroun et au Nigeria la commission nationale des frontières (CNF) et la *National Boundary Commission (NBC).* Le renouveau de l'historiographie en ce qui concerne l'horogenèse sur le continent autorise de nos jours à penser les frontières autrement. Les travaux pionniers d'anthropologues de culture anglo-saxonne, des chercheurs français et africains ont inauguré depuis les années 1970 de nouvelles grilles de lecture concernant l'historicité des frontières sur le continent. Nous ne reviendrons pas ici sur ces différentes recherches. Nous considérons dans ce propos l'identité des frontières africaines et des questions de sécurité qu'elles soulèvent comme le résultat de l'imbrication de trois temporalités.

---

cains. Il s'agit du conflit Cameroun-Nigeria à Bakassi et dans le lac Tchad, du conflit Lybie-Tchad à propos de la bande d'Aouzou, du conflit entre la Maroc et le Sahara Occidental, etc. Pour plus de précision consulter : J. Labrecque, 2006.

Aussi, trois moments fondamentaux fondent-ils l'identité des territoires africains et des frontières qui les marquent. La première temporalité est celle de l'Afrique d'avant l'avènement de l'islam. Ce temps s'écoule du début du néolithique jusqu'au VIIe siècle, qui correspond à la conquête de l'Égypte et sa gouvernance par les fatimides à partir du Xe siècle. Cette période est caractérisée par une humanisation de l'espace à travers la pratique de l'agriculture. C'est dans ce contexte que naît sur le continent la notion de propriété foncière à travers le marquage divers des espaces de culture et d'habitation. Le lien de l'homme au territoire devient étroit, mais reste dynamique et précaire, car, à l'occasion de catastrophes naturelles, de guerres, d'épidémies ou d'inondations, les hommes se déplacent vers des lieux plus sécures. Le territoire est dans ce contexte une notion nomade. La quête de sécurité est donc structurante du mouvement circulatoire dans l'espace.

La seconde temporalité fait la part belle à l'islam et son incidence sur le territoire. Celui-ci fait intrusion au sud du Sahara à travers une présence attestée au Kanem à partir du IXe siècle. La pénétration musulmane aura pour corolaire l'introduction d'une conception polarisée de l'espace et de l'altérité à travers le « Ribat »[5], sorte de mur frontière sépa-

---

[5] Le Ribat désigne une forteresse construite comme une ligne de défense frontalière dans le premier temps du Jihad. Elle aurait été destinée à protéger les frontières de l'Islam. Bertrand Rougier définit le Ribât comme « un couvent militaire où vivent des moines guerriers chargés de défendre les marches de l'empire islamique face à ses ennemis ». Pour plus de précision, se référer à B. Rougier, 2015, Qu'est-ce que le salafisme ; Paris, Presses Universitaires de France. Pour le juriste Ibn Taïmiya (1263-1328), « un séjour dans un Ribât, sur les frontières de l'empire

rant le territoire des « mécréants » de celui des musulmans. Dans ce contexte, le phénomène guerrier (razzias et le djihad) est fondateur du territoire, il le façonne et le remodèle au gré des conquêtes sur les populations païennes. Si le « Ribat » construit une altérité antagonique complémentaire d'un point de vue civilisationnel et religieux, il structure également le rapport au territoire et configure la politique de sa conquête. Les espaces habités par les musulmans sont ainsi synonymes d'espace sûrs et ceux habités par les populations animistes des espaces dangereux. Les frontières dans ce contexte correspondent à des confins et des zones.

Au-delà, le phénomène de « circulation transnationale » né dans ce contexte de contact entre l'Afrique au sud du Sahara, l'Afrique du Nord et la péninsule arabique, donne une vision mobile au territoire à travers la notion d'« espace parcouru ». Les acteurs (marchand, marabout et militaire) dans ce contexte inscrivent leurs actions dans une perspective multicentrée. Ceux-ci appartiennent à plusieurs territoires. D'un point de vue matériel, l'intrusion de l'islam dans le Soudan central est marquée par une systématisation du mur en banco ou « tata », comme frontière autour des villes africaines précoloniales (Thierno Mouctar Bah, 2012). Cette réalité est attestée par la plupart des chroniqueurs arabes et des Européens qui parcourent le continent à partir du XVIIIe siècle (B. Heinrich, 1861). Enfin la troisième temporalité

est bien plus méritoire que le jour pieux que l'on peut faire à la Mekke ou à Medine après le pélerinage ». Taïmiya cité par Henri Laoust, 1939, Essai sur les doctrines sociales et politiques de Taki-U-Din Ahmad B. Taïmiya, Le Caire, Imprimerie de l'institut français d'archéologie, p. 361.

qu'est le « moment colonial » peut être qualifiée du moment des « frontières de papier », selon une terminologie propre à l'historienne française Camille Lefebvre (Lefebvre 2015).

Les frontières d'États africains postcoloniaux dans leur format actuel sont en majorité nées de cette période. Il s'opère dans cette troisième temporalité historique un contact parfois belliqueux entre l'Afrique et l'Europe. Ce contact qu'Aimé Césaire désigne de « rencontre avec la face hideuse de l'autre » structure une relation nouvelle au territoire (Sarr, 2016 :35). La transposition de l'ordre westphalien en Afrique est marquée par la systématisation de la frontière ligne. Les frontières sont cartographiées et le territoire est non plus une possession éphémère comme dans le contexte précolonial, mais appréhendé comme un acquis, un butin de guerre d'expansion. L'apprivoisement de l'espace et des hommes à travers le processus de pacification donne naissance dans le sang à la colonie qui est un espace d'enfermement semblable à un cachot pour reprendre une terminologie foucaldienne (Foucault, 1975). Cet épisode de l'histoire de l'Afrique est donc marqué par un maillage de l'espace qui rompt ou freine une « circulation des mondes » entamée depuis plusieurs siècles sur le continent (Mbembe, 2006 : 9-15).

Cependant, l'universalisation de l'État-nation à travers le processus colonial ne met pas fin aux pratiques vernaculaires de conception de l'espace et des frontières. Elle n'abolit pas non plus les différentes questions de sécurité qui préexistent au moment colonial. La violence durant la période coloniale est ainsi une combinatoire complexe. Elle résulte de l'action des razzias, de rapine, des bandes de bandits précoloniaux que la prison coloniale aura contribué à radicaliser(Babacar Bâ, 2007). Elle découle également d'une conflictualité locale entre populations africaines, mais aussi de la violence coloniale sur les indigènes. L'histoire de la violence coloniale connectée à la question des frontières se présente comme la trame d'une difficile entreprise de maillage du continent africain. La colonisation dans le Soudan central comme l'affirme Camille Lefebvre est globalement l'histoire d'un échec (Lefebvre, 2015 : 12). En ce sens, la frontière dans le contexte colonial se présente davantage comme un épouvantail qui ne peut empêcher le mouvement circulatoire, un instrument d'émancipation à l'égard de la violence coloniale. Les migrations d'une colonie à une autre selon l'expression employée par Anthony Asiwaju de « protest migration » consacrent une sorte de domestication de la ligne frontière par les populations africaines (Sourna, inédit). Celles-ci se jouent de la frontière durant cette période. Elles enjambent la ligne pour échapper aux différentes violences du système colonial que sont les travaux forcés, l'impôt, le recrutement dans les armées coloniales notamment lors des guerres mondiales. C'est également pendant le moment colonial qui naît une économie des marges en marge de l'économie coloniale. La contrebande et les trafics de tout genre grâce aux « peuples trait-d'union » et la population flottante en sont des indices importants (Mokam, 2001).

La naissance des États africains au début des années 1960 selon le principe de *l'utis possidetis juris* consacrera l'immutabilité des frontières africaines. Ainsi, les questions de défense et de sécurité qui impactent aujourd'hui l'État africain postcolonial tirent leurs sources de l'imbrication de ces trois temporalités historiques que nous venons de mettre en évidence. En effet, les frontières africaines postcoloniales sont en réalité des frontières hybrides. Elles combinent dans leur historicité trois temps qui font d'elles des réalités complexes parfois appréhendées uniquement à travers le moment colonial, d'où le raccourci parfois de transformer les frontières africaines en causalité en faisant abstraction du tissu sociologique, des ressources anthropologiques mobilisées par les populations des marges pour chaque fois se jouer de la frontière à l'effet de faire passer la menace d'un territoire à un autre. Les travaux de l'historienne française Camille Lefebvre nous permettent de réconcilier deux catégories fondamentales qui structurent l'ADN des frontières sur le continent à travers ce qu'elle nomme « les frontières de sable et les frontières de papier ». Les frontières de papier sont les frontières à l'échelle des cartes d'État-major tracées par les colons et les frontières de sable reproduisent à l'échelle locale les différentes pratiques vernaculaires en matière de mobilité, de circulation de la menace sécuritaire, de l'éthique de la transgression, des pratiques d'allégeance, des solidarités ethniques, matrimoniales et commerciales qui structurent les enjeux de défense et de sécurité aux marges africaines (Lefebvre 2015). Comment appréhender la souveraineté de l'État africain postcolonial à l'aune de ces différentes questions de sécurité aux frontières ?

2. L'État en Afrique et les frontières de sa souveraineté

Le traité de Westphalie de 1648 marque la date de naissance du format étatique moderne à travers la frontière comme élément central de sanctuarisation et d'existence. Chaque État comporte donc une dimension spatiale ou territoire délimité par des frontières. Dans cette perspective Roland Pourtier estime qu'il n'y a « pas d'État sans espace » (Sourna Loumtouang, 2010). À l'intérieur de cet espace, l'État détient le monopole de la « violence physique légitime ». Cet impérium absolu est désigné par Jean Bodin « souveraineté ». Le concept de souveraineté est donc d'une part applicable à cette autorité absolue de l'État sur son territoire. D'autre part, ce lexème peut aussi désigner le fait pour un État de ne pas dépendre d'une entité de même nature. D'où le fait par principe que la société internationale soit constituée d'États souverains d'égale valeur. Néanmoins, lorsqu'on convoque une autre notion théorisée par Hans Morgenthau et d'autres penseurs réalistes à savoir « la puissance », on se rend compte qu'elle contribue à hiérarchiser les États dans l'environnement international (Morgenthau, 1948).

La souveraineté devient donc à ce moment un concept à géométrie variable, car dans certaines situations les États les plus forts peuvent imposer leur volonté à d'autres États. D'où l'idée de Bertrand Badie qui estime que l'on serait dans un monde sans souveraineté(Badie, 1999). Le concept de souveraineté devient davantage complexe lorsque l'on veut l'étudier en prenant comme objet d'analyse, l'histoire de l'État africain postcolonial à travers deux principales entrées que sont la sécurité et la problématique des frontières.

La souveraineté des États africains « signifie avant tout le pouvoir d'ultime décision dans les affaires les concernant. Ne pas être soumis à une instance étrangère supérieure, qui déciderait à la place de l'État, est la racine la plus intime du concept de souveraineté »[6]. Cette définition de la souveraineté que nous empruntons à Bokoungou consacre le caractère absolu de l'État comme régulateur sur son territoire. Assumer pleinement la souveraineté passe donc par l'aptitude à assurer sa sécurité.

Selon les approches classiques, le référent principal de cette sécurité est l'État en tant que principal acteur de l'ordre international. Ainsi,

> Tous les États poursuivant les mêmes objectifs définis en termes de sécurité, il leur est possible de régler leurs comportements les uns envers les autres par l'usage de deux instruments communs : la diplomatie et la force, lesquelles doivent être envisagées à la fois dans le cadre unilatéral d'États souverains déterminant librement les instruments susceptibles de préserver leur indépendance et de « défendre leur honneur » et dans le cadre multilatéral d'une communauté d'États établissant des normes et des règles destinées à renforcer la sécurité de chacun des membres (Roche, 2002 : 17).

L'État de format westphalien dispose dont d'un ensemble de mécanismes unilatéraux et bilatéraux à l'effet, de se « soustraire du danger ». La force et la diplomatie en étant quelques instruments. Si néanmoins, il faudrait hiérarchiser ceux-ci, qu'au vu des gènes de notre modernité, que la guerre soit considérée comme le premier instrument de sécurité (*Idem,* 19).

---

[6] http://www.geopolitique-africaine.com/evenements/eloge-souverai-nete-africaine-XXIeme-siecle_988980.html. Consulté le 12 octobre 2019.

Pour revenir à la caractérisation de la notion de souveraineté en Afrique postcoloniale, elle peut être conceptualisée de deux manières : la première qui nous paraît intéressante est ce que le philosophe Camerounais Achille Mbembe appelle une « rencontre par effraction avec soi avec soi-même» (Mbembe, 2010 : 9)découlant d'un processus d'émancipation octroyée et d'autre part elle s'assimile à la foi ardente de « faire communauté » (*Idem*, 12) qui se réalisa par la volonté de mettre fin à l'ordre colonial à travers « la manifestation d'un pouvoir propre de genèse ». Le destin souverainiste de l'écrasante majorité des pays d'Afrique subsaharienne s'articule autour de cette première catégorie qu'est la « rencontre par effraction avec soi-même ». Cette forme de décolonisation sans souveraineté se décline en quelques caractéristiques que nous mettrons en exergue.

Une souveraineté par procuration ou extravertie

> L'indépendance sans liberté, la liberté sans cesse ajournée, l'autonomie dans la tyrannie, telle était, je le découvris plus tard, la signature propre de la postcolonie, le véritable legs de cette farce que fut la colonisation (Mbembe, 2010 : 42).

Cette pensée de Mbembe décrit l'illusion d'un projet décolonial à la fortune malheureuse. La décolonisation, corps sans souffle fut à l'aune de la réalité des faits, un mirage pour beaucoup d'Africains qui espéraient en cette nouvelle phase de leur histoire, une invention du futur dont ils seraient maîtres. Elle fût donc un mirage, qui fit disparaître l'ancien maître de la vue de ses esclaves, tout en laissant planer dans l'imaginaire de ce dernier et dans la réalité du monde libre africain son spectre sous une forme d'omniprésence dans le présent et le devenir des nouveaux affranchis. Les indépendances africaines auront suscité après le départ des colons plusieurs défis notamment dans le domaine de la sécurité. Aussi, après les indépendances note Léon Koungou, les États africains ont identifié plusieurs sortes de menaces :

> Les menaces politiques internes liées à l'exercice autoritaire du pouvoir, celles de politiques externes tenant au caractère artificiel des frontières, celles économiques pour la maîtrise et l'exploitation des ressources nationales, et enfin celles idéologiques et stratégiques découlant des relations Est-Ouest et Nord-Sud (Koungou, 2010 : 45).

La coopération stratégique avec les partenaires en majorité issus du passé colonial permettra aux États d'atteindre cahin-caha ces différents objectifs de sécurité. Cependant, ce processus de coopération assujettissait les pays africains aux anciennes colonies. La souveraineté de l'État postcolonial africain était dès lors une souveraineté amoindrie. Une sorte d'impérium à minima, très bien être résumée par cette pensée :

> Bien que le monopole de la violence physique légitime soit un attribut classique de l'État, force est de constater que la violence de l'État postcolonial n'est ni légitime à usage interne, car issue d'un pouvoir politique illégitime et parfois illégal, ni efficace à usage externe, car frappée d'incapacité opérationnelle lorsqu'il s'est agi de défendre l'intégrité territoriale(Bangoura, 1996 : 40).

Cette pensée nous permet d'avoir une idée précise sur la capacité de légitimation de l'État postcolonial à l'intérieur de son territoire et à contrario son émasculation lorsqu'il s'agit de projeter cette puissance ou cette souveraineté sur la scène internationale. La souveraineté des États africains postcoloniaux a donc été depuis la seconde moitié de XXe siècle dépendante des chocs exogènes, d'une maîtrise illusoire du tissu économique matérialisée particulièrement dans les États d'Afrique subsaharienne francophone par l'opérabilité toujours actuelle d'une monnaie coloniale

> À la faveur de la crise économique, les conditions de vie dans les casernes se sont détériorées. Dans plusieurs pays, la paupérisation accélérée des hommes de troupe a été à l'origine des violences et de désordres publics dont l'une des causes était le non-paiement des salaires. Petit à petit, les sorties des casernes se sont multipliées, notamment à l'occasion des diverses opérations dites de maintien de l'ordre et des pillages organisés. Ensuite les pratiques de racket se sont généralisées, la soldatesque n'hésitant pas à établir des barrages le long des routes, à ponctionner l'habitant, voire à organiser de véritables raids contre la population civile dans le but d'accaparer des propriétés (Mbembe, 2010 : 200).

Le processus de privatisation martiale de l'espace public, politique et économique aura durant cette période consacrée la martialisation du pouvoir politique ou simplement une dépendance du pouvoir politique vis-à-vis des hommes en armes. Si l'exemple camerounais permet de contredire en partie ce qui est dit plus haut par l'historien camerounais Achille Mbembe, il faudrait néanmoins faire remarquer que dans ce pays, la crise économique qui a un gros effet sur la solde de la plupart des employés de l'État à travers des coupes drastiques allant jusqu'à la moitié de la paye, n'aura pas été appliquée chez les militaires. Au contraire, ceux-ci ont bénéficié de plusieurs avantages.

Poursuivant dans cette logique, plusieurs pays d'Afrique ont au lendemain des indépendances signé des accords de défense avec l'ancienne puissance colonisatrice. Ainsi, si le principe de souveraineté désigne le fait pour un État de ne pas dépendre d'une entité de même nature, il est clair que la souveraineté des États africains postcoloniaux est une souveraineté amoindrie, car fondamentalement dépendante de l'extérieur. Ce paradoxe nous inscrit dans un questionnement de rupture, à savoir comment construire une Afrique de la défense une Afrique qui résout elle-même ses problèmes de souveraineté et de sécurité. Le projet de lancer à Dakar à l'issue des ateliers de la pensée participe de cette logique.

Hier supplétifs et membres des armées coloniales, les différents soldats coloniaux se retrouvent à la tête des nouvelles armées nationales. Les États quant à eux se retrouvent en train de s'assumer. Cette séquence est complexe, car elle met en évidence une histoire également de l'extraversion du modèle sécuritaire. On a d'une part des armées qui naissent des cendres des armées coloniales avec des coopérants qui avant qu'aboutisse le processus d'indigénisation des armées nationales continuent d'occuper des postes importants. On a également des accords de défense qui lient les différentes armées nationales africaines aux armées européennes.

Une souveraineté à huis clos qui s'exerce sous fond de théorie du complot

Les avatars de la période bipolaire déterminent en ce XXIe siècle, les politiques de sécurité des pays d'Afrique subsaharienne. Ces politiques se sont construites entre 1960 et 1990 selon un arrimage à la confrontation est-ouest. Au Cameroun comme en Angola et au Congo, des conflits larvés opposèrent procommuniste et procapitaliste. La politique camerounaise des frontières et sa sécurité intérieure de cet État furent orientées vers le projet d'éradiquer l'Union des populations du Cameroun (UPC) qui par un mécanisme de construction de l'ennemi avait été rattaché au communisme en raison de son discours à fort ancrage marxiste et l'hospitalité qu'offraient certains pays proches de Moscou à ses membres. Les frontières furent dans ce contexte des espaces névralgiques, lieux de combat et point de transit de la menace sécuritaire. La frontière camerounaise avec le Congo prit dans ce contexte une importance capitale, car ce pays était dirigé en 1965 par Massambat Debat, d'obédience communiste. Dans ce contexte, le projet souverainiste de l'État postcolonial, s'est globalement articulée autour d'une franchise en ce qui concerne l'administration de la violence au nom de la sauvegarde et de la consolidation autoritaire dans plusieurs pays. Dans ce sens, les armées chargées d'assurer la sécurité du territoire et des populations se sont transformées en armées prétoriennes, jouissant des retombées de la gabegie financière favorisée par la corruption endémique, etc. D'ailleurs, pour Dominique Bangoura, l'État était dans ce contexte facteur d'insécurité à travers les entraves aux libertés individuelles, l'abandon des zones frontalières à des bandes armées.

La sécurité intérieure de plusieurs pays africains s'est construite depuis la guerre froide autour du spectre de la menace extérieure articulée autour de la théorie du complot. Le complot qui viendrait déstabiliser les États africains était ainsi considéré comme des plans de déstabilisation échafaudés par des supplétifs nationaux avec l'aide extérieure. L'occident de manière générale et les ex puissances coloniales furent les cibles de ce processus de *sécuritisation* ou de construction de l'ennemi. Si cette stratégie tire son origine de la période de guerre froide marquée par l'affrontement est-ouest, elle reste prégnante dans plusieurs États africains postcoloniaux en ce qui concerne les manières d'adresser la menace sécuritaire.

Cette stratégie est parfois utilisée pour légitimer les répressions à huis clos comme au Cameroun où à travers le SCNC l'État a trouvé un « ennemi complémentaire » (Tillion, 2005) pour reléguer aux calendes grecques des revendications légitimes d'une minorité anglophone marginalisée et souffrant des problèmes de gouvernance comme la majorité des Camerounais. La menace Boko Haram sur ces États a également été considérée et lue à travers la théorie du complot comme modèle explicatif. Dans ce contexte, l'État postcolonial a lui aussi été générateur de violence politique et d'insécurité (Bangoura, 1996 : 39).

L'État africain postcolonial : terrain de l'interventionnisme international

L'État africain postcolonial apparaît depuis la seconde moitié du XXe siècle comme un champ fertile de l'interventionnisme international. Cette tendance semble être justifiée par une rhétorique du Chaos. L'Afrique est ainsi perçue comme

> le continent des «États en collapsus » ; le continent des « nations zombies » ; le continent de l'extrême pauvreté, de la misère et des injustices ; le continent des horreurs provoquées par le génocide rwandais et les pires atrocités commises au Libéria, en Sierra Léone, au Kenya et ailleurs (Ping, 2009).

La Somalie, la Centrafrique, la Libye, le Soudan du Sud sont des États fantômes ou faillis. Le format de cet interventionnisme international n'est pas resté figé dans le temps. Il a fortement évolué. Jadis unilatérales, comme celles que fit la France dans son pré-carré au début des années 1970, les interventions empruntent aujourd'hui une forme plus insidieuse à travers des résolutions du conseil de sécurité de l'ONU à l'effet de légitimer un prétendu droit d'ingérence et une responsabilité de protéger. Il ne s'agira pas ici de faire une généalogie de l'interventionnisme sur le terrain africain. Mais, d'en citer quelques cas qui mettent en évidence une souveraineté amoindrie des pays africains.

L'intervention de la France en 2013 en République centrafricaine obéit en grande partie à la sauvegarde de ses intérêts stratégiques. En effet, l'économie de la RCA est à quelques exceptions près aux mains de la France : Exploitation forestière (Rougier puis IFB), Areva pour l'uranium (propriétaire d'une mine jamais exploitée), Brasseries (groupe castel), transport fluvial (Bolloré) seule l'exploitation de l'or et du diamant échappe à la France (Tuquoi, 2016 : 297).

Dans une seconde perspective, l'intervention militaire de l'OTAN en Libye participe elle aussi de cette logique de démonstration d'une souveraineté inexistante des États africains postcoloniaux. Les troupes occidentales sous le couvert de la résolution onusienne ont mis fin au règne du guide libyen Mouammar Kadhafi. Le chaos actuel en Libye découle de cet épisode qui marque assez bien l'incapacité d'une part des nations africaines à régler les problèmes de sécurité sur le continent à travers l'Union Africaine, mais également, que le terrain africain reste malgré plusieurs décennies d'indépendance un champ d'intervention international dont les desseins prédateurs sont parfois à peine voilés.

II. Penser la sécurité dans les zones frontalières africaines : les périphéries du lac Tchad comme no man's land transfrontalier

Le bassin du lac Tchad désigne une aire géographique aux contours flous, approximativement centrée autour du bassin hydraulique. Les États qui le constituent sont membres de la Commission du Bassin du Lac Tchad, organisation sous régionale créée en 1964 afin de prévenir les conflits et procéder à une gestion équitable des ressources en eau. Ces États sont le Tchad, le Nigeria, le Cameroun, Niger, la République centrafricaine et la Libye comme pays observateur.

L'étiologie du bassin du Lac Tchad comme *no man's land* transfrontalier est à rechercher dans la négligence polymorphe de la région du lac Tchad par ses États riverains. Cette situation aura donné naissance à un espace spécifique, une sorte d'isolat en raison de ses modes de régulations et de fonctionnement. Dans ce système complexe fait d'allégeances multiples, la violence joue un rôle central, rendant plus fine la frontière entre la guerre et la paix. Cette forme spécifique d'innovation territoriale a été conceptualisée à travers plusieurs notions, notamment celles de « périphéries nationales » (Igué, 1995), « régions informelles », ou encore de « garnisons entrepôt » (Roitman, 2003) pour reprendre une expression popularisée par Janet Roitman pour désigner une forme particulière de territorialité se développant et se régulant par la violence. Ici, le citoyen des marges devient rebelle face à un État qu'il considère lointain. Il y'a dans cette logique un double dynamique qui structure le format de l'État africain postcolonial dans le bassin du lac Tchad. D'une part un centralisme militaro- bureaucratique dans les territoires centraux et d'autre part une tendance autonomiste qui se décline en une sorte de concurrence entre l'État et les acteurs privés qui maîtrisent et exploitent à leur compte les flux illicites. On assiste dans cette optique à une confrontation entre le social et le politique (Motaze Akam, 2016). Les deux actants devenus militarisés à la faveur d'une libéralisation à outrance de l'armement depuis la fin de la guerre froide et la succession à intervalles réguliers des crises politiques dans la région notamment au Tchad, en République Centrafricaine, au Niger, au Nigeria. On peut dans ce contexte comme le reconnaît Tzvetan Todorov se procurer des armes sans difficulté. Car,

> miniaturisées, elles se laissent transporter dans la poche ; perfectionnées, elles peuvent tuer instantanément des dizaines, des centaines ou des milliers de personnes. Les recettes de bombes circulent sur Internet, les produits qui les composent sont en vente dans les supermarchés, un téléphone portable suffit pour déclencher une explosion(Todorov, 2011 : 11).

Le premier actant jouit de ses attributs légaux d'impérium absolu et le second de la maîtrise de l'économie des marges. Il y'a dans cette situation un spectre du recommencement perpétuel, car la paix se construit non par négociation, mais naît de la supériorité militaire d'un acteur sur l'autre(Peclard, 2008 : 6). L'entre guerre comme le reconnaît Marielle Debos est marqué par l'émergence de métier lié aux armes(Debos, 2013).

Cette forme traduit à suffisance le malaise de l'État Africain dans sa relation à sa périphérie et ses zones frontalières. À ce sujet, l'enjeu que représentait le contrôle du lac, d'une part en tant que ressource, bien économique et espace de repli selon le continuum terre-mer, et d'autre part en tant que ligne de partage des souverainetés avait depuis les indépendances cristallisé la conflictualité dans cette zone de l'Afrique entre plusieurs acteurs entrés en compétition en ce qui concerne le monopole de la violence physique. Cela dit, c'est moins à travers les caractéristiques géographiques et écologiques que nous choisirons de parler du lac Tchad et de sa région, mais davantage à travers et ce qu'elles ont de plus fondamentale pour être depuis plusieurs siècles l'objet de vives tensions. Dans cette optique, c'est davantage les dimensions transnationales, polémologiques de cette région et sa cohérence géopolitique qui retiendra notre attention. La transnationalité de cette région tient également lieu à ses paramètres socio-économiques qui l'inscrivent comme un cercle concentrique de pauvres à l'échelle du bassin. Le bassin du lac Tchad est un espace « radicalogène »(Saïbou Issa, 2016) pour reprendre une expression de l'historien camerounais Saibou Issa. C'est en partie grâce à cette cohérence géographique, historique et sociale que la menace terroriste a facilement pu passer d'un territoire à l'autre selon la théorie des dominos. Ce sont les différentes affinités symbolisées par les alliances matrimoniales, commerciales, religieuses, ethniques, qui auront facilité la « circulation de la menace sécuritaire » dans un milieu où les zones frontalières sont jumelles (Nugent, 2017) lorsque l'on scrute de près certains marqueurs sociologiques, mais également des indices de développement, notamment l'accès à l'école, à l'eau potable, le degré infrastructurel, bref la pauvreté.[7]. La pauvreté ici, n'est « pas seulement liée au manque de revenus ou de consommation, mais aussi à des performances insuffisantes en matière de santé, d'alimentation et d'alphabétisation, à des déficiences de relations sociales, à l'insécurité, à une faible estime de soi-même et à un sentiment d'impuissance »(Bara Gueye et Al, SD). Cette dimension de la sécurité humaine, qui accorde plus de l'attention à l'individu et à ses besoins est restée absente des politiques publiques en termes de management des zones frontalières depuis les indépendances.

Le lac Tchad résumait assez bien à travers son histoire longue et récente, un espace soumis aux effets du changement climatique, disputé entre hégémonies politiques précoloniales, « populations ignorantes de la frontière »(Sourna Loumtouang et Abdouraman Halirou, 2013) et États absents de cette région depuis les indépendances. C'est donc dans un espace « sans réel maître » et s'autorégulant de lui-même que s'est abattu la menace Boko Haram. Le mouvement islamiste devenu djihadiste aura donc su profiter de la misère

---

[7] Que ce soit à l'extrême-nord du Cameroun, au Nord-est du Nigeria, au Nord-ouest du Tchad et ou sud du Niger, les indicateurs sociaux en matière de chômage des jeunes, d'accès à la terre, et aux services de bases sont les plus mauvais de ces différents pays.

des populations dans un contexte d'explosion démographique, de manque de perspectives d'emploi pour les jeunes[8], de rivalités ethniques et interreligieuses et des tensions foncières pour affiner sa philosophie du combat (Michailof, 2015 :29). Une stratégie qui fit du mouvement une sorte de « nébuleuse sociale », qui exploita à son compte la figure du « banditisme social » et du « rebelle social » face à un État bureaucratique, corrompu et injuste. Cette stratégie explique en partie pourquoi le mouvement a gagné dès ses débuts, la « sympathie » des populations.

Conclusion : Penser les utopies d'une Afrique de la défense et agir pour la faire advenir

Utopie d'une Afrique de la défense

« L'utopie, c'est ce qui déchire la trame d'un temps qui se veut immuable, inaltérable, c'est un récit qui parle d'un espoir, d'une attente, qui porte une vision pour l'avenir. Elle fait entrevoir ce qui n'existe pas encore, elle préfigure ce qui n'est pas encore ». Ces quelques mots de Françoise Vergès inspirent à penser l'Afrotopos (Sarr, 2016 : 133) de la défense. Un lieu à venir, dans lequel les frontières ne seront plus un obstacle aux mobilités humaines intra-africaines, qui

---

[8] Les populations de la partie Camerounaise du lac Tchad entretiennent une relation complexe à l'école. Après la rétrocession de l'île de Darak au Cameroun, l'État y a entamé un programme de mise en valeur de l'arrondissement à travers la construction des écoles. Nonobstant cette volonté, en Octobre mois de descente sur le terrain les salles de classe étaient vides. Les enfants nous disaient un informateur préfèrent aller à la pêche. Parfois les maîtres sont contraints d'aller chercher les élèves à la maison. Pour plus de précisions consulter Saibou Issa, 2016.

traduisent dans leur volonté de transgression des lignes frontière, les vœux ardents des peuples du continent de « faire
communauté ». Dans ce contexte, les circulations seront ga-
ranties par la sureté et la sécurité des routes reliant les capitales et les villes de l'Afrotopos. Les rackets des hommes en
armes, produits d'une fiscalisation parallèle et illégale de la
mobilité ne seront plus des freins à la volonté de mouvement
qui caractérise l'Africain dans sa relation à l'espace, mieux
au lieu selon l'expression aristotélicienne. Les lourdeurs administratives issues de la « bureaucratisation du monde auront disparu » (Hibou, 2012 : 223). Les frontières-garnisons,
face hideuse de la relégation de la sécurité humaine au rang
d'accessoire des politiques publiques en matière d'aménagement du territoire se transformeront en espaces de vie où les
populations ne seront non plus des citoyens à part, mais bien
des citoyens ayant également le droit d'avoir une vie descente. Dans cet Afrotopos, le radicalisme religieux autant
dans son versant chrétien que musulman ne trouvera pas un
terreau fertile, car la pauvreté aura disparu des espaces périphériques. La circulation transafricaine, le brassage des populations du continent, la circulation des savoirs, des capitaux
sont des éléments clés d'une « réinvention de l'Afrique » à
travers la rencontre avec l'autre dans son hominité et sa mê-
meté, l'Afrotopos se présentant comme le territoire commun
à protéger contre « l'accumulation par dépossession » (Razlig
Keucheyan, 2016 : 86), notion mise en évidence par le géographe David Harvey pour désigner une forme d'accumulation primitive qui désigne dans le contexte contemporain

l'accaparement par le capitalisme de ressources naturelles toujours nouvelles, au besoin par la force de la prédation.

L'utopisation d'une Afrique de la défense et par là souveraine n'est certes pas un projet nouveau, plusieurs penseurs l'ont imaginé. Nkrumah dans les années 1950 pensait à travers dans son projet panafricaniste à la création d'une « armée révolutionnaire de tous les peuples africains » (Ki-Zerbo et Sene, 2017). Kadhafi aura quelques décennies plus tard repris l'idée de Nkrumah. L'Afrotopos de la défense n'est pas une affaire de la simple puissance militaire encore moins de ses dispositifs de dissuasion létale, elle découle d'un assujettissement du militaire aux civiles dans le cadre d'un gouvernement africain démocratique. La souveraineté émanant du peuple, les dépenses militaires ne constituent qu'une forme de dépense ponctuelle soumise aux mêmes exigences de contrôle que les autres formes de dépense.

Pour atteindre cet horizon, il est question d'esquisser dans une perspective pratique et opératoire une architecture de gestion des espaces frontaliers qui feront d'eux des lieux de sociabilité, de sécurité et de circulations transnationales, participant à la fois au brassage des peuples mais également à une appréhension de la souveraineté conçue non pas comme une façon d'être au monde opposé à d'autres façons mais comme une manière d'adresser les problèmes de sécurité dans une perspective holistique ou globale.

Partir non pas du centre vers la périphérie mais de la périphérie vers le centre

Dans son ouvrage *The African Frontier, the reproduction of traditional african societies*,(Kopytoff, 1989) Igor Kopytoff ambitionnait de présenter l'histoire politique et culturelle des sociétés africaines à partir du thème de la frontière. À travers cette problématique, il était possible de comprendre la formation de ces sociétés et la perpétuation d'une culture politique pan-africaine. On pouvait ainsi à travers cette démarche appréhender l'historicité de la naissance de ces sociétés en retrouvant leur centre nodal car selon la pensée de Kopytoff, les petites entités politiques naissantes étaient le produit de d'autres sociétés similaires et généralement plus complexe. Cependant, le processus colonial a substitué à ce centre nodal qui constituait l'entité archaïque à partir duquel sont nés les populations africaines un centre administratif colonial, d'où partait les ordres, où étaient prises les décisions. En cela, l'État colonial et son substitut qu'est l'État postcolonial fonctionnait sous un modèle de forte centralisation, alors que les empires africains précoloniaux ont fonctionné selon un format de décentralisation poussé dans lequel la sécurité de tous était garantie par chacun et vice-versa. Partant de cette réalité historique, il est judicieux d'inverser les trajectoires de développement et de sécurisation des États africains postcoloniaux. Dans cette inversion, les espaces hors-de-portée de l'État central sont pour la plupart les zones frontalières qui sont de véritables enclaves dans l'État moderne. C'est dans ces espaces qui sont depuis la période coloniale restés hors de portée de l'autorité de l'État qu'on peut retrouver les gènes de ce centre nodal archaïque en raison de ce que celui-ci a disparu pendant la période coloniale. C'est dans les « périphéries nationale » pour reprendre une catégorie du géographe béninois J. Igué que doit se réinventer l'État africain postcolonial. Cela dit, il est dès lors judicieux de planifier la sécurité des frontières et par ricochet la souveraineté en partant de ces espaces et non en utilisant les centres actuels qui sont pour la plupart d'essence coloniale.

Développer la périphérie pour sécuriser le centre

Jusqu'ici, la direction prise par plusieurs pays africains était de planifier le développement territorial et la sécurité à partir de la capitale ou des espaces centraux. La sécurisation des frontières a été selon cette perspective toujours envisagée à travers la gestion des risques militaires (*hard security*). Relique de la guerre froide, cette manière d'appréhender la sécurité considérait la menace sécuritaire comme une donnée externe au territoire et pouvait être le fait d'un autre État ou d'une bande armée ayant pour base arrière un territoire contigu. Cette approche stato-centrée de la sécurité excluait systématiquement que la menace sécuritaire puisse avoir pour terreau les inégalités régionales dans le développement, l'exclusion, la pauvreté, la mal gouvernance, etc. ; des facteurs pouvant entrainer à l'échelle des États des risques d'implosion, et transformer les situations d'antagonisme en guerre civile. Il était donc judicieux pour les États africains de considérer la sécurité humaine comme un complément à la sécurité nationale selon le format d'une sécurité globale.

Cela dit, nous proposons à travers cette réflexion une inversion en procédant à un décentrement des centres administratifs actuels qui pour la plupart sont héritiers des centres coloniaux. Nous partons dans ce sens de l'hypothèse selon laquelle la nature névralgique des périphéries nationales et des populations qui les habitent sont des paramètres qui doivent justifier l'intérêt qu'elles doivent représenter dans les politiques publiques étatiques en matière de sécurité humaine comme complément à la sécurité nationale. En procédant de la sorte, l'État postcolonial réduirait ainsi les inégalités régionales qui depuis la fin de la guerre froide constituent des ferments d'instabilité des États en Afrique. Les espaces périphériques étant des endroits d'où partent systématiquement des mouvements guerriers qui ont pour objectif la conquête du pouvoir, les revendications sécessionnistes, ou la transformation des frontières en lieux de recomposition dans lesquels l'économie criminelle prospère, il est question d'en reprendre le contrôle en faisant d'elles non plus des périphéries mais des centres.

Procéder à une délimitation et une démarcation des frontières africaines dans les cas où ces tracés ne le sont pas

Si les tracés frontaliers africains ont mauvaise réputation, cet état de fait découle d'une historiographie qui date de la fin des années 1950, dans un contexte de lutte de libération. Plus de cinq décennies après les indépendances, ces reliques coloniales que sont les frontières ont pour leur majorité été appropriées par les États et les populations qui les considèrent non plus comme des barrières comme ce fut le cas pendant la période coloniale mais comme des ponts et des ressources à travers les activités qui s'y développent. Cependant, parmi les enjeux auxquels devait répondre le Programme frontière de l'UA lors de son énonciation en 2002 figure la délimitation et la démarcation des frontières pour les dyades qui jusqu'ici ne l'étaient pas. Car, force était de constater que près de ¾ de frontières du continent étaient encore flou. C'est à cette approximation que l'on devait la majeure partie des conflits de frontières qui ont agité le continent depuis les indépendances. Ce processus de précision de ces tracées doit être maintenu et renforcé.

Coogérer les espaces frontaliers à travers les infrastructures communes

Fondé sur le concept de pays frontière, le programme frontière de l'UA ambitionnait de faire de ces espaces situés à cheval entre deux ou plusieurs États, des espaces cogérés où pouvaient naître des projets communs en matière de développement infrastructurel sur le plan économique, éducatif, sanitaire, etc. Après déjà plus d'une décennie, il est important de constater que cette initiative s'est limitée à l'Afrique de l'Ouest. Les autres régions africaines notamment l'Afrique centrale se sont démarqués par une approche minimaliste de l'intégration en misant non pas sur la cogestion des espaces frontaliers mais sur la priorisation d'une gestion individuelle de ceux-ci. Cette attitude est jusqu'ici un frein pour la circulation des biens, des capitaux et des personnes mais également un frein au processus d'intégration régional.

Renforcer l'architecture de sécurité au niveau régional et continental

L'histoire de la souveraineté africaine est comme nous l'avons mentionné en première analyse, une histoire de l'extraversion en raison d'une part de l'essence de l'État africain postcolonial et d'autre part par le fait que cet État est jusqu'ici incapable de résoudre par lui-même ses propres problèmes de sécurité. La question de réinvention de l'architecture de sécurité au niveau régional et continental est importante dans cette perspective. Une plus grande légitimité des gouvernements dans les pays d'Afrique subsaharienne et une transparence dans la gestion des ressources permettraient à coup sûr de réduire de manière substantielle les coups de force. L'idéal démocratique reste ainsi un gage de la stabilité des pays africains pour les protéger de l'interventionnisme international.

RÉFÉRENCES

B. BADIE, 1999, *Un monde sans souveraineté*, Paris, Fayard.

B. BADIE, 2013, *La fin des territoires*, Paris, CNRS Editions

Thierno Mouctar BAH, 2012, *Architecture militaire traditionnelle et poliorcétique dans le Soudan occidental du XVIIe à la fin du XIXe siècle*, Paris, L'Harmattan.

D. BANGOURA, 1996, « État et sécurité en Afrique », *Politique africaine*.

BARA GUEYE et Al, SD, « Pauvreté chronique au Niger », document de travail numéro 2.

J. F. BAYART, 2017, *L'impasse national-libéral*, Paris, La Découverte.

K. BENNAFLA, *Le commerce frontalier en Afrique centrale : acteurs, espaces, pratiques, Paris*, Karthala.

P. BOILLEY, 2005, Conférence sur « les Frontières en Afrique », intervenants : Pierre Boilley, Serge Michaïlof, Henri Médard. Modérateur : Sakamandé, Paris.

M. DEBOS, 2013, *Le métier des armes au Tchad*, Paris, Karthala.

M. FOUCAULT, 1975, *Surveiller et punir,* Paris, Gallimard.

M. FOUCHER, 2016, *Frontières d'Afrique pour en finir avec un mythe*, Paris, CNRS Editions,

M. FOUCHER, 2016, *le retour des frontières,* Paris, CNRS Editions.

M. FOUCHER, 2012, *L'Obsession des frontières*, Paris, Perrin, (nouvelle édition augmentée, Paris, Perrin.

B. HEINRICH, 1861, *Voyages et découvertes dans l'Afrique septentrionale et centrale*, trad par Paul Ithier, Paris, A. Bohne Libraire.

B. HIBOU, 2012, *La bureaucratisation du monde à l'ère néolibérale*, Paris, La Découverte.

J. O. IGUE, 1995, « le développement des périphéries nationales », Tropiques lieux et liens, *Editions de l'ORSTOM*.

C. LEFEBVRE, 2011, « La décolonisation d'un lieu commun. L'artificialité des frontières : un legs intellectuel colonial devenu l'étendard de l'anticolonialisme », *In Revue des Sciences Humaines*, n° 24, p. 77-104

Razmig KEUCHEYAN, 2016, « Climat, nature, ressources naturelles : les nouveaux champs de bataille ? », in B. Badie, D. Vidal, 2016, *Nouvelles guerres*, Paris, La découverte.

L. V. KI-ZERBO, J.-J. N. SENE, 2017, *L'idéal panafricain contemporain*, CODESRIA, 410 pages.

L. KOUNGOU, 2010, *Défense et sécurité nationale en mouvement,* Paris, L'harmattan.

C. LEFEBVRE, 2015, *Frontières de sable, frontières de papier*, Paris, *Bibliothèque historique des pays d'islam*.

A. MBEMBE, 2005, « A la lisière du monde : frontières, territorialité et souveraineté en Afrique » In : B. Antheaume (ed.), F. Giraut (ed.) *Le territoire est mort : vive les territoires ! : une refabrication au nom du développement*. Paris, IRD.

A. MBEMBE, 2010, *Sortir de la grande nuit*, Paris, La découverte.

A. MBEMBE, 2016, *Politique de l'inimitié*, Paris, La découverte.

B. ROUGIER, 2015, *Qu'est-ce que le salafisme*, Paris, Presses Universitaires de France.

D. MOKAM, 2001, « Les peuples traits d'union et l'intégration régionale en Afrique centrale : le cas des Gbaya et des Moundang », in *Dynamiques d'intégration régionale en Afrique centrale*, Tome 1, Yaoundé : *Presses universitaires* de Yaoundé,pp 125-141

H. MORTGENTHAU, 1948, *Politics among Nations : the struggle for power and peace*, Knopf, New York.

D. PECLARD, 2008, « les chemins de la reconversion autoritaire en Angola », Introduction au thème : Angola dans la paix. Autoritarisme et reconversion, *Politique africaine*, n°110, p. 6.

J. PING, 2009 , *Et l'Afrique brillera de mille feu*, Paris, L'Harmattan.

J. ROITMAN , 2003, « La garnison-entrepôt : une manière de gouverner dans le bassin du lac Tchad », *Critique internationale*, (n° 19), p. 93-115.URL : http://www.cairn.info/revue-critique-internationale-2003-2-page-93.htm, DOI : 10.3917/crii.019.0093.

J. ROITMAN, 2003, « La garnison-entrepôt : une manière de gouverner dans le bassin du lac Tchad », *Critique internationale*, N° 19, p. 93-115.

J. ROITMAN, 2004, *Fiscal disobediance, An anthropology of economic regulation in central Africa,* Princeton, Princeton University Press.

F. SARR, 2016, *Afrotopia*, Paris, *Philippe Rey*.

I. SOI & P. NUGENT, 2017, "Peripheral Urbanism in Africa: Border Towns and Twin Towns in Africa", *Journal of Borderlands Studies*, 32:4, 535-556, DOI: 10.1080/08865655.2016.1196601, http://dx.doi.org/10.1080/08865655.2016.1196601

E. SOURNA LOUMTOUANG, *Sécurisation des frontières du Cameroun : cas de la politique de développement de Darak (1985-2010)*, Thèse de Master en Histoire, Université de Ngaoundéré.

E. SOURNA LOUMTOUANG, 2011, « Les Borderlands en Afrique : état, enjeux et défis pour le désarmorcement des frontières coloniales et l'intégration africaine », Communiction présentée à l'assemblée générale du Codesria, Rabat.

E. SOURNA LOUMTOUANG, 2016, « Une éthique de la frontière ? » revue *Esprit*, décembre.

E. SOURNA LOUMTOUANG, « Enjeux de défense et de sécurité à la frontière Cameroun-Nigeria (XIXe-XXIe siècle), Thèse de doctorat PhD en Histoire, Université de Ngaoundéré. Inédit.

G. TILLION, 2005, *Les ennemis complémentaires. Guerre d'Algérie*. Préface par Jean Daniel, Paris, Éditions Tirésias.

J. P. TUQUOI, « L'intervention militaire française en Centrafrique : la mauvaise conscience de Paris » In B. Badie et Dominique Vidal, 2016, *Nouvelles Guerres. Comprendre les conflits au XXIe siècle*, Paris, La Découverte, p. 297.

MOTAZE AKAM, 2016, *Le social contre le politique en Afrique noire-société civile et voies nouvelles*, Paris, L'Harmattan.

SAÏBOU ISSA, 2016, *Les musulmans, l'école et l'État dans le bassin du lac Tchad*, Paris, L'Harmattan.

Tzvetan TODOROV, *La peur des barbares*, Paris, Robert Laffont.

Y. KOPYTOFF, 1989, *The African Frontier,* Indiana, Indiana University Press.

L'AFRIQUE ET L'ATLANTIQUE DANS LA LONGUE DURÉE

DOUBLE RUPTURE HISTORIQUE ET CONTRAINTES GÉOPOLITIQUES ACTUELLES

Sylvain Ndong Atok

Docteur/PhD en Relations internationales, IRIC

Résumé - *Les mers et les océans occupent 71% de la superficie de la planète. Ils jouent un rôle important dans la marche du monde dans de nombreux domaines. Ils constituent à la fois un moteur pour la puissance des États et un accélérateur de la mondialisation. C'est dans ce sens qu'on parle de plus en plus de la maritimisation de l'économie mondiale. Cette place qu'occupe les mers et les océans dans la vie des peuples, des sociétés, des communautés et des États est fondamentale pour comprendre dans la longue durée les relations que les Africains ont entretenu ou entretiennent avec l'océan atlantique dont ils sont riverains. Dans cette perspective, trois moments, dont la prise en compte est déterminante à cet égard, permettent de montrer la double rupture qu'a connue ces relations. Ainsi, commencées avec la période antécoloniale, notamment par la pratique du cabotage, de la pêche et de la navigation hauturière, ces liens connurent un impact négatif avec l'avènement de la traite négrière et de la colonisation. La fin théorique de celle-ci globalement au début des années 1960, a permis aux États de cette partie du continent de mettre sur pied une stratégie de maritimisation dont le bilan apparait aujourd'hui mitigé pour plusieurs raisons. A l'heure actuelle où de nouvelles contraintes géopolitiques apparaissent dans l'espace maritime concerné, en l'occurrence la double logique de conflictualisation, il importe non seulement pour la survie desdits États, mais aussi afin d'intégrer convenablement la mer comme atout pour leur développement, de promouvoir à la fois une conscience maritime aiguë de même qu'une doctrine de sécurisation endogène.*

Mots-clés : *Afrique, Atlantique, longue durée, conflictualisation, contraintes géopolitiques, conscience maritime et sécurisation.*

Abstract - The seas and oceans occupy 71% of the planet surface. They play an important role in the progress of the world in many fields. They constitute both an engine for the power of States and an accelerator of globalisation. It is in this sense that we are talking more and more about the maritime economy of the world economy. This place occupied by the seas and oceans in peoples life, societies, communities and States is fundamental to understanding in the long term the relations that Africans have maintained or maintain with the Atlantic Ocean of which they are neighbours. From this perspective, three moments, of which the taking into account is decisive in this regard, allow us to show the double break that these relationships have experienced. Thus, started with the precolonial period, particular by the practice of coasting trade, fishing and high seas navigation, these links knew a negative impact with the advent of the slave trade and colonisation. The theoretical end of it overall at the beginning of the 1960s, enabled the States of this part of the continent to set up maritime strategy of which the assessment appears today mixed for several reasons. At the present time when new geopolitical constraints appear in the maritime space concerned, in this case the double logic of conflictualisation, it is important not only for the survival of said States, but also in order to properly integrate the sea as an asset for their development, to promote both an acute maritime awareness as well as an endogenous security doctrine.

Keywords: Africa, Atlantic, long term, conflictualisation, geopolitical constraints, maritime awareness and security.

Introduction

Les liens qui unissent les peuples, les communautés et les États à l'élément marin sont toujours empreints d'ambivalence et reflètent, dans la plupart des cas, la perception qu'ils ont vis-à-vis de celui-ci. Depuis longtemps, la mer et les océans furent l'objet de représentations diverses et multiples de la part des populations qui leur sont riveraines oscillant parfois entre la peur, la crainte et un certain émerveillement. Pour ce qui concerne particulièrement l'Afrique, ce continent est apparu pendant des siècles comme étant coupé des mers et des océans. Les communautés, sociétés et États de l'Afrique avaient, selon cette vision, « tourné le dos à la mer » (Bignoumba, 1999, 2005) et manifestaient fondamentalement un comportement de terriens. Cette analyse était confortée par le fait que, de nombreux auteurs, et pas des moindres, expliquaient que l'ouverture à la mer dépendait de la rareté des ressources ou des matières premières sur le territoire national entendu dans son aspect terrestre. Il fallait donc compenser ce manque en se projetant sur les mers et sur les océans.

Or, l'Afrique disposait énormément desdites ressources qui l'ont dispensé de l'aventure maritime. Les choses s'étaient ainsi complexifiées et le destin maritime du continent primordial apparaissait comme scellé une fois pour toute. Il ne restait que l'irruption des Occidentaux en Afrique à la fin du XVe siècle pour le débloquer de cette situation et lui ouvrir l'accès aux immensités océaniques. Dans cette logique, le continent, comme du reste les Amériques, aurait été découvert par les conquérants Européens de cette période. Pour parler d'un aspect particulier, on rencontre même encore des auteurs qui écrivent que le Cameroun a été découvert par les Portugais en 1472. Drôle d'analyse si elle en est !

De ce qui précède, le continent apparut comme une composante tellurique sans aucune référence à l'élément marin. On perçoit donc la difficulté qui survient au premier abord dans l'ambition d'appréhender un aspect de l'histoire maritime africaine. Difficulté d'autant plus prégnante qu'au début des années 1960, période au cours de laquelle on assista à la naissance de l'historiographie africaine endogène, le besoin de refaire vivre l'âge d'or des grands empires africains a abouti à la continentalisation de l'histoire africaine. Toutes les études dans ce sens montraient que l'Afrique était dotée, pendant la période antécoloniale, des grands États dont l'organisation politique était hiérarchisée et qui étaient plus structurés et mieux organisés que ceux des autres civilisations de par le monde. En revanche, le fait de n'avoir pas pu disposer desdites structures et formations politiques contraignit la partie côtière d'être envisagée à partir de son hinterland. L'histoire maritime du continent se trouva, à partir de cet instant, le parent pauvre des études historiques africaines.

A titre d'exemple, en consacrant une analyse aux civilisations maritimes d'Afrique, l'historien guinéen Ibrahima Baba Kaké montre qu'il y a un dualisme dans la conception de la mer en fonction de l'appartenance soit à l'océan Indien soit à l'océan Atlantique. Pour lui, il semble que les civilisations africaines des îles et des rivages aient très peu profité de la mer à l'Ouest, du côté de l'Atlantique, sauf dans les îles, et qu'elles aient, au contraire, assez bien exploité les possibilités de l'océan Indien. Les Etats cités Swahili étaient des Etats maritimes, des thalassocraties. Cette absence de puissances maritimes à l'Ouest du continent ne s'explique pas seulement par des considérations géographiques mais par l'absence d'une bourgeoisie d'affaires désireuse de s'enrichir par le commerce maritime. D'autre part, les peuples côtiers de cette région ne semblent pas avoir dominé les techniques de navigation (Kaké, 1983 : 18). La raison de cette absence de participation aux activités maritimes était trouvée. Pour cet auteur, les Etats du golfe de Guinée ne devaient presque rien à la mer. Ils étaient tous orientés vers l'intérieur (Kaké, 1983 : 15). Le manque d'Etats puissants qui aient fondés leurs richesses et leur prospérité économique sur l'exploitation de la mer suffisait à enterrer le destin maritime de l'Afrique de l'Ouest.

Il en va tout autrement ces dernières années. On assiste de plus en plus, au moins depuis une décennie, à un renouveau dans le domaine. De nombreuses études montrent que l'histoire maritime africaine a de belles perspectives devant elle. Sous ce rapport, les travaux de P. Gilbert et de Pathé Diagne méritent d'être mentionnés. Le premier, à partir de l'étude maritime de l'Égypte antique, a montré que c'est ce pays qui est la première thalassocratie au monde et que les navires de guerre et les bateaux avaient une origine égyptienne (Gilbert, 2008). Le deuxième auteur a montré, en reprenant un ancien débat, les conditions et les circonstances dans lesquelles Bakari II, l'empereur du Mali auquel avait succédé Mansa Moussa, était arrivé en Amérique en 1312 (Diagne, 2014). Cette communication se situe dans le prolongement desdites études avec pour objectif, de vulgariser et d'approfondir les connaissances sur l'histoire maritime de l'Afrique.

Pour ce faire, elle envisage d'étudier les relations entre les communautés, les sociétés et les États d'Afrique occidentale au sens large c'est-à-dire des côtes mauritaniennes, à celles de l'Angola, et l'Atlantique dans la longue durée. En effet, la longue durée telle que l'avait systématisée Lucien Febvre et Fernand Braudel autour de l'école des annales, offre une profondeur heuristique pour appréhender cette problématique. Elle permet d'une part, d'éviter les fausses apparences de l'histoire immédiate et, de l'autre, d'avoir une vue globale desdites relations depuis leur début afin de saisir les continuités et les ruptures. De ce point de vue, cette communication est structurée autour de deux parties. La première partie analyse les grands moments de l'histoire maritime ouest africaine (I) et la deuxième, traite des contraintes géopolitiques actuelles auxquelles sont confrontés les États de notre zone d'étude (II).

I. Les grands moments de l'histoire maritime ouest africaine

En l'état actuel des connaissances sur l'histoire maritime africaine, il n'est pas possible de reconstituer dans les détails l'histoire maritime de l'Afrique de l'Ouest pour de nombreuses raisons. Néanmoins, on peut envisager les grands moments de celle-ci qui peuvent se répartir en trois à savoir la période ante-coloniale, l'irruption occidentale et la tentative de se réapproprier les enjeux maritimes par la mise sur pied d'une stratégie de maritimisation de la région.

1. La période antécoloniale : le développement de trois activités maritimes

C'est la plus grande et vaste période dans le séquençage de l'histoire maritime de la région. Elle a pour borne inférieure le début de l'antiquité et pour borne supérieure le XVe siècle. Il n'est pas possible dans le cadre étroit de ladite communication d'analyser en détails les évènements qui se sont déroulés pendant toute cette période. Ce sera probablement le cas dans nos publications ultérieures. Toutefois, il est possible de mentionner les principales activités auxquelles se livraient les communautés ouest africaines dans cet intervalle de temps. Parmi ces activités on peut citer la pêche, le cabotage et la navigation hauturière.

La pêche et le cabotage

La pêche était la principale activité maritime à laquelle se livraient les communautés de l'Afrique de l'Ouest. Elle est une activité ancienne pratiquée tout le long des cours d'eau et des mers qui bordent le continent. Les grands bassins fluviaux et les côtes océaniques regroupent différentes communautés de pêcheurs. Les voyageurs européens du XVIe siècle attestent déjà de la présence, le long du golfe de Guinée, de ces hommes qui, dans leurs grandes pirogues, pêchaient jusqu'à plus de quinze km des côtes. Avant que les produits manufacturés européens n'entrent en Afrique, les pêcheurs utilisaient les matières premières locales pour confectionner leurs instruments. Un peu partout, les pirogues en bois sont fabriquées selon les méthodes traditionnelles et dirigées avec une pagaie ou une voile. Les forgerons locaux fabriquaient des hameçons de fort calibre destinés à la pêche aux crocodiles et aux gros poissons fluviaux ou marins (Edouma-Bokandzo) . La présence actuelle de fortes communautés ouest africaines dans le secteur de la pêche artisanale aujourd'hui témoigne de l'ancrage historique de cette activité au sein des populations et de ces communautés.

Outre la pêche, on pratiquait le cabotage c'est-à-dire le transport maritime dans cette zone. Cette activité se déroulait tant en période de paix qu'en période de guerre. Les pirogues pouvaient transporter cinquante à soixante personnes. Chez les peuples de la petite côte, dans le foyer maritime sénégambien, elles étaient taillées dans les troncs de fromager, et n'étaient susceptible de transporter que deux à trois personnes. Entre Joal et Gibandor, elles pouvaient embarquer une douzaine de personnes, et trois ou quatre vaches. Mais c'est sur le littoral sierra léonais que le maximum était atteint. Les Bullom y concevaient en effet, des engins dans lesquels cent-vingt personnes pouvaient prendre place. Ils naviguaient aussi bien en mer que dans les eaux continentales (Ogoulat, 1998 : 588-589). Sans se restreindre au cabotage, les formations politiques et sociales ouest africaines se sont aventurés en haute mer.

La navigation hauturière

La problématique de la navigation hauturière divise encore des spécialistes des sciences sociales aussi bien du continent que de la diaspora. Elle est liée à la véracité du voyage de Bakari II qui était arrivé en 1312 aux Amérique et avait, par la même occasion, baptisé le Brésil de Brahismaïla du nom de son géographe. Malgré les preuves que les tenants de l'authenticité de cette thèse avancent, il existe encore de nombreux sceptiques qui continuent de leur opposer des arguments pour réfuter cette thèse. Par exemple, en 2007, dans un ouvrage qu'il consacre aux batailles navales précoloniales en Afrique, le géographe gabonais Marc-Louis Ropivia affirme que les thèses allant dans ce sens sont « *infondées et simplistes* » avant d'ajouter qu'« *il y a lieu d'étayer de telles affirmations par des preuves indiscutables sans lesquelles il n'y aurait que pure spéculations et contre-vérités historiques* » (Ropivia, 2007 : 12-13). Au-delà du manque de preuves, on peut objecter que c'est l'idéologie dominante dans les sciences qui s'obstine à nier les évidences. Depuis les travaux pionniers de Leo Wiener au XIXe siècle dans le domaine de l'antériorité des Noirs en Amérique ou ce qu'on appelle en anglais la thèse de « Before Columbus », les choses ont énormément avancé.

En réalité, c'est depuis 1958, que cette question est débattue au sein de la communauté des chercheurs. C'est Mohammed Hamidullah, qui, le premier, dans un article intitulé : « L'Afrique découvre l'Amérique avant Christophe

Colomb », paru chez *Présence Africaine* en 1958, lance le débat à ce sujet (Diop, 1987 : 92). Cheikh Anta Diop se fait l'écho de cet article dans son ouvrage sur l'Afrique noire précoloniale. Mais, c'est surtout Yvan Van Sertima qui va davantage creuser la question (Sertima, 1976, 1998). A son tour, Pathé Diagne ouvre des perspectives originales et pertinentes sur l'histoire maritime africaine. Il montre par la même occasion, l'existence, dès le début de l'humanité, des traditions maritimes en Afrique. Pour lui en effet, la geste de Bakari II s'inscrit dans un processus de « planétarisation de la terre » initié depuis la « révolution ramakushi » qui a permis à l'Afrique de peupler les autres continents du monde. Ceci n'aurait pas pu se faire sans la maîtrise des techniques de navigation maritime. Pour le cas de l'Amérique qui nous occupe, les populations africaines y ont migré au moins depuis 1200 av J.C et ont fondé outre atlantique des empires Incas, Mayas et Aztèque. Il est important de situer le voyage de Bakari II dans le contexte géopolitique de l'époque. L'empire du Mali est l'entité politique la plus puissante du monde. Dès lors,

> Bakari II n'invente peut-être même pas le périple impérial ou royal transatlantique. Peut-être y a-t-il été précédé par quelques Tunka Ra, quelques Njaay de Ngoy, du Tekrour ou quelques Buur du Jolof. En tout cas, il hérite, après Saakura, d'une tradition de navigation bien assise dans sa province occidentale. Vers l'Afrique méditerranéenne et l'Orient, les Mansa, qui organisent de fastueux pèlerinages, n'ont plus rien à démontrer. En Afrique de l'Ouest, ils ont tout conquis, en 1285. Le seul défi à relever,

pour l'orgueil mandeng, était surement celui de l'océan. Le voyage de Bakari II, loin d'être une simple aventure sans motif ni lendemain, apparait ainsi dans toute sa logique. Il s'inscrit parfaitement dans l'entreprise impériale mandeng initiée par Sunjata et continuée par Saakura (Diagne, 2014 : 177) .

Comme on peut s'en apercevoir, la période anté-coloniale est celle au cours de laquelle de nombreuses traditions maritimes s'épanouirent dans l'océan Atlantique que ce soit la pêche le cabotage ou la navigation hauturière. Or, l'irruption de l'Occident en Afrique va changer la donne.

2. L'irruption occidentale ou les raisons du déclin maritime de l'Afrique

L'irruption des Européens en Afrique à la fin du XVe siècle a eu un certain nombre de conséquences néfastes pour le développement des activités maritimes. En cherchant comment parvenir aux immenses richesses d'or dont ils avaient entendu parler par le truchement des Arabes, les Européens initièrent l'une des plus grandes tragédies de l'histoire africaine. Trois siècles plus tard, pour des raisons essentiellement économiques, ils initièrent la colonisation de l'Afrique.

Le rôle de la traite négrière dans le ralentissement des activités maritimes en Afrique de l'Ouest

La question de la traite négrière est centrale dans l'analyse du déclin des activités maritime en Afrique de l'Ouest. Même si de nombreuses études ont été consacrées aux conséquences de la traite transatlantique en général, il semble que ces dernières n'ont pas encore été examinées de manière exhaustive en relation avec l'évolution des activités maritimes. Il semble évident que cette traite ne mit pas un terme à celles-ci. Mais elle contribua largement à aiguiser voire à raviver les peurs et les inquiétudes des populations vis-à-vis de l'élément marin. Pour le géographe gabonais Albert Didier Ogoulat, l'arrivée des Européens a entrainé un chambardement immense en ce qui concerne le maintien et la survie des activités maritimes locales, singulièrement avec l'initiation de la déportation outre-Atlantique des Africains. Avant donc d'impliquer l'intérieur des terres, l'arrivée des Européens, puis la traite, furent d'abord un phénomène maritime. Celui-ci toucha au premier chef le dynamisme des foyers maritimes historiques, puis s'étendit vers l'hinterland. Les activités littorales furent de ce fait les premières à pâtir de la survenance de la traite, malgré les résistances opposées par les différents peuples. L'état de guerre chronique, provoqué par la chasse aux captifs, aura tenu en alerte permanente, tout en détournant les activités coutumières, les différents groupes ethno-démographiques (Ogoulat, 1998 : 590).

Les populations de la côte furent obligées de se réfugier dans l'hinterland. Par conséquent, elles durent abandonner toutes leurs activités économiques d'antan pour se convertir dans les activités continentales. La perception qu'elles avaient depuis la naissance de la mer comme lieu d'opportunités et d'enrichissement changea brutalement. Elle ne leur apparaissait désormais que comme un « mangeur d'hommes » d'autant plus que ceux des captifs qui embarquèrent pour les Amériques ne revinrent presque pas. On ne peut pas comprendre les traumatismes que ces populations ont eu à l'égard de l'élément marin sans examiner son rôle dans la déportation et l'esclavagisme des Africains pendant plus de trois siècles. C'est principalement de cette époque que datent les appréhensions des communautés de l'Afrique de l'ouest vis-à-vis de la mer. Cette appréhension fut renforcée au cours de la période coloniale.

La colonisation et l'utilisation de l'Atlantique à des fins commerciales

La colonisation, comme la traite transatlantique, avait une origine maritime. C'est par la mer que les premiers conquérants européens sont arrivés en Afrique à la fin du XVe siècle. C'est aussi par la mer que la colonisation ou alors la domination de l'Afrique s'est opérée. Il n'est pas exagéré de dire que pendant la période au cours de laquelle l'ascension de l'Europe a dominé les autres continents et leurs civilisations, pour atteindre finalement son apogée avec la présente unification du monde dans un unique équilibre de puissance, c'est la puissance maritime qui a été la clé de toute cette évolution (Rosinski, 2008 : 17).

L'Angleterre semble avoir été la grande bénéficiaire de cette aventure. Ayant compris qu'elle n'aurait plus besoin de la main d'œuvre dans un contexte de révolution industrielle, elle entreprit pour préserver sa richesse et sa puissance, de mettre un terme à la traite transatlantique. Dans cette dynamique, ce dont elle avait le plus besoin c'était les matières premières et les débouchés pour ses industries naissantes. L'atlantique va servir à la prospérité de l'Europe. C'est par cet océan que les matières premières furent transportées de l'Afrique à l'Europe. De manière symétrique, les produits manufacturés parviendront à l'Afrique par le même canal. On peut donc conclure que l'atlantique a été utilisé à des fins commerciales notamment pour augmenter voire préserver la puissance des États européens.

3. L'échec de la stratégie de maritimisation de l'Afrique de l'Ouest et centrale

Au lendemain des indépendances, les États africains sont conscients des désavantages chroniques auxquels ils font face dans le domaine maritime. Pour essayer de combler ce gap, ils vont réagir de deux manières. La première forme de réaction consistait à participer de manière active à l'encadrement juridique de l'utilisation des océans. La deuxième forme de réaction concernait la mise sur pied d'une stratégie de maritimisation dans les deux régions.

La participation africaine à la Convention de Montego Bay

Certains auteurs estiment que la convention de Montego Bay du 10 décembre 1982 sur le droit de la mer est le pendant maritime de ce que fut le traité de Yalta de 1945 pour la Guerre Froide. En effet, en répartissant les espaces maritimes en trois catégories à savoir les espaces maritimes sous la souveraineté des États, des espaces maritimes sous la juridiction des États et des espaces maritimes internationaux, cette convention a participé à la territorialisation des océans.

Créée sous l'impulsion des pays en développement et, en particulier du groupe des 77 aux Nations Unies, qui souhaitait préserver leurs ressources halieutiques d'une exploitation trop intensive de la part des États développés, la zone économique exclusive, consacrée par la convention de Montego Bay, constitue une garantie de leurs intérêts économiques (Pognonec, 2017 : 155).

En réalité, la consécration de la ZEE est l'un des apports décisifs de l'Afrique à la convention de Montego Bay. Il convient de noter que pour préparer la participation africaine à cette « grand-messe » des mers, l'Organisation de l'Unité Africaine (OUA) a convoqué une session préparatoire qui s'est tenue dans l'institution diplomatique notamment l'Institut des Relations Internationale du Cameroun (IRIC) qui avait été créée un an auparavant. C'est dans ce cadre que le juriste kenyan Frank Njenga proposa la notion et elle fut adoptée par les participants et les délégués de nombreux États africains. C'est donc unanimement que le groupe africain présenta cette proposition au groupe des 77 puis lors du début des travaux de la troisième conférence des Nations Unies sur le droit de la mer. À juste titre, la consécration de cette notion par la convention de 1982 est une victoire diplomatique pour le continent africain.

Naissance et raisons de l'échec de l'OMAOC

La deuxième réaction de l'Afrique face au défi maritime a été la création à Abidjan en 1975 de la Conférence Maritime en Afrique Centrale et de l'Ouest devenue l'Organisation

Maritime pour l'Afrique Centrale et l'Afrique de l'Ouest en 1999. Cette organisation, avec sa figure de proue qu'était le ministre ivoirien de la marine Mohamed Fadika, mena un certain nombre d'actions mais au début des années 1990, de nombreuses difficultés auxquelles elle était confrontée, contribuèrent à l'échec de sa stratégie de maritimisation. La première de ces difficultés à en croire Albert Didier Ogoulat était l'absence d'une doctrine maritime endogène. Selon lui, cette stratégie a été d'instigation allochtone. Les États des deux régions ont emboité le pas d'une dynamique venue d'ailleurs (Ogoulat, 1998 : 594). On peut aussi noter que les luttes politiques notamment au sein de la classe politique ivoirienne ont contribué peu à peu à l'effacement progressif de Mohamed Fadika, l'initiateur d'un grand nombre de projets de l'OMAOC. Or, selon le géographe française André Vigarié, c'est lui qui était le théoricien de la maritimisation de l'Afrique de l'Ouest (Vigarié, 1995 : 285).

En fait, l'analyse des relations entre l'Afrique et l'Atlantique dans la longue durée permet de distinguer trois grandes périodes. La première période est celle de l'épanouissement des activités maritimes y compris la navigation hauturière. La deuxième période, la plus néfaste pour la zone, correspond à l'irruption de l'Occident, le début de la traite et la colonisation qui s'en suivirent. C'est elle qui sera plus inhibitrice pour les activités maritimes. C'est elle également qui a suscité les peurs et les craintes aux communautés africaines vis-à-vis de l'élément marin. La troisième période a connu une tentative de sursaut, de retour des Africains au cœur de la dynamique maritime. Mais elle s'est soldée par un échec pour de nombreuses raisons. Peut-être que les contraintes géopolitiques auxquelles est confronté l'espace maritime des États de ces deux régions favoriseront le développement d'une conscience maritime plus aiguë.

II. Les contraintes géopolitiques actuelles : entre foisonnement des menaces et réaction des États

Les contraintes géopolitiques actuelles dont il est question dans cette étude désignent ce que nous avons appelé la double logique de conflictualisation c'est-à-dire les défis et les principales menaces tant non étatiques qu'interétatiques qui affectent ou sévissent dans les mers de cette zone d'étude. Ce sont ces menaces qui vont favoriser la réponse des États. Dans cette partie, on examinera premièrement les menaces maritimes avant de s'intéresser à la réaction étatique.

1. Les menaces maritimes en Afrique occidentale et centrale

Les menaces maritimes dans les deux régions sont de deux ordres. On a d'une part des menaces non étatiques et, de l'autre, des menaces interétatiques. Nous allons les analyser consécutivement.

Les menaces non étatiques

Les acteurs non étatiques font partie de ce que James Rosenau appelle le « monde multicentré » dont l'action vise à contester le monopole de l'usage légitime de la force que détiennent les États. La lutte que se livrent le monde multicentré et celui des États dans cette partie de l'Afrique entre dans le modèle de la turbulence tel que formalisé par cet auteur (Rosenau, 1990). De ce point de vue, il existe de nombreuses menaces non étatiques qui sévissent dans les mers de cette partie du continent. On peut citer la piraterie maritime et le brigandage à main armé. Selon les statistiques fournies par le Centre Multinational de Coordination (CMC) zone D qui comprend le Cameroun, le Gabon, la Guinée Équatoriale et Sao Tomé et Principe, entre 2009 et 2018, on a enregistré 90 actes de piraterie dans la région dont 30 tués, 23 blessés et 53 prises d'otages. Les années les plus dramatiques en termes de survenance d'actes de piraterie restent les années 2009 avec 40 attaques, 2010 avec 16 attaques et 2013 avec 13 attaques. Cependant, de manière générale, la piraterie maritime est en nette régression dans la région puisqu'on est passé de 40 attaques en 2009 à une seule attaque en 2018.

Les autres menaces maritimes concernent la pollution maritime, les migrations clandestines, la pêche illicite non déclarée et non règlementée et les trafics divers dont le trafic de drogue. Plusieurs produits illicites faisant objet de trafic en Afrique de l'Ouest et centrale peuvent être regroupés dans cette catégorie à savoir la cocaïne, l'héroïne et l'amphétamine. La cocaïne provient essentiellement de l'Amérique latine notamment de la Colombie, du Pérou et de la Bolivie et trouve en Afrique de l'Ouest les conditions particulièrement favorables de transit. On estime que 50 tonnes de cocaïne transitent chaque année par l'Afrique de l'Ouest vers les villes européennes où leur revente atteint une valeur de près de 2 milliards de dollars. Le trafic de drogue a connu une hausse assez spectaculaire en Afrique de l'Ouest au milieu des années 2000 avant de connaitre un fléchissement à la fin de la décennie (Adimi, 2016 : 43). La pêche INN est devenue un fléau aujourd'hui. Elle représenterait entre 20 et 30% de l'ensemble des prises mondiales, pour un montant annuel estimé entre 10 et 20 milliards de dollars et concernerait aussi bien le pêcheur artisanal s'adonnant à sa pratique de manière anarchique que les bateaux-usines s'aventurant sans autorisation ou prélevant bien plus que le quota exigé (Bega, 2017 : 115). Dans le golfe de Guinée, les études récentes ont montré que 40% des captures sont pratiquées illégalement (Themelin, 2017 : 99).

Les menaces interétatiques

Les menaces interétatiques désignent les différends, les tensions et les contentieux que les États de la région entretiennent entre eux sur les frontières maritimes. Ces conflits sont liés à un certain nombre de facteurs au premier rang desquels on peut citer le pétrole qui apparait comme un amplificateur des tensions. On peut aussi citer la géographie. Bien qu'on ne puisse être favorable à un certain déterminisme, il faut bien noter que la configuration des côtes du golfe de Guinée prédispose à des conflits. Deux cas peuvent être relevés à cet égard. Il s'agit d'une part de la présence de l'île de Bioko qui appartient à la Guinée Équatoriale et d'autre part, de l'enclave de Cabinda qui est située entre les deux Congo mais qui appartient à l'Angola. D'autres causes notamment politiques, historiques et juridiques agissent comme facteurs de la conflictualité dans ces régions. La négociation et l'adoption d'une frontière maritime sont fondamentalement politiques. Les négociateurs d'un État seront influencés par le sentiment national et réticents à céder la souveraineté ou les droits souverains sur l'espace maritime que la communauté considère, à tort ou à raison, comme une composante de son propre pays (Bateman, 2016 : 75).

Toute frontière, qu'elle soit maritime ou continentale, s'inscrit dans une historicité qui lui est propre. Il en est ainsi pour les frontières maritimes de l'Afrique centrale et occidentale. L'incidence de l'histoire devient prégnante pour ces régions où la plupart de ses États sont des créations de la colonisation. Par fondements historiques des conflits maritimes en Afrique centrale et occidentale, il faut entendre l'ensemble des arrangements et des traités qui ont été signés par les États de l'Afrique occidentale et centrale. Ces accords ont d'abord été signés par les puissances coloniales avant que les États locaux prennent ensuite le relais en prenant un certain nombre de textes pour matérialiser lesdites frontières. Les litiges ont souvent pour enjeu l'acceptation desdits accords et traités. Concernant les causes juridiques, elles ont trait à l'évolution du droit international de la mer et la possibilité que la convention de Montego Bay du 10 décembre 1982 a donné aux États de pourvoir rallonger la largeur de leur plateau continental jusqu'à 370 miles marins.

Dans ces deux régions, les conflits sont les suivants : entre le Cameroun et la Guinée Équatoriale sur la projection maritime du Cameroun ; les conflits entre la Guinée Équatoriale et le Nigeria d'une part et Sao Tomé et Principe et le Nigeria d'autre part ; le conflit entre le Gabon et la Guinée Équatoriale au sujet de l'île de Mbagnié ; le conflit entre la Guinée Équatoriale et Sao Tomé et Principe ; les conflits entre le Congo et le Gabon d'une part, le Congo et l'Angola d'autre part et le conflit entre la RDC et l'Angola (Ndutumu, 2012 : 62-66).

Si on essaie de proposer une taxinomie ou une typologie de ces conflits, on peut noter qu'il existe deux sortes de conflits dans l'espace maritime de l'Afrique centrale et de l'Ouest : les conflits de puissances et les conflits ouverts et latents. Les conflits ouverts sont ceux qui ont donné lieu à des escarmouches ou des combats militaires entre armées des différents États. Dans cette sous-typologie, on peut encore distinguer les conflits qui ont déjà connu un dénouement heureux. C'est le cas du conflit entre le Cameroun et le Nigeria au sujet de la presqu'île de Bakassi. On peut aussi noter un conflit ouvert dont le dénouement n'a pas encore eu lieu. Il s'agit du conflit entre le Gabon et la Guinée Equatoriale au sujet de Mbagnié sur lequel les protagonistes n'arrivent pas à s'entendre sur l'objet du différend afin de saisir la CIJ (Rossatanga-Rignault et Moundounga Mouity, 2017 ; Moundounga Mouity, 2018). De l'autre côté, on a les conflits latents. Il s'agit des contestations, des oppositions ou des contentieux qui n'ont pas encore donné lieu à l'usage de la violence. La majorité des conflits maritimes interétatiques dans la région de l'Afrique centrale et occidentale entrent dans cette catégorie. L'importance accordée à ce type de conflit est liée au fait que si on ne met pas en place des dispositifs idoines de prévention, on risque d'avoir un embrasement des deux régions.

Les conflits de puissance désignent, en ce qui les concerne, les conflits dont l'ambition des protagonistes est d'augmenter leur leadership et de l'imposer aux acteurs en compétition au sein de leur continent, région ou sous-région. Les conflits interétatiques de type territorial qui opposent de nombreux États africains, sont des conflits de puissance : chaque État voulant marquer son emprise sur un espace et/ou convoitant les richesses du sol ou du sous-sol qui sont des facteurs de puissance (Sindjoun, 2002 : 156). Dans cette dynamique, on distingue les conflits de puissance interrégionale et les conflits de puissance intrarégionale. Les premiers désignent les conflits qui opposent deux États n'appartenant pas à une même région géographique telle que l'appréhende l'Union Africaine, et les deuxièmes, se déroulent au sein d'une même région géographique.

2. La réaction des États de la région

Face à ce foisonnement des menaces à la fois non étatiques et interétatiques, comment les États et les organisations d'intégration réagissent dans l'optique de sécuriser leurs intérêts en mer ? Pour répondre à cette question, il importe de dire que la réaction dépend du type de menace qu'on veut prendre en compte. C'est pourquoi nous parlerons tour à tour des mesures prises pour lutter contre la criminalité maritime et celles prises pour faire face aux conflits interétatiques.

Les mesures contre la criminalité maritime

Pour ce qui a trait spécifiquement à l'Afrique centrale, l'architecture de paix et de sécurité de la CEEAC a été bâtie originellement sans référence au domaine maritime. D'ailleurs, le procédé semble commode car la stratégie est née dans le milieu terrestre. Les grands stratégistes ont d'abord été des terriens, mais la pensée terrestre a eu des prolongements navals : Alfred Thayer Mahan et Julian Corbett sont respectivement les héritiers directs de Jomini et de Clausewitz (Desportes, 2017 : 1355). Ce n'est que lorsque les menaces provenant de la mer se faisaient davantage pressantes et constituaient une menace à la promotion des activités maritimes des États de la région que ceux-ci se résolurent à y trouver des réponses et des solutions adéquates. Il est capital d'insister sur cet aspect par ce que le dispositif naval qui sera mis en place va consentir uniquement voire exclusivement à des missions de répression et non de prévention de ces actes de piraterie. Dans cette logique, c'est à Kinshasa, le 24 octobre 2009 qu'a été signé le protocole d'accord sur la gestion de la stratégie de sécurisation des intérêts vitaux en mer des États membres de la CEEAC. Cet instrument juridique définit une stratégie et précise les contours de la lutte contre le banditisme et l'insécurité maritimes en Afrique centrale. Cette stratégie est articulée autour de six piliers à savoir :

- Échange et gestion communautaire de l'information, par la mise en place des mécanismes de recherche et d'échange des informations entre États ;

- Surveillance communautaire du golfe de Guinée, par la mise en place des procédures opérationnelles conjointes et des moyens interopérables de surveillance et d'intervention ;

- Harmonisation de l'action des États en mer, au plan juridique et institutionnel ;

- Institutionnalisation d'une taxe communautaire, sur la base des mécanismes existants ;

- Acquisition et entretien des équipements majeurs, pour garantir une capacité opérationnelle ;

- Institutionnalisation d'une Conférence maritime des parties au niveau de la Commission de Défense et de Sécurité (CDS), afin de maintenir la mobilisation de tous les opérateurs et intéressés du milieu marin.

La stratégie est mise en œuvre par le Centre Régional de Sécurité Maritime de l'Afrique Centrale (CRESMAC) qui a pour mission d'assurer la maîtrise de l'espace maritime des États membres de la CEEAC par la protection des ressources naturelles et des zones de pêche artisanale maritime ; la sécurisation des routes maritimes ; la lutte contre l'immigration clandestine, le trafic des drogues, la circulation frauduleuse des armes légères et de petit calibre, la piraterie maritime, la prise d'otages en mer et la pollution marine (CEEAC, 2009). A cet effet, l'espace maritime de l'Afrique centrale a été divisé en deux zones supervisées chacune par un Centre Multinational de Coordination (CMC) et comprenant chacune un État pilote à savoir les zones A, et D. Dans cette dernière zone, les patrouilles maritimes mixtes ont commencé entre les quatre États membres de la zone D le 14 septembre 2009, cinq jours après la signature de l'accord technique y relatif à Yaoundé au Cameroun. Le CMC a mené deux opérations de sécurité maritime SECMAR I et II. De manière globale, les patrouilles mixtes ont considérablement baissé le taux de criminalité maritime dans la région. A titre d'illustration, 40 actes de piraterie ont été enregistrés dans la zone D. l'action des patrouilles navales mixtes a été décisive à telle enseigne que, depuis près de quatre ans, on n'enregistre que 1 à 2 actes de piraterie dans la zone (Kounouho, Ndong, 2019 : 10).

Du côté de l'Afrique de l'Ouest, hormis les actions éparses voire concertées de quelques États comme le Nigeria et le Bénin[9], on n'a pas eu une action collective vigoureuse comme celle de la CEEAC. Toutefois, prenant l'exemple de ce qui se passe en Afrique centrale, la CEDEAO est en train de bâtir sa stratégie de sécurité maritime. Elle est articulée autour du Centre de Sécurité Maritime de l'Afrique de l'Ouest. Le CRESMAO est le pendant du CRESMAC en Afrique centrale. L'espace maritime de la CEDEAO est divisé en trois zones E, F et G. la zone E comprend le Bénin, le Nigeria, le Togo et le Niger. La zone F est constituée de

---

[9] Le Bénin et le Nigeria ont conjointement conduit, dans l'optique de lutter contre la piraterie qui sévissait au large des côtes du Bénin, l'opération Prospérité. Elle consistait à organiser les patrouilles maritimes conjointes à la frontière des deux pays pour une période de six mois. Le Nigeria a voulu ainsi soutenir son voisin et lui permettre de mettre à profit cette période pour s'armer contre les délinquants et les criminels de la mer. Le gouvernement nigérian a mis à la disposition de l'opération quatre navires, deux hélicoptères et 150 marins dirigés par un amiral à qui fut confié le commandement tactique de l'opération. Le Bénin y a apporté deux vedettes, le plus gros effectif et le commandement opérationnel lui incombaient. Cette opération a duré 6 mois et a permis de faire passer le nombre d'actes de piraterie au large de Cotonou de 20 en 2011 à 2 en 2012 et à 0 en 2013.

la Côte d'Ivoire, du Liberia, de la Sierra Léone de la Guinée et du Burkina Faso. La dernière zone à savoir la zone G est composée du Sénégal, de la Guinée-Bissau, du Cap Vert, de la Gambie et du Mali. La principale innovation de cette stratégie maritime est qu'elle intègre les pays enclavés comme le Mali, le Niger et le Burkina Faso (Kounouho, Ndong, 2019 : 10). Les deux régions coopèrent aussi avec les marines des grandes puissances pour sécuriser leurs intérêts dans la zone. Parallèlement aux initiatives autonomes des deux communautés économiques régionales, on a noté, depuis le sommet de Yaoundé en juin 2013, une coopération interrégionale qui a débouché sur la création du Centre Interrégional de Coordination (CIC) qui coordonne la lutte contre la criminalité maritime dans les deux régions.

Les mesures de lutte contre les conflits interétatiques

Pour faire face aux conflits maritimes interétatiques, les États des deux régions ont pris deux mesures notamment l'institution des zones de développement conjoints et la création de la Commission du Golfe de Guinée (CGG).

Même si les zones de développement conjoint ne sont que des arrangements provisoires à la démarcation ou à la délimitation définitive des frontières maritimes entre États de l'Afrique centrale, il demeure néanmoins vrai qu'elles ont contribué à apaiser les tensions et les conflits entre ces États. Il conviendra à ce niveau de faire l'état des lieux des zones de développement conjoint mis en place par ces États à cet effet.

Le Nigeria et Sao Tomé et Principe ont convenu, en août 2000, de ne pas chercher à parvenir à un accord sur une frontière maritime définitive, jugeant ainsi que, dans l'intérêt de la coopération entre les deux États et compte tenu des divergences de vues, il fallait créer une zone d'exploitation commune dans le secteur de chevauchement de leurs revendications. C'est ainsi que, le 21 février 2001, a été créée une zone de développement en commun de 180 000 km2 (Kengne, 2006 : 128). Il s'agit d'une zone de développement conjoint assortie d'une frontière maritime. Celle-ci délimite exclusivement la zone économique exclusive dans sa définition plus large englobant les ressources tant biologiques que minérales.

De ce point de vue, la zone de développement conjoint est un espace multifonctionnel. La nature du contrat est celle du partage de la production pétrolière entre les deux Etats. Le Nigeria reçoit 60% de la production, alors que Sao Tomé et Principe n'en retire que 40% conformément à l'article 3 de l'accord qui établit les principes régissant la zone de développement conjoint. Ces principes sont : le contrôle conjoint par les Etats Parties en vue d'une exploitation commerciale optimale ; tout développement de la ressource devra se faire en vertu de l'accord ; les droits et responsabilités des Etats Parties doivent être exercés par le Conseil et l'Autorité en vertu de l'accord ; l'exploitation du pétrole doit tenir compte de la protection de l'environnement marin, suivant les pratiques généralement admises dans le domaine de l'exploitation du pétrole et des pêches (Cissé, 2003 : 65).

Cet accord devait demeurer applicable pendant 45 ans à compter de sa date d'entrée en vigueur. Il a par ailleurs créé une petite zone à régime particulier dans laquelle le Nigeria est habileté à exercer totalement sa juridiction. En échange, le gouvernement de Lagos s'engageait à fournir une assistance économique et technique à Sao Tomé et Principe. A l'examen profond des termes de cette entente, l'on ne peut s'empêcher de croire à un accord de dupes. C'est pourquoi cet accord a été, quelques années plus tard, remis en cause par le président santoméen Fradique de Menezes pour son manque d'équité (Ndutumu, 2012 : 64). Il estimait que le gouvernement qui l'avait précédé avait été dupé lors des négociations ayant conduit à la mise sur pied de la zone de développement conjoint. Pour cela, le président Fradique de Menezes a, en octobre 2002, remanié son cabinet gouvernemental, en vue de dénoncer l'accord portant création d'une zone commune de développement entre Sao Tomé et le Nigeria, accord signé par son prédécesseur Miguel Trovoada.

La mise en place d'une zone de développement conjoint entre le Gabon et la Guinée Équatoriale pour l'exploitation des ressources de l'île de Mbanié avait été évoquée lors des négociations conduites sous l'égide des Nations Unies. Selon Marc Louis Ropivia, les deux pays, de négociations en négociations entre Genève et New York et Genève de 2004 à 2011, auraient décidé de mettre en place une zone de développement conjoint. Cependant, selon lui, cette proposition de règlement de ce litige par la mise sur pied d'une zone de développement conjoint ne peut s'avérer durable que si les deux pays décident de subordonner la négociation politique à la décision juridique de la Cour Internationale de Justice : décision à partir de laquelle il serait possible d'envisager sereinement une zone maritime d'exploitation commune (Ropivia, 2011 : 118). En réalité, les deux Etats en conflit ont réfuté les efforts sur l'élaboration d'un compromis préconisant la mise sur pied d'une zone économique commune pour la valorisation des ressources de l'île de Mbanié (Akono, 2007 : 253). De fait, si les deux parties avaient fini par s'accorder sur la mise en place d'une zone de développement conjoint, elles n'arrivèrent pas à harmoniser leurs positions sur la superficie de ladite zone. La Guinée Equatoriale la situait au sud du 1er degré de latitude nord, donc en totalité dans les eaux gabonaises entre Cocobeach et Libreville, tandis que le Gabon la proposait de part et d'autre de ce même parallèle (Rossatanga-Rignault et Moundounga Mouity, 2017 : 172).

Après des négociations infructueuses, engagées depuis 1998, aux fins de délimitation de leur frontière maritime, l'Angola et le Congo ont finalement décidé d'exploiter en commun l'une des zones les plus riches en pétrole de la côte atlantique africaine. Il faut dire que c'est au large de Cabinda que l'Angola extrait l'essentiel de sa production pétrolière. Les deux Etats avaient commencé par signer, le 10 septembre 2001, un protocole d'accord aux fins de la création d'une zone d'exploitation commune des champs pétroliers qui traversent la ligne hypothétique de délimitation des mers territoriales angolaise et congolaise, au large du département de

Kouilou et de l'enclave de Cabinda. Le processus ainsi en-
clenché a trouvé son épilogue avec la signature, le 28 novembre 2002, à Brazzaville, d'un accord entre le Ministre
angolais des pétroles et le Ministre congolais des hydrocarbures, en présence de dix sociétés intéressées par l'exploitation de ces champs pétroliers, consortium chapeauté par
la société américaine Chevron (Kengne, 2006 : 129).

Concernant la Guinée Équatoriale et le Nigeria, l'accord
de délimitation maritime signé par les deux États le 23 septembre 2000 prévoyait, en son article 6 paragraphe 2, une
possibilité de conclure les accords d'exploitation commune
des champs pétroliers à cheval sur la frontière, plus particulièrement pour les champs équato-guinéen de Zafiro et nigérian d'Ekanga, qui constituent en fait, un gisement unique.
C'est en application de cette disposition que les présidents
équato-guinéen et nigérian ont signé, le 3 avril 2002, à Abuja
au Nigeria, un accord en vue de l'*unitisation* du gisement
transfrontalier Zafiro-Ekanga. Dans un communiqué
conjoint publié à l'issue de la signature de l'accord, les deux
chefs d'États ont demandé aux sociétés pétrolières impli-
quées dans l'opération (Total Fina Elf du côté nigérian et
Exxon Mobil, du côté équato-guinéen) de prendre les mesures nécessaires à une bonne mise en œuvre de l'accord.
Ils ont également lancé un appel à d'autres pays africains,
de régler leurs litiges par la voie de négociations bilatérales
(Kengne, 2006 : 132). Cet appel ne pouvait que s'adresser
au Cameroun avec lequel le Nigeria avait un différend au
sujet de presqu'île de Bakassi, différend qui était en instance

auprès de la CIJ. On se rappelle que tout au long de la procédure le Nigéria avait préconisé comme voie de résolution de ce différend, les mécanismes de résolution endogènes des conflits notamment ceux de la CGG (Ndong, 2019 : 301).

Il existe par ailleurs une zone de développement conjoint entre la RDC et l'Angola. En effet, l'accord du 30 juillet 2007 signé entre la RDC et l'Angola stipule à son article 1 : « il est créée une zone d'intérêt commun en sigle (ZIC) entre la République Démocratique du Congo et la République d'Angola. La ZIC est située dans la région maritime comprise entre le Nord du bloc 1, le Nord du bloc 15 et le Nord du bloc 35 des concessions pétrolières angolaises telles que définies en annexe du présent protocole d'accord. Les parties envisagent également la création d'une ou de plusieurs autres zones d'intérêt commun » (Isemughole, 2017 : 136). Toutefois, on note un déséquilibre dans la répartition des recettes de l'exploitation pétrolière dû au rapport de force plus favorable à l'Angola. En effet, cette forte prédominance angolaise vis-à-vis de la RDC influe négativement sur les négociations engagées entre les deux États pour délimiter leurs espaces maritimes en ce qu'elle fausse le jeu de la négociation aboutissant souvent à des accords déséquilibrés comme celui du 30 juillet 2007 (Isemughole, 2017 : 189). Faisant l'objet d'une occupation de fait par l'Angola dans la zone litigieuse, les règles de répartition des recettes issues de son exploitation que tente d'imposer ce dernier État à la RDC lui accorde la part du lion puisque selon l'Angola, seuls 20% des revenus tirés de l'exploitation du champ pétrolier de N-gage, la plus riche de la zone d'intérêt commun, peut faire l'objet d'une répartition égale avec la RDC. Les 80% restant devant être répartis entre l'État congolais et les multinationales pétrolières exploitant la zone sur la base des contrats de partage de production signés avec l'Angola (Isemughole, 2017 : 190).

Outre la mise sur pied des zones de développements conjoints, les États des deux régions ont créé la Commission du Golfe de Guinée (CGG). Toute organisation, quelle qu'elle soit, s'inscrit dans une historicité ou dans une sociogenèse dont les contours et les trajectoires méritent d'être explicités dans le but de comprendre ses actions et son travail au quotidien. La Commission du Golfe de Guinée n'échappe pas à cette réalité. Elle nait dans un contexte régional difficile à cause des revendications, des convoitises plus ou moins avouées de certains États et de leur commune volonté de pouvoir arriver à résoudre les différends qui les opposent par la voie pacifique. Elle est purement une initiative nigériane qui vise à approfondir les relations de coopération qui existent avec ses pays voisins tant de l'Afrique de l'Ouest que de l'Afrique centrale. Dans cette configuration, on assiste à une mobilisation intensive par le Nigeria de chacun de ses voisins des deux régions en faveur de la coopération transfrontalière entre 1988 et 1993, dont témoignent notamment les ateliers bilatéraux sur la coopération transfrontalière tenus avec le Benin en 1988, le Niger en 1989, le Cameroun en 1992 et la Guinée Équatoriale en novembre 1992 (Asiwaju, 1999 : 80).

Pour ce qui est des relations bilatérales entre le Cameroun et le Nigeria, c'est lors d'une rencontre entre les deux délégations de ces États en 1992 que l'initiative de la création d'une telle organisation a été proposée. Étant donné que les pays du golfe de Guinée ont un plateau continental commun et avaient des enjeux communs en matière économique et de sécurité maritime, la proposition tendant à constituer une commission du golfe de Guinée présentait bien des avantages, dont le partage organisé des ressources. Cette commission ne servirait pas uniquement de point de rencontre pour les régions d'Afrique de l'Ouest et d'Afrique centrale, elle serait aussi appelée à superviser, définir et défendre les intérêts communs contre les multinationales étrangères qui tirent profit des dissensions entre pays africains pour les spolier (Njeuma, 1999 : 183). Instituée le 3 juillet 2001 à Libreville sous l'égide du Nigeria, la Commission du Golfe de Guinée (CGG) *« constitue un cadre de concertation des pays du golfe de Guinée pour la promotion et le développement ainsi que pour la prévention, la gestion et le règlement des conflits liés à la délimitation des frontières et à l'exploitation économique et commerciale des richesses naturelles situées aux limites territoriales et notamment en cas de chevauchement des zones économiques exclusives des États-membres »* (CGG, 2001).

Institution de coopération et de solidarité se voulant pragmatique et agissante, la CGG apparaît, de par ses objectifs affichés, comme dévouée à deux principales missions : l'exploitation concertée des ressources naturelles transfrontalières et la définition des politiques communes en matière de paix, de sécurité et de règlement des conflits (Chouala, 2014 : 247). Avec de tels objectifs, la CGG apparaissait comme une institution originale et neutre qui s'investissait exclusivement et uniquement dans les conflits maritimes auxquels étaient confrontés ses États membres mais aussi dans la promotion de la négociation commune face aux multinationales dont le pouvoir dépasse souvent largement celui des États. La création de cette organisation apparaissait aussi comme l'a analysé le géographe gabonais Albert Didier Ogoulat comme un renouveau du régionalisme maritime dans le golfe de Guinée (Ogoulat, 2002).

Toutefois, sans avoir contribué à la paix et à la sécurité dans les deux régions, la CGG s'empêtra dans de sérieuses querelles interétatiques. La lecture des rapports et comptes rendus des délibérations des chefs d'État et de gouvernement du golfe de Guinée au sujet de la CGG permet de se rendre compte des luttes plutôt âpres entre États au sein de cette organisation. L'enjeu de ces luttes, c'est le sens ou le principe de vision légitime aussi bien de la région que de l'organisation régionale à mettre en place. Pour le Gabon, la Commission devra, « *permettre d'œuvrer en faveur de la paix, de la sécurité et de la stabilité dans les pays riverains du golfe de Guinée* » (Chouala, 2003 : 162). Le Nigeria expose quant à lui, une vision fraternelle et amicale de cette organisation. Celle-ci est promue comme « *une rencontre des frères décidés à renforcer leurs liens de bon voisinage, leur amitié et leur solidarité (et à) promouvoir la paix, la coopération et l'intégration en vue du développement et de l'amélioration des conditions de vie des États membres* » (Chouala, 2003 : 162).

Le Congo Brazzaville y voit pour sa part un « organe économique » tandis que Sao Tomé en fait un cadre de promotion des « *relations de confiance et de promotion du bon voisinage* ». Pour le Cameroun, la CGG en tant que structure interétatique manque de véritable visibilité tactique et stratégique si ce n'est une structure destinée à promouvoir et à renforcer les visions et positions régionales du Nigeria et du Gabon. C'est entre le Cameroun et le Nigeria que la lutte sur le terrain de la CGG est plus ouverte. Tandis que le Nigeria s'efforçait de faire de la CGG l'« *instance privilégié pour la médiation, la conciliation et l'arbitrage des conflits, les seuls moyens de résoudre durablement tout différend conformément aux chartes de l'ONU et de l'OUA* », le Cameroun s'efforçait pour sa part de faire « *valoir que ces dispositions ne tenaient pas compte et excluaient d'autres modes de règlement pacifique universellement admis comme le recours à la justice internationale* » (Chouala, 2003 : 162). L'enjeu ici c'est la cadre légitime de résolution du différend frontalier qui oppose le Cameroun et le Nigeria au sujet de la presqu'île de Bakassi.

La délimitation géographique du golfe de Guinée a aussi constitué un autre point d'achoppement entre le Cameroun et le Nigeria confirmant ainsi la finalité stratégique de toute construction géographique. Sous l'insistance du Cameroun, le communiqué final des chefs d'État et de gouvernement du golfe de Guinée tenu le 19 novembre 1999 à Libreville avait indiqué que « *la Commission du Golfe de Guinée est ouverte à la participation des autres États de la région qui en expriment le désir* ». Or, le Nigeria tenait à exclure nombre de pays de l'Afrique de l'Ouest qui pourtant, du point de vue aussi bien historique que géographique, appartiennent à l'espace du golfe de Guinée. Il en est ainsi des pays comme la Côte d'Ivoire et le Bénin. L'ambition nigériane semblait ne réunir que les Etats sur lesquels il peut facilement exercer une influence hégémonique (Chouala, 2003 : 163). Le rapport des services diplomatiques camerounais sur le déroulement de la réunion ministérielle préparatoire au sommet ci-dessus mentionné indique que les Ministres des autres pays

> N'avaient pas levé le petit doigt ou l'avaient fait mollement (et) avaient accepté les vues du Nigeria sur nombre de points examinés (…) : le refus du Nigeria de l'ouverture de la Commission du Golfe de Guinée à d'autres États de la région de l'Afrique de l'Ouest et de l'Afrique centrale bien que ces États, comme l'a fait valoir le chef de la délégation camerounaise, en fassent partie conformément à la définition géographique et historique du golfe de Guinée. Le choix du Nigeria et de l'Angola pour servir respectivement de pont entre les pays de la zone et ceux de la CEDEAO en Afrique de l'Ouest et ceux de la SADC en Afrique australe, plus particulièrement lors des disputes frontalières ou de souveraineté survenant entre ces différents États ; (…) le rôle de la Commission du Golfe de Guinée comme le cadre privilégié du règlement des conflits à l'exclusion d'autres voies de droit universellement admises comme le recours à la justice internationale (…). Par ces trois données, le Nigeria tentait d'encercler, d'isoler et de museler le Cameroun, d'être son porte-parole en Afrique de

l'Ouest et en Afrique centrale, et surtout d'amener la Commission à examiner et à trouver par le dialogue et la négociation entre les deux pays, une solution pacifique au conflit de Bakassi, démontrant ainsi que ce différend, pendant devant la Cour Internationale de Justice, n'a plus besoin d'être enrôlé et jugé par cette instance des Nations Unies (Archives, Minrex, 1999).

Globalement, l'objectif consistait pour le Nigeria, à travers le discours du golfe de Guinée aux États du golfe de Guinée, de se poser, en tant que puissance principale de la région, en grand frère chargé de contrôler, de guider à l'intérieur et de défendre à l'extérieur. Par ailleurs, dans un contexte régional marqué par des luttes d'appropriation des territoires réputés riches en hydrocarbures, le Nigeria, engagé dans les conflits territoriaux avec ses voisins, tentait de mettre sur pied un système régional de règlement des différends moins contraignant et plus influençable que celui des organisations internationales établies dans le cadre des Nations Unies. La CGG est par conséquent apparu à Yaoundé comme un cadre d'influence régionale structuré autour du Nigeria (Chouala, 2014 : 248).

C'est pour cette raison que le Cameroun a retardé le processus de son adhésion en tant qu'État membre au sein de la CGG. De 2001 à 2008, il était, comme la RDC, observateur de cette institution régionale. Par conséquent, il a dû attendre le dénouement de ladite affaire en introduisant une clause facultative de sauvegarde concernant le mécanisme de règlement des différends de la CGG. C'est aussi la raison pour laquelle les activités de cette organisation semblent connaitre une léthargie qui ne dit pas son nom. En réalité, la CGG participait d'une ambition géopolitique du Nigeria relatif à l'affirmation de son leadership régional voire interrégional car au moment de la création de la CGG, il existait déjà dans les deux régions, une institution maritime commune à l'Afrique de l'Ouest et à l'Afrique centrale à savoir l'OMAOC[10]. Même si elle connaissait une crise profonde à cette période, elle disposait néanmoins d'une grande expérience dans le domaine de la coopération maritime. C'est elle qui aurait, nous semble-t-il, mieux conduit la mission de résolution des différends sur les frontières maritimes dans les deux régions.

En somme, parce qu'elle est une organisation qui sert les desseins géopolitiques de certains États du golfe de Guinée, la CGG n'a pas pu, jusqu'à nos jours, produire des résultats probants. Elle s'est engluée dans les rivalités interétatiques entre ses États membres. D'ailleurs la création de cette organisation était d'avance vouée à l'échec. Car, comme nous l'avons évoqué, il existait déjà une organisation maritime interrégionale dont l'expérience en la matière était établie. Pour cet ensemble de raisons et pour se conformer aux politiques de rationalisation qui sont en train être implémentées sur le continent pour une meilleure efficacité des organisations de coopération et d'intégration régionale, la CGG mérite de disparaître. Son existence complique encore un peu plus la cartographie des organisations régionales pour une efficacité jusque-là non avérée (Otsa'a Nguema, 2015 : 409).

---

[10] Organisation Maritime de l'Afrique de l'Ouest et Centrale.

Conclusion

En réalité, il est important de tirer, sur les relations entre l'Afrique et l'Atlantique dans la longue durée, un certain nombre d'enseignements pour l'avenir de la maritimité africaine. La première leçon concerne les grandes étapes de l'histoire maritime de l'Afrique de l'ouest. On voit clairement qu'il y a eu une double rupture dans l'histoire maritime de cette zone quand on prend en compte les développements de la première partie de ce travail. La deuxième leçon concerne la domination de l'Afrique. Les Européens qui ont dominé l'Afrique pendant plusieurs siècles sont venus par la mer. Aujourd'hui, c'est de la mer que sévissent ce que nous avons appelé les contraintes géopolitiques. Il importe donc de prendre des mesures non seulement pour lutter contre ces menaces mais également pour intégrer la mer dans les stratégies de développement des États des deux régions.

Concernant les menaces maritimes, il semble que les plus nuisibles, sans minorer les risques induits par les menaces non étatiques, soient les conflits maritimes interétatiques. Nuisibles d'autant plus qu'à l'heure actuelle, aucune importante mesure n'a été prise dans les deux régions pour lutter efficacement contre ces menaces à la paix et à la sécurité. La CGG a montré son vrai visage et mérite d'être reléguée aux vestiges de l'histoire. Pour cela, il faut mettre en place des dispositifs de sécurité pour lutter contre la survenance des menaces maritimes interétatiques. Compte tenu de son expérience dans le domaine, la CEEAC pourrait accueillir un tel mécanisme.

Dans une approche plus globale, il est important de s'ouvrir vers le large, de mettre en place des marines importantes pour ne plus vivre les invasions venues des autres civilisations. Pour cela et compte tenu des faiblesses individuelles des États africains, cette œuvre ne peut être que collective. Les menaces maritimes de cette dernière décennie ont le mérite d'attirer l'attention des États sur leurs différents espaces maritimes. Il faudrait, sans négliger les autres politiques publiques sur le continent, intégrer la mer dans les stratégies de développement des États des deux régions. Comprendre une fois pour toute que la mer est l'avenir de l'humanité. De ce point de vue se préparer en connaissance de cause en mettant sur pied une politique globale qui prenne en compte tous les aspects de l'activité maritime tant aux échelles locale, nationale, régionale et continentale.

RÉFÉRENCES

Ouvrages

CHOUALA Yves Alexandre, *La politique extérieure du Cameroun : doctrine, acteurs, processus et dynamiques régionales*, Paris, Karthala, 2014.

DIAGNE Pathé, *Bakary II (1312) et Christophe Colomb (1492) à la rencontre de Tarana ou l'Amérique*, Paris, L'Harmattan, 2014.

DIOP Cheikh Anta, *L'Afrique Noire précoloniale : étude comparée des systèmes politiques et sociaux de l'Europe et de l'Afrique Noire, de l'antiquité à la formation des États modernes*, Paris, Présence Africaine, Deuxième édition, 1987.

EDOUMA-BOKANDZO Pierre, *Les techniques de la pêche en Afrique Noire*, Paris, Sépia, Date non mentionnée.

GILBERT Gregory P., *Ancient Egyptian Sea Power and the Origin of Maritime Forces*, Australia, Sea Power Center, 2008.

KAMBALE ISEMUGHOLE Darwin, *Délimitation maritime entre la RD Congo et l'Angola : quelle solution juridique, politique ou économique ?* Paris, L'Harmattan, 2017.

KENGNE KAMGA Maurice, *La délimitation maritime sur la côte atlantique africaine*, Bruxelles, Bruylant, 2006.

NDUTUMU Samuel Sylvin, *Géopolitique maritime du golfe de Guinée au XXIe siècle*, Paris, L'Harmattan, 2012.

ROPIVIA Marc-Louis, *Batailles navales précoloniales en Afrique : géopolitique du Buganda et du Manyema au XIXe siècle*, Paris, Economica, 2007.

ROSENAU James, *Turbulence in World Politics : the Theory of Continuity and Change*, Princeton, Princeton University Press, 1990.

SERTIMA Yvan Van, *They Came before Columbus : the African Presence in Ancien America*, New York, Random House Trade Paperbacks, 2003.

SINDJOUN Luc, *Sociologie des relations internationales africaines*, Paris, Karthala, 2002.

VIGARIE André, *La mer et la géostratégie des nations*, Paris, Economica, 1995.

Articles

ADIMI Pierre, « Complexité de la criminalité transnationale en Afrique de l'Ouest » dans HOUDAIGUI El Rachid (dir), *La façade atlantique de l'Afrique : un espace géopolitique en construction*, Rabat, OCP Policy Center, 2015, pp. 41-62.

ASIWAJU Anthony I., « Fragmentation ou intégration : quel avenir pour les frontières africaines ? » dans Unesco (dir), *Les frontières en Afrique du XIIe au XXe siècle*, Bamako, 1999, pp. 73-84.

AKONO ATANGANE Eustache, « Les problèmes de délimitation des espaces maritimes en Afrique centrale », *Revue Africaine d'Etudes Politiques et Stratégiques*, N° 4, 2007, pp. 249-260.

BATEMAN Sam, « Bonnes clôtures ou bons voisins : implications pour les frontières maritimes », *Défense et Sécurité Internationales*, N° 125, Septembre-Octobre 2016, pp. 74-76.

BEGA Camille, « Un eldorado fragile » dans COUTANSAIS Cyrille et MARIGNAN Claire (dir), *La mer, nouvel eldorado ?* Paris, La documentation française, 2017, pp. 111-127.

BIGNOUMBA Guy-Serge, « La politique maritime du Gabon à l'aube du troisième millénaire : l'indispensable ouverture sur la mer », *Cahiers d'Outre-Mer*, N° 52, Octobre-Décembre 1999, pp. 359-372.

BIGNOUMBA Guy-Serge, « Le Gabon et la mer : des usages des bords de mer à l'émergence d'une culture maritime à travers l'activité balnéaire à Libreville », *Annales de l'Université Omar Bongo*, N° 11, 2005, pp. 96-111.

CISSE Yacouba, « Les gisements en mer des hydrocarbures trans-frontalières : régime juridique en droit de la délimitation maritime », *Revue de Droit d'Ottawa*, Vol 35, N° 1, 2003, pp. 45-73.

DESPORTES Vincent, « Stratégie » dans DURIEUX Benoît et Als (dir), *Dictionnaire de la guerre et de la paix*, Paris, PUF, 2017, pp. 1348-1357.

KAKA BABA Ibrahima, « Civilisations maritimes d'Afrique », *Le Courrier de l'Unesco*, Décembre 1983, pp. 14-18.

KOUNOUHO Toussaint et NDONG ATOK Sylvain, « Le Bénin face à la piraterie maritime dans le golfe de Guinée : l'influence comme arme de défense d'un petit Etat ? », *Notes d'analyses sociopolitiques*, CARPPADD, N° 14, Août 2019.

MOUNDOUNGA MOUITY Patrice, « Dynamique géopolitique maritime en Afrique centrale : brèves réflexions sur le différend frontalier maritime entre Gabon et Guinée Equatoriale », *Res Militaris*, Vol 8, N°2, 2018, pp. 1-19.

NDONG ATOK Sylvain, « L'Afrique et la sécurité maritime au XXIe siècle : rétrospective et prospective pour une réelle indépendance », communication présentée lors du colloque sur les indépendances inachevées en Afrique, IRIC, 19-20 Décembre 2019.

NJEUMA Martin Zachary, « Contributions diplomatiques et administratives à la paix sur la frontière entre le Cameroun et le Nigeria » dans Unesco (dir), *Les frontières en Afrique du XIIe au XXe siècle*, Bamako, Unesco, 1999, pp. 159-185.

OGOULAT Albert Didier, « Les États de la façade atlantique de l'Afrique et la mer aujourd'hui, quelques aspects géopolitiques et géostratégiques », *Norois*, Tome 45, N° 180, pp. 587-607.

OGOULAT Albert Didier, « La Commission du Golfe de Guinée, instrument du renouveau maritime régional ? », *Stratégique* disponible dans www.stratisc.org consulté le 12 septembre 2017.

ROSSATANGA-RIGNAULT Guy et MOUNDOUNGA MOUITY Patrice, « La sauvegarde de la souveraineté maritime nationale : l'île de Mbanié » dans POTTIER Patrick et Als (dir), *Les régions littorales du Gabon : éléments de réflexion pour une planification stratégique du territoire*, Nantes et Libreville, Géolitttomer et Raponda Walker, 2017, pp. 165-179.

POGNONEC Alexia, « Vers une gouvernance mondiale de l'océan ? » dans COUTANSAIS Cyrille et MARIGNAN Claire (dir), *La mer, nouvel eldorado ?* Paris, La documentation française, 2017, pp. 145-160.

ROPIVIA Marc-Louis, « Gabon-Guinée Equatoriale : les défis d'une gestion concertée des ressources pétrolières offshore » dans NTUDA EBODE Joseph Vincent (dir), *La gestion coopérative des ressources transfrontalières en Afrique centrale :*

quelques leçons pour l'intégration régionale, Yaoundé, PUA, 2011, pp. 111-119.

ROSINSKI Herbert, « L'évolution de la puissance maritime », *Stratégique*, N° 89-90, 2008/1, pp. 17-52.

THEMELIN Vincent, « La révolution verte sera-t-elle bleue ? » dans COUTANSAIS Cyrille et MARIGNAN Claire (dir), *La mer, nouvel eldorado ?* Paris, La documentation française, 2017, pp. 81-110.

Thèses

CHOUALA Yves Alexandre, *L'interétatisme dans le golfe de Guinée : contribution du champ à la sociologie des relations internationales*, Thèse de Doctorat en Science Politique, Université de Yaoundé II, 2003.

NDONG ATOK Sylvain, *L'intégration régionale maritime en Afrique centrale face au challenge de la conflictualisation : une analyse diplomatico-stratégique*, Thèse de Doctorat PhD en Relations internationales, Université de Yaoundé II-Soa, IRIC, 2019.

OTSA'A NGUEMA Daenis, *Sécurité et sûreté maritimes dans le golfe de Guinée : diagnostic et évaluation des politiques pour un apport conceptuel et pratique de la sécurisation maritime*, Thèse de Doctorat en Géographie, Université de Nantes, 2015.

TERRORISME, AUTORITÉS LOCALES, FRONTIÈRES ET BIOPOLITIQUE

LE CAS DU DÉPARTEMENT DU MAYO-BANYO (CAMEROUN-NIGERIA)

Aimé Raoul Sumo Tayo

Hôte académique boursier, Institut d'études politiques
Université de Lausanne

Résumé - La présente contribution évalue les mesures prises par les autorités frontalières du département du Mayo-Banyo pour assurer la sécurité de leurs concitoyens dans un contexte de guerre contre « Boko Haram », une insurrection interne au Nigeria, qui a usé naturellement de la configuration de l'espace géopolitique, anthropolo-sociologique et socio-économique de son voisinage immédiat pour s'étendre. Ce travail procède à une brève description de la section de frontière Banyo (Cameroun)/Gashaga (Nigeria). Il traite également des dispositifs mis en place par les démembrements locaux des différentes administrations de l'Etat, ainsi que des obstacles au déploiement optimal des dispositifs mis en place.

Mots clés : Frontières, Sécurité, Autorités administratives, Biopolitique.

Abstract - This contribution assesses the measures taken by the border authorities of the Mayo-Banyo Division to ensure the safety of their fellow citizens in a context of war against "Boko Haram", an internal insurgency in Nigeria, which naturally used the configuration of geopolitical, anthropological-sociological and socio-economic aspects of its immediate vicinity in order to expand. This work provides a brief description of the Banyo (Cameroon)/Gashaga (Nigeria) border section. It also deals with the mechanisms put in place by the local dismemberments of the various state administrations, as well as obstacles to the optimal deployment of the mechanism put in place.

Keywords: Borders, Security, Administrative authorities, Biopolitics.

Introduction

Après avoir réglé le différend frontalier qui l'a longtemps opposé au Nigeria, le Cameroun a cru avoir mis à distance le phénomène guerrier, pour ne faire face qu'à des menaces criminelles de faible intensité. Pourtant, officiellement depuis 2014, le pays fait face à « Boko Haram »[1], dont le nom officiel est *Jama'atu Ahlis Sunna Lidda'Awati Wal-Jihad*, qui signifie « groupe sunnite pour la prédication et le djihad ». Ce mouvement a un projet politique anti-étatique et met en œuvre une violence extrême à finalité stratégique, l'objectif étant de créer une conjoncture favorable à l'instauration du califat et d'un ordre social régi par la Sharia (Hénin, 2016 : 216). Les adeptes de la secte rejettent les catégories de la culture occidentale portées sur le revers militaire de la conquête coloniale et veulent réhabiliter, par la force la sharia, un des éléments clés du système symbolique qu'ils considèrent comme directement hérité de la culture de leurs ancêtres[2]. Ce mouvement insurrectionnel, au départ interne au Nigeria, a su user naturellement de la configuration de l'espace géopolitique, anthropolo-sociologique et

---

[1] Il s'agit là d'un autre exemple de construction d'une identité stigmatisante de l'ennemi, à travers notamment le processus d'énonciation des raccourcis criminalisants et d'attribution d'une dénomination dévalorisante (Burgat, 2016 : 237). Le nom marketing « Boko Haram », qui est généralement traduit par « l'éducation occidentale est un péché », est moins pertinent pour désigner le mouvement et s'avère être un concentré des stéréotypes contenus dans le discours islamophobe comme l'a relevé Andréa Brigaglia. Il traduit la perception de l'obscurantisme, le primitivisme et la férocité essentielle des musulmans, tel qu'énoncé dans les discours islamophobes (Pérouse de Montclos, 2014 : 2).

[2] François Burgat, conférence IREMAM.

socio-économique de son voisinage immédiat pour s'étendre (Saïbou Issa, 2014). Parce que l'on attend de la frontière d'un Etat qu'elle agisse comme l'enveloppe d'une cellule et protège le sanctuaire national contre les menaces à la sécurité des populations[3], la mécanique gouvernementale de l'exercice de cette fonction de contrôle consiste à "organiser la circulation" à travers la frontière, ce dans le but d'éliminer ou, au moins de diminuer ce qui est dangereux et maximiser la bonne circulation, notamment des biens, des hommes et des valeurs (Foucault, 1997: 20). Les autorités locales frontalières[4] jouent, de ce fait, un rôle important dans la politique de sécurité d'un Etat[5].

---

[3] La conception de la frontière comme ligne de défense a été tenue pour révolue. Cette position est hautement discutable, surtout dans un contexte d'insécurité. Depuis les attentats du 11 septembre, les frontières sont redevenues un des fronts de la lutte contre le terrorisme, avec notamment le renforcement de la fonction de contrôle. De plus, les opinions publiques ont tendance à percevoir les frontières comme la principale barrière contre l'influence indésirable de l'extérieur. Les faiblesses structurelles de certaines d'entre elles laissent le libre champ aux groupes se livrant à des activités prédatrices et criminelles (Foucher, 2014 : 47).

[4] Par autorités locales nous entendons les différents agents du pouvoir exécutif qui, du fait de la décentralisation ou de la déconcentration, exercent des fonctions exécutives. Il s'agit de responsables d'entités sousnationales de gouvernements, notamment les autorités administratives et leurs collaborateurs des services techniques locaux, de l'échelon de la région à celui du village.

[5] Cette place de choix a trait au fait que les espaces frontaliers camerounais, à cause de leur éloignement, du déficit du contrôle territorial, sont très souvent des lieux de refuge pour des populations réfractaires aux entités politiques conquérantes que Nicolas Courtin appelle des « sociétés de refus », des contre-sociétés de « bandits », de trafiquants ou des djihadistes, tous formant le « collectif du refus » (Courtin, 2015: 16).

Le présent travail s'intéresse justement aux dispositifs de sécurité[6] mis en place par les autorités administratives et traditionnelles frontalières, les responsables locaux des ministères techniques concernés pour assurer la sécurité de leurs concitoyens dans un contexte de guerre contre « Boko Haram » et qui relèvent de ce que Foucault appelle Biopolitique (Razac, 2013). Quels sont ces dispositifs ? Comment s'opérationnalisent-ils ? Pour répondre à ce questionnement, la présente contribution s'appuie sur un cas : le département du Mayo-Banyo, dont l'histoire et la géographie en font un laboratoire pour évaluer l'exercice, par l'Etat du Cameroun, des fonctions régaliennes du contrôle des marges et des réseaux.

Prenant comme point de départ une brève description du cadre socio-matériel du fonctionnement du dispositif de sécurisation de la section de frontière Banyo-Gashaga, je présenterai, dans une seconde partie sa morphologie, notamment ses les différents éléments et les liens qui les unissent. Je discuterai dans une troisième partie, des obstacles au déploiement optimal des dispositifs ainsi mis en place.

---

[6] Dans son usage courant, la notion de dispositif, qui vient du latin *dispositio*, signifie « disposer des éléments en vue d'une finalité ; agencer les arguments de façon à les rendre intelligibles ». Cette définition met en exergue les dimensions stratégiques des dispositifs, notamment sur leur utilité et leur urgence, de même que les aspects rhétoriques qui ont, du reste, été relevées par Foucault. Les dispositifs de sécurité font partie de la catégorie des dispositifs techniques qui, dans le domaine de la gestion, renvoient à l'agencement des règles, d'intérêts et d'acteurs en vue de l'atteinte d'un but assigné. Il s'agit, plus spécifiquement, des dispositifs juridiques, militaires et policiers qui désignent un ensemble de mesures prises et de moyens mis en œuvre pour un but précis (Aggeri, 2014 : 49).

I. Le cadre socio-matériel et l'énoncé du projet stratégique

De manière générale, les activités des individus et des organisations sont influencées par des cadres cognitifs (routine, instruments de gestion) et socio-matériels, notamment les lieux et situations de gestion (Aggeri, 2014 :48). Les dispositifs de sécurisation de la frontière Cameroun-Nigeria au niveau du département du Mayo-Banyo sont ainsi influencés par l'Histoire et les caractéristiques géographiques de cette section de frontière.

1. Histoire et caractéristiques géographiques de la section de frontière Banyo (Cameroun)/Gashaga (Nigeria)

La section de frontière Banyo-Gashaga a la particularité d'épouser celles du lamidat de Banyo et son ancienne dépendance, le lamidat nigérian de Gashaga. L'actuelle frontière est le résultat des rapports de force issus de la Grande Guerre. Elle a partitionné de nombreux peuples et créé un espace frontalier qui présente des caractéristiques spécifiques.

a. Historicité de la frontière : entre frontière intra-impériale et frontière inter-impériale.

La spécificité de la section de frontière Banyo-Gashaga tient de ce qu'elle a partitionné un proto-Etat peulh précolonial et qu'historiquement elle a été à la fois une frontière intra et inter-impériale.

- Entre frontières anté-coloniale et frontières héritées de la colonisation

Après la signature du traité germano-Duala du 12 Juillet 1884 et suivant la doctrine de la vicinité (Jèze, 1896 : 148), les Allemands se lancèrent à la course de l'*hinterland* en prenant le soin de définir avec la France et la Grande Bretagne, les limites de leurs sphères d'influence respectives. Pour la frontière Ouest qui nous intéresse, elle procéda à des négociations avec la Grande Bretagne (Kouam, 1979 : 15). De manière générale, la détermination de la frontière suivait le rythme des explorations (Fanso, 1982 : 103). C'est sans doute pourquoi, la frontière anglo-allemande à ce niveau suivait les limites précoloniales et englobait les lamidats actuels de Banyo, Kontcha (Cameroun) et Gashaga (Nigeria). Pendant la période allemande, ce proto-Etat peulh était le ressort territorial du *Bezirke* du même nom. La partition de 1919, à la suite de la Campagne du *Kamerun*, lui avait soustrait les lamidats de Kontcha et Gashiga. En 1920, Kontcha fut rétrocédée à la France. La subdivision de Banyo comprenait alors les lamidats de Banyo, de Kontcha et la chefferie de Dodeo. Ces deux derniers furent, par un arrêté du 26 septembre 1946, passés à la subdivision de Tignère[7].

Aujourd'hui, le lamidat de Banyo qui est le ressort territorial du département du Mayo-Banyo a une superficie de 7500 km², et est situé entre le 6ème et le 8ème degré de latitude Nord. Il est limité au Nord par la ligne de partage des eaux avec le lamidat de Kontcha, au sud par la Mapé qui le sépare

[7] ANY, IAC3417, subdivision de Banyo Rapport annuel 1946, p.2.

du sultanat Bamoun, à l'Ouest par les lamidats de Gembu et Gashiga au Nigeria et à l'Est par le Mbam avec le lamidat de Tibati (Mohaman Gabdo, 2009 : 77).

- *Entre frontière inter impériale et frontière intra-impériale*

Globalement, la partie inter-impériale de la section de frontière Banyo-Gashaga résulte de deux générations d'instruments juridiques : Les accords anglo-allemands conclus entre 1885 et la première guerre mondiale, et les instruments franco-anglais conclus entre la première guerre mondiale et l'indépendance (Sumo Tayo, 2007). L'extrémité Sud de cette section de frontière a été une frontière intra-impériale car, pour des raisons administratives, la zone britannique du Cameroun avait été divisée en deux provinces, septentrionales et méridionales, le *Northern Cameroon* et le *Southern Cameroon,* dès 1923, puis modifiée en 1927 (Weladji, 1982 : 240). La frontière actuelle au niveau du département de Banyo est le résultat d'un rapport de force à l'issue de la Campagne du *Kamerun*, confirmant ainsi l'idée ancelienne de la frontière comme "isobare politique." (Ancel, 1938 : 196).

Carte 1 : le lamidat de Banyo au XIXᵉ siècle

Source : Mohaman Gabdo, 2009 : 219

2. Les caractéristiques de la section de frontière

La section de frontière Banyo-Gashaga se caractérise sur le plan géographique par la prégnance des éléments physiques, la présence de nombreux peuples transfrontaliers dits « traits-d'union » et par sa porosité.

- Une forte prégnance d'éléments naturels

La section de frontière Banyo-Gashaga est essentiellement montagneuse. La ligne de frontière suit principalement les chaines de montagnes, notamment la chaine des Gorulde, le petit Mont Bolsumbre, le Mont Golungel, la chaîne des Ngetti, Hossere Nyamneri, Sapbe Bnokni, Sapbe Pelmali, Sapbe Wade, Sapbe Sirgou, le Mont Gessumi, le Mont Ribao, les Mont Atta et Songkolong, pour ne citer que celles-là[8].

---

[8] Articles 48 à 64 de la Déclaration Thomson-Marchand du 9 janvier 1931.

Accessoirement, les lignes de partage des eaux ont été utilisées pour définir la frontière entre le Cameroun et le Nigeria au niveau de l'actuel département du Mayo-Banyo. Cette forte prégnance d'éléments naturels découle du fait qu'à l'époque de la délimitation, en Europe, notamment en France, l'on pensait que les Etats avaient vocation à être délimitées par des données physiques. Les géographes et les administrateurs en charge de la délimitation des frontières camerounaises venaient donc avec des points de vue fortement marqués par l'environnementalisme dominant dans l'Europe de l'époque (Claval, 1974 : 5).

- *Les peuples transfrontaliers*

La frontière Cameroun-Nigeria a coupé de nombreux peuples. Les Peulhs sont le principal peuple transfrontalier que l'on retrouve sur la section Banyo-Gashaga (Abdoul Bagui, 1996 : 10). Au Nigeria, on les retrouve dans l'Etat de Sardauna. Il n'y a pas de différence entre eux et les peulhs de l'Adamaoua. Il en est de même d'un sous-groupe peulh, les Borroros, encore appelés « *cattle fulani* » ou *Borrojé* (Fajana, 1964: 85). Ces derniers se métissent fort peu. Leur caractère nomade s'atténue peu à peu. Tout en restant semi-nomades ils se sédentarisent[9]. Toutefois, les Akou, un autre sous-groupe peulh se trouve spécifiquement dans l'Etat de Taraba. Ceux-ci se distinguent par leurs scarifications[10].

En plus des Peulh, les Mambila sont un autre peuple transfrontalier de cette section de frontière. Ils vivent sur le

[9] ANY, IAC 59, Rapport Politique région Adamaoua 1958, p.2.
[10] Entretien avec Barkindo Wourgo, Chef de clan, à Dorofi (Nigeria), le 21 avril 2005.

plateau qui porte leur nom. Ils sont plus nombreux au Nigeria. On les retrouve principalement autour de Gembu, ville camerounaise avant la partition de 1916 (Sumo Tayo, 2008 : 18). Au Cameroun, ils sont présents à Kimi, Somié, Songkolong, Atta, Kila et Lip-Down. Ceux d'entre-eux qui avaient fui le jihad se sont installés au Nigeria, principalement dans les localités de Bang, Mbamga, Kabri, Warwar, Ndunda, Chana, Kakara, Leme, Ndarup, Ngya, Mbar, Gembu et de nombreuses autres localités dans le *Sardauna Local Government*. (Lenshie, Nsemba, Johnson, 2012 : 52).

A l'extrémité Sud de cette section de frontière se trouvent les Kaka, autre peuple transfrontalier. Ils se sont massivement installés sur le plateau Mambila. Au Cameroun on les retrouve à Mbem, Nwa, Ntong, Nfe, Lus, entre autres. Au Nigeria, ils se sont principalement installés à Antere, Inkini, Kusuku, Ndumnyaji, Sakaka, Warkaka, Wah, Nguroje, Ma-Sumsum, Yerimaru, Furmi, Tamnya, Dorofi, Gembu et Mai Samari. Ils y ont émigré pour fuir le jihad, pour des raisons climatiques, topographiques et pour se livrer au commerce (Lenshie, Nsemba, Johnson, 2012 : 52). Les autres peuples transfrontaliers de cette section de la frontière Cameroun-Nigeria sont : les Kamkam, les Ndore et les Vuté ou Bouté (Brann, 1989 : 216).

Au-delà des différentes familles linguistiques, le *lingua franca* sur la section de frontière Banyo-Gashaga est le *fufuldé,* sauf que du côté nigérian, le Haoussa lui fait de plus en plus une sérieuse concurrence[11]. Certaines tribus trans-

---

[11] Une étude sociolinguistique des centres urbains au Cameroun en 1978, faite par Koenig, montre qu'à Banyo par exemple, bien qu'elle

frontalières de cette section *"share deities, ancestral shrines, major rite such as birth, manhood, maidenhood, womanhood, marriage, childbearing and burial custom [...] irrespective of location vis-à-vis an international boundary."* (Okon Ekpenyong, 1989 : 294). La présence de ces peuples transfrontaliers évité la création des déserts, de sortes de zones tampon et permis de créer de opportunités de coopération. La communauté des réseaux d'échanges entre plusieurs ethnies a créé une superposition de réseaux de relations dont les limites ne coïncident pas, toute chose qui créée un flou dans la structure spatiale des zones frontalières et rend difficile, voire impossible une distinction nette des frontières (Claval, 1974 : 12).

- Une section de frontière poreuse

La longueur de cette section de frontière et la mauvaise répartition territoriale des structures de contrôle expliquent sa porosité. Territorialement, dans la pratique quotidienne des populations des zones frontalières, il est difficile de déterminer quand on passe d'un Etat à un autre. Sur le plan culturel, il est également difficile de procéder à une quelconque différenciation car les populations frontalières adoptent mutuellement des éléments de culture, notamment l'habillement, le langage, l'architecture, voire la religion. Sur le plan économique, les zones frontalières sont des zones de transition en ce sens qu'il y existe d'importants échanges aux points officiels et non officiels (Adejuyigbe, 1989 : 34).

fût une ville Wawa, le *fufuldé* était la première langue pour 54% de la population, le Haoussa était la première langue pour 15% et la seconde langue pour 38% (Brann, 1989: 217).

La zone frontalière Banyo-Gashaga est pratiquement sans surveillance, le Cameroun ayant pris la décision d'installer ses services de police et de douanes à 10 km au moins de la frontière, vraisemblablement pour éviter les frictions[12]. Cette politique a été à l'origine de contestation du tracé de la frontière. En Janvier 2005, un incident avait opposé les policiers nigérians aux gendarmes camerounais. Cette situation confuse est née du fait que l'implantation des postes de police d'émi–immigration d'une part, et de contrôle des Douanes d'autre part, afin peut être d'éviter à l'époque toute friction avec ce pays voisin à Boudjounkoura, avait fini par faire croire aux Nigérians que la frontière serait là.

De ce qui précède, au fil des ans, le voisin nigérian avait progressé à l'intérieur du territoire camerounais au niveau de Kanyaka[13]. Cette mesure gouvernementale a fait du Cameroun un « *souverain territorial de type archipélagique* » du fait de sa faible emprise ses périphéries (Mandjem, 2014 : 49). Ces espaces deviennent alors des zones grises de type socio-économique du fait de l'incapacité de l'Etat à y exercer le monopole de la coercition physique légitime. Des contrebandiers et trafiquants de tous genres qui agissent dans les espaces frontaliers du Mayo-Banyo s'en prennent ainsi aux deux attributs de ce que peut être un Etat selon Norbert

---

[12] Le dispositif foucaldien renvoie au dit et au non-dit. La situation frontalière de Banyo confirme ainsi l'idée deleuzienne de l'absence d'isomorphisme mais de présence de « liens de présuppositions réciproques » (Aggeri, 2014 : 51).

[13] Entretien avec Mohamadou Bachirou, Sous-préfet de Banyo, Banyo le 18 Avril 2005.

Elias, c'est-à-dire le monopole de la violence légitime et le monopole fiscal (Minassian, 2011).

L'autre caractéristique de la frontière au niveau du département du Mayo-Banyo est son éloignement et son enclavement. La localité de Bankim est située à 509 km du chef-lieu de la région N'Gaoundéré qui est lui-même situé à 858 km de la capitale, Yaoundé. Pour rallier le chef-lieu de la région à partir de Bankim, il faut deux jours sur une route cahoteuse.

Le département du Mayo-Banyo est faiblement équipé. On y trouve très peu d'équipements collectifs. Comme toutes les périphéries nationales camerounaises, la zone frontalière Banyo-Gashaga est, territorialement, culturellement et économiquement, une zone de transition. Cette unité administrative est le principal Gateway de l'Etat nigérian de Taraba, avec notamment les *Local Governements Areas* de Gashaka, Takum, Kurmi et Sardauna. C'est justement cette dernière unité administrative qui nous intéresse le plus ici.

- Enoncé du projet stratégique

Foucault conçoit un dispositif comme vecteur de rationalisation et support des nouvelles formes de gouvernementalité. Il associe la notion de dispositif à un projet stratégique identifiable. Allant dans le même sens, Giorgio Agamben note qu' « Il y a donc, à la racine de tout dispositif, un désir de bonheur humain, trop humain et la saisie et la subjectivation de ce désir à l'intérieur d'une sphère séparée constituent la puissance spécifique du dispositif » (2006 : 31).

D'une manière générale, à cause de ses visées irrédentistes, de la taille de sa population, de son armée, du caractère tumultueux de sa politique intérieure et surtout de sa proximité, le Nigeria a toujours été perçu par les autorités camerounaises comme un enjeu structurel de défense. La mise en place d'un dispositif de sécurité aux frontières découle de la construction intersubjective de la menace à travers un processus de sécuritisation qui aboutit à la prise des mesures et actions exceptionnelles.

L'acte de langage qui marque la desecuritisation, discours par lequel il identifie un problème politique comme étant une menace existentielle (Beaulieu-Brossard, David, 2013 : 2) a été posé par le président Biya, dans son discours prononcé à l'occasion de la sortie de la promotion « Lissia M. Atwa » de l'EMIA. Il justifiait la réforme de la défense de 2001 par la nécessité de l'adapter au nouveau contexte géostratégique et géopolitique qui prévalait dans la région et dans le monde. De plus, pour le président Biya, il s'agissait, à travers cette réforme, de mieux faire face à l'ennemi qu'il avait désigné par la même occasion : « un de nos voisin » (Hameni Bieleu, 2012 : 191).

A priori, l'on pourrait penser que le département du Mayo-Banyo est assez éloigné du centre de gravité de la secte islamique et, de ce fait, ses frontières ne devraient pas faire l'objet d'une surveillance plus accentuée. Seulement, le gouverneur de l'Etat de Taraba, Darius Dickson Ishaku a signalé, dès 2017, la migration des combattants de « Boko Haram », de la forêt de Sambissa dans l'Etat de Borno vers la forêt de Suntai Daaji et le parc national de Gashaka/Gumti dans l'Etat

Taraba, créant ainsi une poussée de l'insécurité dans la région[14]. En octobre 2017, par exemple, l'armée nigériane avait arrêté deux adeptes de Boko Haram, faction Albarnawi, Mallam Jamilu Adamu et Mallam Garba Adamu, dans la localité de Gishiri, dans l'Ibbi *Local Government Area*[15].

Le département du Mayo-Banyo constitue donc une fenêtre de vulnérabilité pour le Cameroun, ce d'autant plus qu'il a toujours été affecté par la situation interne de son puissant voisin. C'est le cas, par exemple, avec les afflux massifs de réfugiés dans les localités du département du Mayo-Banyo lors de chaque crise agro-pastorale, ethnique ou religieuse au Nigeria voisin. En juin 2017, par exemple, près de 3 000 réfugiés nigérians s'étaient installés dans les localités camerounaises de Hainaré-Saah, Hainaré-Labare-Cameroun, Tong, et Kouar dans l'Arrondissement de Bankim, Mbenguedje Wawa et Mbengedje Foulbe dans l'Arrondissement de Banyo et Guissimi, Dorofi, Boumbo, et Mayo-Doule dans l'Arrondissement de Mayo-Darle (HCR, 2017).

C'est sans doute la raison pour laquelle les autorités camerounaises ont mis en place un dispositif de sécurité aux frontières pour assurer l'absence dans la communauté nationale, d'un sentiment de menace contre elle et contre les valeurs centrales qu'elle promeut (Koungou, 2010, 13-14).

---

[14] http://dailypost.ng/2017/05/19/boko-haram-insurgents-relocating-sambisa-taraba-forest%E2%80%8E-governor-ishaku/, consulté le 25 mars 2018.

[15] http://thenationonlineng.net/army-arrest-fleeing-boko-haram-members-in-taraba/, consulté le 25 mars 2018.

II. Les dispositifs de sécurisation de la frontière

Le dispositif foucaldien est constitué d'éléments hétérogènes dont on ne perçoit pas, à première vue l'agencement, mais dont l'intentionnalité est repérable (Aggeri, 2014 : 51). Sa morphologie renvoi aux éléments et aux liens qui les unissent. Du fait de leur éloignement et parce qu'elles sont souvent des lieux de refuge pour des groupes criminels ou politico-militaires, le Cameroun a mis en place un dispositif de surveillance aux frontières. Il s'agit des différentes personnes, groupes et institutions qui sont responsables, à l'échelon local, d'assurer la protection, la gestion et le contrôle des personnes et de l'Etat, notamment les institutions de sécurité (forces armées, police, gendarmerie, les unités anti-terroristes, les services de gestion des frontières, les douanes, les autorités de l'immigration, etc.), les institutions spécialisées du renseignement et de sécurité (pour recueillir et exploiter le renseignement en vue de préserver la souveraineté et la sécurité de l'Etat), les organismes publics de contrôle et de gestion relevant de l'exécutif, les institutions chargées de la justice et les organes non étatiques de sécurité telles que les compagnies privées de sécurité, les autorités informelles, etc. (UA, 20).

Nous avons fait le choix de nous intéresser uniquement aux autorités administratives et traditionnelles et aux responsables locaux des services techniques en charge des questions de frontières qui sont la clé de voute du dispositif ainsi mis en place.

1. Autorités administratives, traditionnelles et sécurisation des espaces frontaliers

Les autorités administratives et leurs auxiliaires, les chefs traditionnels jouent un rôle de proue dans la sécurisation des espaces frontaliers.

- *Autorités administratives : maintien de l' « omnicompétence » et de la sécurité de l'État.*

Les frontières d'un Etat déterminent son espace de souveraineté, son aire de compétence, ce que la doctrine ancienne appelait « omnicompétence » (Baud, 1994 : 236). Les autorités administratives frontalières veillent au respect de l'intégrité territoriale de l'Etat à travers le maintien de l'impénétrabilité des frontières.

Quand elles étaient au courant de l'existence de menaces potentielles aux frontières, les autorités administratives frontalières prenaient préventivement un certain nombre de mesures. En janvier 1968 par exemple, un commerçant camerounais revenant du marché frontalier de Séboré-Darlé, dans l'arrondissement de Banyo avait dit avoir croisé à Wadjourou, un groupe de 70 personnes en tenue de combat et armés de pistolets mitrailleuses et de MAS 36. Ces personnes se disaient être des camerounais désirant connaitre leurs pays. Le sous-préfet de Banyo, au vu du contexte de guerre civile qui sévissait au Nigeria, avait prescrit un ensemble de mesures. Le commandant de la brigade de gendarmerie de Banyo était descendu sur les lieux et avait entendu les chefs de villages frontaliers. Dans le même temps, le lamido de Banyo, Iyawa Adamou, avait demandé à tous les habitants de la ville de fermer leurs concessions dès 20 heures. Pendant ce couvre-feu, les Dogaris, milice du lamido, patrouillaient dans les quartiers[16].

Les autorités administratives, notamment les préfets et les sous-préfets sont également au cœur du dispositif camerounais de sécurisation des frontières. Comme leurs collègues des autres unités administratives, les préfets successifs du Mayo-Banyo ont toujours tenu des réunions de coordination administrative et des comités de coordination du maintien de l'ordre et de sécurité (CCO) statutaires ou ponctuelles. Ces réunions de coordination administratives se tiennent au moins deux fois par an. Les réunions du comité de coordination de maintien de l'ordre et de sécurité se tiennent une fois par trimestre et regroupent tous les collaborateurs du chef de l'unité administrative responsables des forces de sécurité et des parquets compétents et les commissaires du gouvernement s'il en existe dans l'unité concernée (Mani, 2010 :40). Les réunions ponctuelles sont également une occasion pour le chef de l'unité administrative de se renseigner, de même que les tournées admiratives ou les descentes sur le terrain, notamment les tournées de prise de contact, les tournées économiques et les descentes ponctuelles sur le terrain (Mani, 2010 : 42).

En marge de ces rencontres, les autorités administratives frontalières organisent des réseaux de renseignement. Ils ont

---

[16] Lettre du sous-préfet de Banyo au préfet de l'Adamaoua, du 17 janvier 1968.

à leur disposition les unités spécialisées chargées de leur fournir toutes les informations nécessaires à l'accomplissement de leur mission, notamment les forces de 1[eres] de 2e ou de 3e catégorie. L'ancien-gouverneur Pascal Mani révèle qu'en plus du réseau de renseignement d'Etat, les autorités administratives, notamment frontalières, entretiennent des réseaux informels de renseignement, surtout dans un contexte où les services techniques compétents préfèrent très souvent donner la primeur de leurs informations à leur hiérarchie respectives « pour se distinguer à leurs yeux et « gagner du galon » au détriment d'une certaine efficacité sur le terrain» (Mani, 2010 : 120).

- *La mise en place des comités de veille et de surveillance dans les villages frontaliers*

Benoit Dupont, Peter Grabosky, Clifford Shearing et Samuel Tanner notent que les institutions non-gouvernementales peuvent contribuer à la production de sécurité publique (Dupont, Grabosky Shearing, 2007). C'est sans doute pourquoi, suivant le principe de la globalité de la défense nationale, consacré par le préambule de la Constitution et la logique de la mobilisation de tous les acteurs de la vie nationale dans le cadre de la riposte globale à « Boko Haram », le préfet du département du Mayo-Banyo, Kildadi Taguieke Boukar, avait institué, dès le 7 octobre 2014, des comités de veille et de surveillance dans les villages frontaliers de son territoire de commandement. Ces comités, suivant l'arrêté du préfet qui les instituait, devaient assurer le contrôle étroit de permanent des points d'entrée sur le territoire national et veiller à l'application stricte des mesures gouvernementales, notamment en ce qui concerne la surveillance du mouvement des personnes et des biens. Leur rôle est d'autant plus important que dans une situation de risque asymétrique, il est difficile d'identifier l'ennemi. Dans ce contexte, les comités de veille servent de vigiles. Pour cela, ils utilisent trois de leurs sens, la vue, l'ouïe et l'odorat pour renseigner les forces de défense et de sécurité. Ils remplissent ainsi la mission « observer » définie par le TTA 150 et qui vise à définir trois choses : la nature, le volume et l'attitude de l'ennemi (Etat-major de l'armée de terre, 2008 : 29).

Les comités ainsi institués fonctionnaient de jour comme de nuit à l'intérieur de leurs villages respectifs. Ils devaient dénoncer toute personne non identifiée auprès des autorités. A la tête de ces structures se trouvaient, outre le préfet, les sous-préfets de Bankim, Banyo et Mayo-Darlé, le commandant de la compagnie de gendarmerie, les commissaires de sécurité publiques, les commissaires spéciaux, le commandant de la 53ᵉ Unité légère d'intervention (ULI) du BIR, le chef d'antenne de la Surveillance du territoire, le régisseur de la prison principale de Banyo, le lamido de Banyo et le chef supérieur de Bankim, entre autres[17].

Sur le plan fonctionnel, cette section de la frontière Cameroun-Nigeria avait été découpée en secteurs correspon-

---

[17] Arrêté du préfet, n° 113/A/H50/SP du 7 octobre 2014 portant institution des comités de veille et de surveillance dans les villages frontaliers du département du Mayo-Banyo en vue de prévenir les épidémies et les activités terroristes.

dant à des grands villages et à des hameaux. Ainsi, dans l'arrondissement de Banyo, à l'extrême-Nord de cette section de frontière, l'on avait créé 18 secteurs[18]. L'action des autorités administratives en matière de sécurisation des frontières passe également par l'animation d'une para-diplomatie sécuritaire.

- La para-diplomatie sécuritaire des autorités administratives frontalières

La sécurité a toujours été le principal motif de la collaboration entre les autorités frontalières. Cette situation date de la période coloniale et consiste en la lutte contre le banditisme armé transnational et la résolution des conflits (Saîbou, 1996 : 8).

Vu sa situation à la frontière, les autorités administratives du département du Mayo-Banyo ont besoin d'une franche collaboration de leurs homologues des pays voisins respectifs pour atteindre des objectifs liés au maintien de l'ordre public et à la bonne marche de l'administration. C'est pourquoi pendant longtemps, elles ont animé une intense activité de coopération transfrontalière avec leurs homologues nigérians de Gembu. Cette para-diplomatie classique consistait en l'échange de bons procédés, aux visites mutuelles et à une coopération judiciaire informelle (Sumo Tayo, 2016). Il res-

---

[18] En plus de la mise en place des comités de veille, au cours d'une cérémonie religieuse pour la paix et la prospérité au Cameroun qui avait été organisée à Banyo en décembre 2014, et se fondant sur l'adage "une fausse alerte est préférable à une alerte tardive", les autorités avaient incité les aubergistes, les moto taximen, les tenancières de gargottes, les tenant de *call box*, les bergers et tout autre particulier, à signaler toute présence suspecte aux autorités.

sort de l'exploitation des archives départementales de Banyo que, jusque dans les années 1990, le gouvernement camerounais avait nommé dans ce département frontalier, des administrateurs musulmans, certainement pour faciliter la coopération transfrontalière avec leurs homologues nigérians (Eboua, 1995 : 200).

Cette coopération transfrontalière entre les autorités administratives avait également trait à la lutte contre le banditisme transfrontalier et consistait à une étroite collaboration judiciaire qui allait jusqu'aux extraditions[19]. La coopération sécuritaire informelle des autorités administratives se également par la mise à disposition des brigades de gendarmerie et des postes de police situées à la frontière des listes des personnes recherchées par les autorités nigérianes. Les personnes suspectes étaient ainsi refoulées. L'autorité administrative dissuadait ses administrés de mettre à contribution les liens de parenté pour dissimuler des malfaiteurs.

---

[19] Le sous-préfet de Banyo avait, par exemple renvoyé aux autorités nigérianes, le 25 juin 1971, le nommé Iya Bano alias Aoudou Guertogal. Ce dernier avait été pourtant été interné à la prison civile de Banyo le 11 mai et jugé le 14, puis condamné à un an d'emprisonnement ferme pour usurpation de fonction. Au moment de son extradition, il lui restait 321 jours à purger au Cameroun. Il était renvoyé pour être jugé au Nigeria où il était activement recherché. L'accord entre les autorités administratives de Banyo et celles de Gembu prévoyait qu'au cas où monsieur Bano serait relaxé par un tribunal nigérian, il devait être escorté à Banyo pour purger le reste de sa peine et, au cas où il serait condamné, les autorités nigérianes avaient promis lui appliquer en plus la peine qui lui restait à purger pour le motif de son incarcération à Banyo, soit 10 mois 7 jours. Cf. ADB, Rapport politique mensuel de juin 1971, arrondissement de Banyo.

La coopération des autorités administratives frontalières avait également pour finalité d'empêcher que les malfaiteurs trouvent refuge dans le territoire limitrophe après avoir commis une infraction. Le *Divisionnal Officer* de Gembu, Gimba Ahmed, réitérait à son homologue camerounais, Sadjo Simon, à chacune de leurs rencontres, que tout camerounais suspecté d'évasion ou exerçant des activités de nature à nuire aux institutions camerounaises serait arrêté et transféré au Cameroun[20]. À l'occasion de sa visite du 14 juin 1986, par exemple, l'administrateur nigérian du *Sadauna Local Government* avait garanti à son homologue camerounais qu'en cas de fuite d'un suspect vers son unité de commandement, les autorités camerounaises pouvaient envoyer un gendarme aider les autorités de police nigérianes à retrouver ledit fugitif. Le Cameroun, tout en marquant son accord pour cette pratique avaient demandé que ce droit de poursuite se fasse au su des autorités locales pour éviter d'éventuels incidents.[21] Sur cette section de frontière, de manière informelle et à travers leurs chefs d'unités administratives respectives, le Cameroun et le Nigeria s'étaient garantis un droit de poursuite.

La coopération entre les autorités administratives frontalières portait également sur la lutte contre le trafic des armes et munitions. La visite de travail du sous-préfet de Banyo à Gembu le 15 avril 1970 fut l'occasion pour l'autorité came-

---

[20] ADB, Aperçu général de la rencontre entre le sous-préfet de Banyo et son homologue le chef de subdivision de Gembu (Nigeria), le 15 avril 1971.

[21] Procès-verbal de la réunion de consolidation des liens de bon voisinage entre Bankim (Cameroun) et Gembu (Nigeria) ; du 20 juin 1986.

rounaise de solliciter de son homologue nigérian une mutualisation des efforts à travers la création, à Dorofi, la dernière ville nigériane à la frontière, d'un poste de douanes[22].

Cette para-diplomatie bénéficie également de l'appui des autorités traditionnelles.

- Le rôle spécifique des autorités traditionnelles

Dans les sociétés africaines en général, les chefferies traditionnelles correspondent à un type d'organisation politique dirigée par un chef disposant généralement d'un pouvoir héréditaire, parfois unique intermédiaire entre les ancêtres et les vivants, maitre du culte, détenteur des pouvoirs financiers, juridiques, politiques et administratifs (Momo, 1996 : 9). Si le rôle des chefs est allé en diminuant au fur et à mesure que se modernisaient les structures politiques, économiques et sociales, leur pouvoir dans certaines contrées reste indéniable. Ils forment un véritable tampon dans les régions entre l'administration et les populations (Fopoussi, 1991 : 13).

Parce que l'administration est quasi-absente des périphéries nationales, les autorités traditionnelles sont les seuls garants de l'intégrité du territoire. C'est sans doute pourquoi, après les indépendances, les chefs traditionnels ont ainsi été enrôlés pour devenir des «auxiliaires, collaborateurs indispensables du gouvernement, de son administration» (Ahidjo, 1979), ce que l'historien camerounais Saïbou Issa appelle "la collaboration instrumentale" des chefs traditionnels,

---

[22] Procès-verbal de la séance de travail tenue à Gembu entre les autorités nigérianes et le sous-préfet de Banyo, du 15 avril 1970.

toute chose qui permettait de contrôler effectivement les périphéries nationales par leur biais (Saïbou, 2012 : 61).

Les autorités traditionnelles participent de la para-diplomatie des autorités administratives. A cause des affinités culturelles et parfois de la nature des frontières, les compétences de certaines de ces autorités va au-delà du cadre national. Certaines d'entre elles jouissent d'un grand prestige à l'étranger et qui est très souvent mis au service de la diplomatie camerounaise des frontières. C'est le cas du lamido de Banyo qui a mis à contribution le prestige qu'il jouit au Nigeria pour mettre un terme aux incursions régulières d'éléments de l'armée nigériane. D'ailleurs, le 28 avril 2000, un incident grave avait impliqué une bande de trois militaires, trois policiers et six gardes-chasses nigérians. Ces derniers s'étaient attaqués à de paisibles villageois camerounais. Il fallut l'intervention du lamido de Banyo pour que la paix revienne dans cette région[23].

Le rôle des autorités traditionnelles dans la sécurisation des espaces frontaliers dans le département du Mayo-Banyo se rapporte également à l'encadrement des « comités de vigilance », ces groupes de civils organisés et équipés pour veiller sur les villages. Parce que ces derniers ont une meilleure connaissance de leurs localités, leur rôle est important en ce sens qu'ils peuvent identifier et repérer les intrus dans les villages.

Les mesures prises afin d'éviter l'extension de la menace terroriste avait également pris la forme de la surveillance

---

[23] Entretien avec Mohamadou Bachirou, Sous-préfet de Banyo, Banyo le 18 Avril 2005.

des activités religieuses. En effet, le lamido, commandeur des croyants à l'échelle du département avait très rapidement manifesté son rejet total des pratiques religieuses venues d'ailleurs, question de maintenir l'authenticité de l'islam local : « en dépit de la liberté de culte et de conscience, nous encadrons les prêches dans le culte ». C'est dans ce sens qu'il faut comprendre l'interdiction de manifester la *Maoulida* en dehors des mosquées et sur la voie publique dans le département. Cette mesure visait à empêcher l'importation et la diffusion de nouvelles pratiques religieuses dans le lamidat de Banyo[24].

2. L'usage minimal de l'outil militaire et para-militaire

L'on note, au niveau des frontières du département du Mayo-Banyo, un usage minimal de l'outil militaire dans la sécurisation de cet espace frontalier. Les forces para-militaires des douanes camerounaises se bornent à leur fonction économique et fiscale au détriment de la fonction de protection.

- L'usage minimal de l'outil militaire

L'on note un usage minimal de l'outil militaire dans la sécurisation de l'espace frontalier Banyo-Gashaga. L'on pourrait facilement, en paraphrasant Camille Grand, dire qu'en ce qui concerne l'adéquation entre les menaces à la sécurité et les dispositifs militaires aux frontières, le Cameroun, à ce niveau, voyage en première classe avec un billet de seconde. Peut-être

---

[24] Message de Mohaman Gabdo Yaya, lamido-sénateur à la cérémonie religieuse pour la paix et la prospérité du Cameroun, à Banyo le 27 décembre 2014.

une telle option découle de la perception chez les élites politiques et sécuritaires locales, d'un environnement de sécurité dégradé où le recours à l'outil militaire est encore optionnel.

Pourtant, au moment de l'incident de janvier 2005, au cours duquel les policiers nigérians avaient encerclé le poste de gendarmerie camerounais de Bonhari, le rapport de force était désespérant pour le Cameroun. L'escouade camerounaise la plus proche était le peloton de Banyo, constitué d'une vingtaine d'éléments tout au plus, face à deux bataillons nigérians stationnés, l'un à Mayo-Daga à 10 km de Bonhari, l'autre à Zawe, à 10 km également. Au centre de Bonhari, 15 militaires nigérians, 3 policiers de l'émi-immigration, 3 policiers de la sécurité publique se relevaient après un séjour d'un mois sur le terrain[25].

Ces dernières années, les mutations de l'environnement sécuritaire ont poussé le Cameroun à adopter la formule des bataillons modulaires pour assurer sa présence sur l'ensemble de ses périphéries nationales à travers leur déploiement éclaté, leur souplesse et leur élasticité qui permettent d'adapter leur déploiement à l'évolution de la situation[26]. La mise en place de la 53e Unité légère d'intervention (ULI) à Banyo,

---

[25] Entretien avec une source militaire ayant requis l'anonymat, Banyo le 17 Avril 2005.

[26] Sur le plan doctrinal, ce renouveau s'est matérialisé par doctrine de défense ferme aux frontières, résistance dynamique. En effet, avant la réforme de 2001, le Cameroun, pupille des Nations unies avait une doctrine d'emploi des forces qui s'appuyait sur une vision idéalisée de la communauté internationale et qui consistait à céder du terrain pour gagner des délais. Entretien avec le général d'armées Pierre Semengue, ancien chef d'état-major des armées camerounaises, 82 ans, Yaoundé, 7 avril 2016.

qui relève du le 5ᵉ BIR[27], dont le PC est à N'Gaoundéré, permet de sécuriser cette section de la frontière avec le Nigeria. Le déploiement éclaté de la 53ᵉ ULI conduit à la présence de nombreux détachements des BIRs au niveau des villages frontaliers et à la mise en place d'un système d'appui-intervention mutuel. Ces détachements du BIR disposent, en outre, d'une puissance de feu qui est un atout dans la lutte contre les menaces nouvelles car cette dernière leur permet de devancer et de submerger rapidement l'adversaire. Malheureusement, ces dernières années, à cause de la guerre contre « Boko Haram », la 53ᵉ ULI a été dégarnie au profit des unités de l'Opération Alpha dans la région de l'Extrême-Nord. Cette compagnie comptait, jusqu'en 2014, un peu plus de 150 éléments. La cinquantaine d'hommes restants vient en appui aux forces de police et de gendarmerie dans la lutte contre le banditisme rural transfrontalier.

- *Les services de police et la gendarmerie*

Les services de police et les brigades et postes de gendarmerie du département participent de la lutte contre la grande criminalité nationale et internationale, contre les stupéfiants, des même que la lutte contre la fuite des devises, le contrôle de la librairie étrangère (Koungou, 2010 : 103). Les différents services locaux de la sûreté nationale participent également de la défense de l'intégrité du territoire camerounais

---

[27] Le BIR est une unité d'élite créée en 1994. En plus des missions générales dévolues à l'armée de terre, il est chargé de la lutte contre le grand banditisme. Cf. *Cameroon-Tribune*, n° 9351/5552 du mardi 19 mai 2009.

(Ngono Ngono et als, 2007 : 8-10) et accomplissent une mission permanente d'information[28].

Les postes frontières de sûreté nationale et les commissariats spéciaux de Banyo, Bankim et Mayo-Darlé disposent en leur sein de services émi-immigrations qui régulent la circulation des personnes, notamment par l'application des normes réglementant la délivrance des visas et cartes de séjour, le contrôle aux postes-frontières, l'exécution des mesures applicables aux immigrés et la répression des délits d'émigration et d'immigration (Evina, 2009 : 71). Ces services monopolisent les moyens légitimes de contrôle et de régulation de la circulation des individus. Ils opérationnalisent la fonction de contrôle de la frontière qui filtre et sélectionne les flux de personnes, des biens (Renard, 1992 : 173) et valeurs (Foucault, 1997 : 20)[29], question de protéger ceux qui sont à l'intérieur (Moulé, 2013). A tous les postes-frontières du département du Mayo-Banyo, la surveillance continue à se faire à la manière du panoptique où surveillants et surveillés connaissent mutuellement leurs présences et leurs fonctions (Ceyhan, 2004 : 5).

L'identification des citoyens est assurée par les postes du système de sécurisation de la nationalité camerounaise (SENAC) logés dans l'enceinte du commissariat de sécurité

---

[28] Cf. le décret n° 68/DF/33 du 29 janvier 1968 fixant les missions de défense des forces régulières et supplétives et le décret n° 2002/003 du 4 janvier 2002 portant organisation de la délégation générale à la sûreté nationale.

[29] Sur ce dernier point, Maria Baramova relève que pendant la période médiévale, par exemple, *"the border was elevated to a key factor, forming an area of ideology."* (Baramova, 2010)

publique de Banyo et du commissariat de Mayo-Darlé, principalement. De même, les commissariats spéciaux de Banyo, Mayo-Darlé et Bankim sont chargés de la recherche et l'exploitation du renseignement.

En ce qui concerne la gendarmerie nationale, elle est présente à travers la compagnie et les brigades de gendarmerie de Banyo, Mayo-Darlé et Bankim, de même que le peloton mobile de Banyo et plusieurs postes plus ou moins rapprochés de la frontière. Ces différentes unités, participent, chacune en ce qui la concerne, à la sécurisation des frontières. Elles y participent également à travers la surveillance active par la mise en place, sur les axes routiers importants, de barrages de contrôle pour empêcher la libre circulation des malfrats et autres délinquants économiques, déplaçant ainsi la frontière partout où s'exercent des contrôles. Ils sont appuyés en cela par les services locaux des douanes.

- Les services déconcentrés de la direction générale des douanes

De par leur position dans les localités frontalières du département du Mayo-Banyo, les services déconcentrés de la direction générale des douanes constituent une défense avancée du territoire camerounais. Les corps actifs (en uniforme) et sédentaires (en civil) des démembrements locaux des douanes camerounaises participent à la surveillance de la frontière. Leur rôle est d'autant plus important que ces dernières années, il a été établi que la contrebande n'est pas qu'un pivot du crime organisé. Elle est aussi un liant qui facilite la connexion des composantes de celui-ci. La pratique judiciaire a relevé les rapports de la contrebande avec les actes de corruption, le trafic de drogue, l'évasion fiscale, le blanchiment d'argent, le terrorisme et l'immigration clandestine entre autres (Călin, 2007 : 9).

Les bureaux de douanes de Banyo, Mayo-Darlé et Atta, de même que les multiples postes de douanes Bankim et Sonkolong, en plus de leurs missions spécifiques de protection douanière et fiscale, les services locaux des douanes effectuent parfois des missions d'assistance au bénéfice d'autres administrations de l'État, telles le ministère en charge de la défense, par exemple[30].

Les dispositifs mis en place par les autorités locales du département du Mayo-Banyo ont jusqu'ici été efficaces, ce malgré des problèmes à cause desquels qu'ils peineraient à s'exprimer face aux menaces asymétriques.

3. Les obstacles au déploiement optimal des dispositifs mis en place

Un dispositif est supposé être hétérogène et évolutif. Sa cohérence est sans cesse menacée par les transformations multiples et plus ou moins coordonnées qu'il subit (Aggeri, 2014 : 52). Le dispositif de sécurité mis en place au niveau du département du Mayo-Banyo a fait ses preuves lorsqu'il s'est agi de faire face aux menaces classiques. Il s'avère inadaptées pour faire face au terrorisme.

---

[30] www.douanes.cm, consulté le 14 octobre 2017.

- *Absence de dispositif de blindage des frontières*

Depuis les attentats du 11 septembre, l'on assiste à un renfermement du monde dont le blindage des frontières en est la plus visible des expressions. Ohmae parle de « blindage exponentiel des frontières » (1990 ; 1995). Pourtant, contrairement à ce que l'on pouvait attendre, l'on ne note pas une forme de blindage des frontières au niveau du département du Mayo-Banyo. Pourtant, une logique préventive, proactive et prédictive aurait permis d'anticiper et positionner la frontière comme un rempart. Ces deux dernières années, aucune mesure spécifique n'a été prise par les autorités locales pour mettre en place des dispositifs pour délimiter et protéger sa souveraineté contre les menaces extérieures à sa sécurité, au moins à des fins dissuasives.

Aucune mesure d'optimisation rationnelle de la frontière (Beaulieu-Brossard , David, 2013 : 2) n'a été prise. La surveillance est maintenue à ce qu'elle avait toujours été. Dans les faits, l'on continue à dévaloriser le cadre national. Les premiers postes de contrôle sont situés à l'intérieur du territoire. Il nous semble, de ce fait irresponsable, dans le contexte actuel, de continuer à en faire des frontières de espaces totalement dérégulés et en avoir très peu de prise. La circulation entre le Cameroun et le Nigeria est libre en vertu d'une convention de 1963. La corruption des agents et le laxisme des autorités font que la section de frontière Cameroun-Nigeria ne joue pas véritablement sa fonction de contrôle. La situation est encore plus dramatique en ce qui concerne l'identité camerounaise car, les frontières déterminent à la fois le périmètre d'exercice d'une souveraineté et constitue un paramètre d'identité.

- *La sécurité de la nationalité camerounaise en question*

Il ressort de nos enquêtes de terrain que de nombreux Nigérians ont bénéficié des failles du dispositif de délivrance des documents liés à la nationalité camerounaise pour acquérir la carte nationale d'identité. Les failles de la loi portant institution de la carte nationale d'identité, notamment le mécanisme du procès-verbal d'audition, ont ouvert la porte à la corruption de tous les acteurs de la chaîne, du chef du village au maire, en passant par l'agent identificateur. La cupidité des agents de police ou de gendarmerie, a permis que soient délivrés de nombreux documents d'identité, notamment de vraies-fausses CNI et des fausses attestations de déclaration de perte. Les élites du parti au pouvoir et les autorités ont travesti la belle initiative présidentielle de la gratuité de la carte nationale d'identité pour enrôler massivement des étrangers à des fins électoralistes.

- *Des ressources dérisoires pour les administrations locales*

La fonction sécuritaire des différentes administrations locales en charge de la sécurisation des frontières souffre du manque de ressources humaines et matérielles, les budgets étant consommés principalement au niveau des services centraux, par des « Hommes de dossiers » qui n'ont aucun contact avec la réalité qu'ils n'appréhendent qu'à travers les rapports (Eboua, 1995 : 19).

L'autorité administrative frontalière, comme son homologue de l'hinterland, est responsable de a sécurité et du maintien de l'ordre de son unité de commandement, avec ses collaborateur des forces de sécurité. Dans les faits, comme le relevait le gouverneur Pascal Mani, l'on assiste à une situation paradoxale où l'autorité administrative est responsable du résultat sans être maître des moyens. L'Etat a cessé de mettre à sa disposition les moyens financiers ou matériels, ne serait-ce que pour la collecte du renseignement. Même les délégations de crédits alloués à leurs collaborateurs de la police ou de la gendarmerie pour leurs activités quotidiennes de lutte contre le l'insécurité est si dérisoire « qu'il vaut mieux ne pas en parler pour ne pas jeter le discrédit sur ces corps » (Mani, 2010 : 121-122). Quand il survient un problème de sécurité, les responsables locaux de sécurité se concertent et suggèrent des opérations ponctuelles à financer par délégation spéciale de crédit, procédure qui présente l'inconvénient de prendre du temps pour aboutir (Mani, 2010 : 122).

Cette indigence concerne même l'administration locale des douanes qui souffre du déficit du personnel et du matériel roulant. Cette situation perdure depuis des années 60. C'est la commune qui fournissait le véhicule qui, très souvent, manquait de carburant[31]. De nos jours, les douaniers sont très souvent obligés d'utiliser leurs véhicules personnels.

---

[31] ADB, Rapport politique mensuel de juillet 1967, arrondissement de Banyo.

Dans le même ordre d'idées, la logique du chiffre et les possibilités de dédouanement forfaitaires[32] qui en découlent donnent lieu, comme partout ailleurs, à la prolifération des transactions de corruption entre les opérateurs économiques et les agents de l'administration des douanes et au détriment des de l'Etat (Karamoko, 2014 : 84). Plus grave, le dédouanement forfaitaire rend difficile l'exercice de la fonction de contrôle et de la mission de sécurisation des douanes camerounaises car très souvent les commerçants dissimulent les marchandises non déclarées et parfois prohibées, car les cargaisons ne sont pas systématiquement fouillées (Kuate, 2008 : 10).

- *Pour une réforme du renseignement*

Il ressort des discussions avec les responsables locaux des commissariats spéciaux de Bankim, Mayo-Darlé et Banyo qu'ici, la menace terroriste n'a pas été un facteur d'évolution du renseignement, des pratiques et procédures. Les services ne tiennent plus systématiquement les fiches individuelles, mais ne semblent pas avoir pris en compte le changement d'ère politique depuis le 11 septembre 2001 et continuent à insister sur la surveillance politique et leurs missions de contre-espionnage.

---

[32] Le dédouanement forfaitaire est encouragé par la pratique de la fixation annuelle de la contribution annuelle de la douane au budget de l'Etat en dépit de la non-maitrise des flux commerciaux. Du coup, chaque bureau de douane, qui s'est vu attribuer un quota, développe une forme marketing douanier qui repose sur la « souplesse » à l'égard des usagers, ce qui s'avère très souvent une source d'échanges corruptifs, mais surtout une entorse à la sécurité (Nassirou, 2001 : 40).

Les services semblent avoir abandonné de bonnes pratiques en matière de surveillance des flux de personnes et des biens. La Surveillance du territoire ne recueille plus systématiquement les fiches dans les hôtels[33]. Plus grave, les capacités d'analyse des agents, voire des responsables des commissariats spéciaux semblent assez réduite. Cette situation pourrait s'expliquer par ce que le criminologue français Alain Bauer appelle le « poids inertiel de la culture du contre-espionnage et de la gestion du temps devenu ennemi »[34].

Les terminaux de transmission VHF des postes de police et gendarmerie sont hors usage pour la plupart, ce qui oblige les opérateurs à recourir au système GSM moins sécurisé. De même, jusque dans les années 1990, la coopération en matière d'échanges de renseignement entre les services du Mayo-Banyo et leurs homologues de Gembu était dense et dynamique. De nos jours, elle est plus formelle et moins régulière.

Conclusion

Le présent article s'est appuyé sur le cas de la section de frontière Banyo (Cameroun)/Gashaga (Nigeria) pour évaluer les dispositifs mis en place par les autorités frontalières du département du Mayo-Banyo en vue d'exercer les fonctions régaliennes du contrôle des marges. Il en ressort la configuration historique, physique et humaine de cette section de frontière en fait une potentielle zone d'expansion de « Boko

---

[33] Entretien avec une source sécuritaire ayant requis l'anonymat, Bankim, 22 aout 2027.

[34] http://www.iris-france.org/64333-qui-est-lennemi-3-questions-a-alain-bauer/ consulté le 9 juillet 2016.

Haram » en territoire camerounais. C'est sans doute pourquoi les autorités locales ont mis en place un dispositif en vue de préserver l'omincompétence et la sécurité de l'Etat. Ce dispositif s'articule autour des comités de veille et de surveillance, les réunions de coordination administrative, les comités de coordination de maintien de l'ordre et de sécurité, les réseaux officiels et officieux de renseignement et une para-diplomatie sécuritaire avec les autorités locales du Nigeria. Dans leurs actions, les autorités administratives sont assistées de leurs auxiliaires, les chefs traditionnels et par leurs collaborateurs des services techniques.

Il ressort de l'analyse de ce dispositif un usage minimal de l'outil militaire, une faiblesse du maillage territorial des unités de police et de gendarmerie, une faiblesse des ressources humaines et matérielle et des lacunes criardes en matière de collecte et d'analyse du renseignement. L'on note surtout un déficit de la dimension projective et créative qui doit caractériser le raisonnement stratégique (Aggeri, 2014 : 48).

RÉFÉRENCES

ABDOUL BAGUI, O, « Le Lamidat de Banyo des origines à 1945 », Mémoire de Maîtrise en Histoire, Université de Yaoundé 1.

ADEJUYIGBE, O., "Identification and Characteristics of Borderlands in Africa", in Asiwaju, Adeniny, *Borderlands in Africa,*

AGAMBEN, Giorgio « Théorie des dispositifs », *Poésie,* 2006/1 (N° 115), p. 25-33. DOI 10.3917/poesi.115.0025.

AGGERI, Franck « Qu'est-ce qu'un dispositif stratégique ? : Eléments théoriques, méthodologiques et empiriques », in *Libellio d'Aegis*, vol. 10, n° 1, printemps 2014.

AHIDJO, A., « Discours de politique générale », Congrès de l'UC à Maroua, 1960, in *Anthologie des discours 1957-1979*, Paris/Dakar, NEA, Tome I.

ANCEL, J., *Géographie des frontières,* Paris, Gallimard, 1938.

ASSIER-ANDRIEU, L., « Frontières, culture, nation. La Catalogne comme souveraineté culturelle », in *Revue Européenne des migrations internationales*, 1997, n° 13.

BARAMOVA, M., "Border Theories in Early Modern Europe", in: *Europäische Geschichte Online (EGO), hg. vom Institut für Europäische Geschichte (IEG),* Mainz European History Online (EGO), published by the Institute of European History (IEG), Mainz Dec 03, 2010. URL: http://www.ieg-ego.eu/baramovam-2010-en URN: urn:nbn:de:0159-2010092137 , consulté le 17 juin 2016.

BAUER, A., *Qui est l'ennemi,* Paris, CNRS Editions, 2015, 2ᵉ édition.

BEAUD, O., *La puissance de l'Etat*, Paris, PUF, 1994.

BEAULIEU-BROSSARD, Philippe, David, Charles-Philippe, "Le Blindage des frontières selon les théories des relations internationales: contribution et dialogues ", in *L'espace politique, revue en ligne…*, n° 20, 2013.

BRANN, M.B, "A Socio-linguistic Profile of Nigeria's Northern and

Eastern border", in A.I., Asiwaju, P.O., Adeniny (eds), *Border-lands in Africa, A multidisciplinary and comparative focus on Nigeria and West Africa*, Lagos, University of Lagos Press, 1989.

BURGAT François, *Comprendre l'islam politique. une trajectoire de recherche sur l'altérité islamiste. 1973-2016*, Paris, La Découverte, 2016.

Călin, A., « Connexions de la contrebande avec d'autres formes du crime organisé » in Acta Universitatis Danubius Jriduca, n° 1 à 3, janvier 2007, pp. 1-9.

CEYHAN, Ayse « Sécurité, frontières et surveillance aux Etats-Unis après le 11 septembre 2001 », *Cultures & Conflits* [En ligne], 53 | printemps 2004, mis en ligne le 04 novembre 2004, consulté le 01 octobre 2016. URL : http://conflits.re-vues.org/1001 ; DOI : 10.4000/conflits.1001.

CLAVAL, P. « L'étude des frontières et la géographie politique », in *Cahiers de Géographie du Québec*, vol 18, n° 43, 1974, p. 5. URL : http://id.erudit.org/iderudit/021173ar, consulté le 15 novembre 2013.

COURTIN, N., « Comprendre Boko Haram. Introduction thématique », *Afrique contemporaine,* n° 255, vol. 3, 2015.

DANIšOVÁ, P., « La politique de sécurité et de défense de la République Tchèque », mémoire de Master en Administration publique, Ecole nationale d'Administration (ENA), Paris, 2007.

DUPONT, B., GRABOSKY, P., CLIFFORD SHEARING et TANNER, S., « La gouvernance de la sécurité dans les États faibles et défaillants », *Champ pénal/Penal field* [En ligne], Vol. IV | 2007, mis en ligne le 08 novembre 2009, consulté le 01 décembre 2013. URL : http://champpenal.revues.org/620 ; DOI : 10.4000/champpenal.620.

EBOUA, S., *Ahidjo et la logique du pouvoir,* Paris, l'Harmattan, 1995.

Etat-major de l'armée de terre (2008), *Texte Toutes Armes 150 (TTA 150), titre VI : Renseignement.*

EVINA, R.C., *Migrations au Cameroun, profil national 2009,* OIM/IOM.

FAJANA, A., *Nigeria and her neighbours*, book one, Lagos, African Universities Press, 1964.

FANSO, V.G., "Transfrontier Relations and Resistance to Cameroon – Nigeria colonial Boundaries 1916-1945", thèse de Doctorat d'Etat, Yaoundé, University of Yaoundé, 1982.

FOPOUSSI FOTSO, E.,*Faut-il brûler les chefferies tradition-nelles ?*, Yaoundé, SOPECAM, Collection Idées, 1991.

FOUCAULT, M., *Sécurité, Territoire, Population, Cours au collège de France*(1977-1978), Paris, Seuil, 1997.

FOUCHER, Michel, *Frontières d'Afrique, Pour en finir avec un mythe*, Pais, CNRS Editions, 2014.

GASTON Jèze, *Etude théorique et pratique sur l'occupation comme mode d'acquérir les territoires en droit international"*, Paris, Giard et Brière, 1896.

HAMENI BIELEU, Victorin, Politique de défense et sécurité nationale du Cameroun, Paris, L'Harmattan, 2012.

HCR, Mission conjointe gouvernement-haut-commissariat des Nations unies pour les refugies dans les régions du Nord-Ouest et de l'Adamaoua, du 07 au 14 juillet 2017, Rapport de Mission de l'équipe HCR.

HENIN, Nicolas, *Jihad Academy. Nos erreurs face à l'Etat Islamique*, Fayard, 2016, 2e édition mise à jour.

KANE, Karamoko, *La corruption des fonctionnaires africains. Comment sortir d'un système de capitulation générale, Yaoundé*, Clé/NENA, 2014.

KOUAM, L., « La dynamique historique des frontières du Cameroun 1884 – 1961 », mémoire de Maîtrise en Histoire, Université de Yaoundé, 1979.

KOUNGOU, L., *Défense et sécurité nationale en mouvement. Dynamiques des reformes, mutations institutionnelles en Afrique subsaharienne*, Paris, l'Harmattan, 2010.

KUATE, A., Rapport Mission d'exploration du responsable de la cellule de lutte contre le commerce illicite du GICAM dans les provinces de l'Adamaoua, du Nord et de l'Extrême-nord du Cameroun, aout 2008.

LENSHIE E., NSEMBA, A., JOHNSON, "Etnicity and Citizenship Crisis in Nigeria. Interrogationg Inter-Ethnic Relations in Sardauna Local Government Area, Taraba State", in *African Journal of Political Science and International Relations*, Vol. 6 (3), march 2012.

MANI, P., *Le vade-mecum du chef de terre, comment réussi une carrière dans la préfectorale*, Paris, L'Harmattan, 2010.

MINASSIAN, Gaïdz « Zones grises. Quand les Etats perdent le contrôle, Autrement, 2011 », Les interviews de l'IRIS

MOHAMADOU, A., « Le lamidat de Kontcha au XIXe siècle », mémoire de DES en Histoire, Université de Yaoundé, 1975.

MOHAMAN, Gabdo, Y., *Lamidat de Banyo – Epreuves d'hier et défis d'aujourd'hui*, Douala, AFEDIT, 2009.

MOMO, B., « L'inaccessibilité des chefferies traditionnelles camerounaises à la rationalité juridique », in *Lex Lata*, n°0 22, janvier 1996.

MOULLE, F., « La frontière et son double. Un modèle à partir de l'expérience européenne », in *Belgeo* [En ligne], 1 | 2013, mis en ligne le 31 octobre 2013, consulté le 28 novembre 2014. URL : http://belgeo.revues.org/10620,

MVIE MEKA, E., *Architecture de la sécurité et gouvernance démocratique dans la CEEAC*, Yaoundé, PUA, 2007.

NASSIROU, B.A., « La corruption au port de Cotonou : douaniers et intermédiaires » in *Politique africaine*, n° 83, octobre 2001.

NGONO NGONO, C., Etouh, A., Mebere Ndem, A.B., « Les forces de défense pour la consolidation de l'intégrité territoriale, de la paix et de la stabilité », in *Servir, Magazine trimestriel d'informations de la DGSN*, Edition spéciale, 20 mai 2007.

OKON EKPENYONG, J.L, "Potentials of Nigerian Boundary Corridors as Sources of International Economic conflicts", in Asiwaju, Adeniny, *Borderlands in Africa*

PÉROUSE de MONTCLOS Marc-Antoine, (eds), *Boko Haram: Islamism, politics, Security and the State in Nigeria*, Leiden, African Studies Centre, 2014.

Rapport politique mensuel de juillet 1967, arrondissement de

Banyo.

RENARD, J-P., « Populations et frontières : problématiques et méthodes », in *Espace, Populations, Sociétés*, année 1992, vol. 10, n° 2.

RAZAC Olivier, « La gestion de la perméabilité », *L'Espace Politique* [En ligne], 20 | 2013-2, mis en ligne le 18 juillet 2013, consulté le 05 avril 2018. URL : http://journals.openedition.org/espacepolitique/2711 ; DOI : 10.4000/espacepolitique.2711

SAÏBOU, I., « Violence, conflits ethniques et problèmes de sécurité aux abords Sud du Lac Tchad : dimension historique », projet de thèse pour le Doctorat unique, Université de Yaoundé I, 1996.

SAÏBOU, I., *Ethnicité, frontières et stabilité aux confins du Cameroun, du Nigeria et du Tchad*, Paris, l'Harmattan, 2012.

SUMO TAYO, A.R., « Héritage colonial et gestion des conflictualités des frontières internationales du Cameroun de 1960 à 2008 », thèse de doctorat Ph/D en Histoire, Université de Yaoundé 1, 2007.

SUMO TAYO, A.R., « La dynamique historique de la frontière Cameroun-Nigeria au niveau de la subdivision de Banyo, 1916-1931 », mémoire de DIPESS II en Histoire, Ecole Normale Supérieure, 2008

SUMO TAYO, A.R., « Les dispositifs administratifs de gestion de la sécurité aux frontières entre le Cameroun et le Nigeria », 3ᵉᵐᵉ atelier sur la coopération transfrontalière entre le Cameroun et le Nigeria, « *La coopération transfrontalière Cameroun-Nigeria : défis et opportunités* », Yaoundé, 12 et 13 décembre 2016.

Union Africaine, Cadre d'orientation sur la réforme du secteur de la sécurité, Addis Abeba.

WELADJI, C., "The Cameroun-Nigeria Border 1914 and after (5th and last instalment)", in *Abbia*, numéro special, mai 1982.

DROIT INTERNATIONAL ET DIPLOMATIE SPORTIVE AU CAMEROUN

Claude Bekombo Jabea

CERDEPS-Université de Yaoundé II

Résumé - Si pour tous les spécialistes l'article 38 du Statut de la cour internationale de justice donne les sources du droit international, la diplomatie sportive est quant à elle, une notion encore en construction, mais on peut avancer que c'est le recours par l'Etat au Sport comme instrument de sa projection internationale en termes de gain, d'image et d'exposition face à des acteurs qui ont d'autres armes. Le sport et le droit international sont alors deux espaces et champs d'expression de la puissance régalienne de l'Etat, d'interaction des rapports de forces. Le Cameroun ayant obtenu son indépendance en 1960 a aussitôt adhéré aux organisations sportives internationales (FIFA et CIO). Cette posture de l'Etat camerounais nouvellement indépendant démontre la prise en compte du sport comme élément important de l'unité nationale et du rayonnement international.

Mots clés : *Diplomatie sportive – Droit International- Géopolitique du sport – Cameroun*

Abstract - If, for all specialists, Article 38 of the Statute of the International Court of Justice gives the sources of international law, sport diplomacy is a concept still under construction, but we can argue that it is the State's using Sport as a tool of its international projection in terms of gain, image and exposure. Sport and international law are then two spaces and fields of expression of the sovereign power of the State, their interaction and power struggle. Cameroon obtained his independence in 1960 and immediately joined the international sports organizations (FIFA and CIO). This position of the newly independent Cameroonian State demonstrates the inclusion of sport as an important element of national unity and international influence.

Keywords : *Cameroon - Sport Diplomacy – International law- Geopolitics of Sport*

Introduction

Le sport est un formidable baromètre, révélateur de l'évolution de la civilisation humaine (Elias & Dunning, 1994). Certains grands événements sportifs internationaux sont entrés dans l'histoire des relations internationales parce que leur déroulement a été l'occasion d'affrontements internationaux, reflétant souvent une situation internationale tendue. C'est le cas des Jeux Olympiques de Berlin en 1936 ou ceux de Munich en 1972. Ils ont contribué à faire du sport une véritable arme d'opposition internationale, un instrument de propagande extraordinaire, détruisant ainsi le mythe de la neutralité sportive. C'est pourquoi le sport a une importance certaine dans les relations internationales. Il représente un enjeu, une manière de rayonner à l'étranger, de prouver la force et la grandeur d'un État, les athlètes faisant office d'ambassadeurs, et les résultats étant synonymes de puissance ou de déchéance.

Autant que l'économie, la culture, le sport rentre dans les éléments possibles de ce qu'on peut appeler le *soft power*[1], même s'il faut aussi voir que l'usage de la projection de puissance des États africains sur les fondements de ces éléments est une construction n'ayant pas encore été éprouvée à suffisance par ces derniers. De nombreux travaux de recherche

[1] Le terme de soft power fut pensé et décrit par Joseph S. Nye dans son ouvrage paru en 1990, Bound to Lead. Le concept de soft power désigne les méthodes d'influence développées par un Etat qui ne s'appuient pas sur la violence mais sur des éléments idéologiques ou culturels en vue de satisfaire les intérêts de la nation qui les met en œuvre. Le soft power s'exerce sous des formes de coercition, d'incitation, de séduction ou encore d'influence sur le choix des problèmes politiques apparaissant comme prioritaires, avec comme impératifs la crédibilité et la légitimité.

s'intéressant à la question du *soft power* illustrent cet état de choses (Andela, 2016). Si le recours au *soft power* pour les Etats africains n'est qu'une réalité en pointillé, la posture offensive dans les relations internationales de ces derniers parait encore relativement timide.

Le Cameroun ayant obtenu son indépendance en 1960 a aussitôt adhéré aux organisations sportives internationales (FIFA et CIO) et organisé juridiquement les sports dont la pratique est autorisée sur l'ensemble du territoire (arrêté n°139 du 30 août 1962). Cette posture de l'État camerounais nouvellement indépendant démontre la prise en compte du sport comme élément important de l'unité nationale et du rayonnement international. Les résultats sportifs (les Lions indomptables de football) ayant suivi cette institutionnalisation étatique du sport au Cameroun est un vecteur d'exposition du pays jusqu'à nos jours.

Corrélativement à cette adhésion rapide aux instances sportives internationales, le Cameroun a aussi intégré les conventions internationales dans son dispositif juridique, comme le démontre la loi fondamentale de la République du Cameroun, dans ses différentes versions (1960, 1961, 1972 et 1996). Cette intégration des règles internationales dans son corpus juridique démontre d'une part l'allégeance du Cameroun au droit international et affirme aussi la confiance de ce dernier au système de la justice internationale. Comment le Cameroun se positionne alors dans son recours soit au sport ou au droit international pour affirmer sa présence et sa projection internationale ? Est-ce que les deux outils sont utilisés avec la même intensité ou alors, dans le comportement de l'État du Cameroun, la reconnaissance de l'importance de ces deux éléments est relative. Il sera question de voir comment le Cameroun en tant qu'État réagit à ce développement exponentiel de la puissance sportive (Simon, 1990) sur la scène internationale et d'examiner l'intensité de son recours au droit international. Cela nous permettra de décrypter l'attitude de l'État et d'esquisser des perspectives pour que le recours au sport et au droit international soit considéré comme un élément du *soft power* en action par le Cameroun.

I. Une conscience internationaliste et un potentiel diplomatique sportif du Cameroun

Le Cameroun a pris conscience de sa place dans le concert des nations à travers le droit international malgré des relations controversées au départ car, le statut juridique de l'État était intimement lié à la conjoncture du droit international de l'époque (Protectorat, tutelle, et mandat). De de 1960 à 1990, il a d'abord eu une attitude défensive et réactive vis-à-vis du système sportif. C'est la période où le Cameroun estime qu'il vaut mieux adhérer aux organisations sportives internationales en créant les fédérations nationales censées s'y affilier. Ensuite, il y'a eu la borne 1990, très importante dans l'esprit de l'appareil institutionnel camerounais à la faveur des résultats inespérés de l'équipe du Cameroun à la Coupe du monde de football et de l'émergence de Roger Milla comme icône mondiale du football[2]. C'est à ce moment que l'État reconnaît une certaine capacité de projection sur l'international par le sport, le problème sera de savoir plus tard comment le Cameroun a mis en œuvre cette reconnaissance.

Cette antériorité de la conscience internationaliste du Cameroun s'illustre à travers l'adhésion aux valeurs du droit international et à la justice internationale (Atangana Amougou 2014). En effet, le Cameroun peut être qualifié de pupille du droit international et toute son action diplomatique depuis son indépendance sera encadrée par le droit international. De là, se pose la question de savoir si le Cameroun conforme son action diplomatique ou internationale au droit international.

En ce qui concerne les valeurs du droit international, il est possible de formuler le constat que la loi fondamentale de la République du Cameroun, dans ses différentes versions (1960, 1961, 1972 et 1996 pour les plus notables), a très peu fait l'objet d'évolutions ; ce qui rejoint l'affirmation selon laquelle « le domaine des dispositions relatives au droit international dans les Constitutions [est] parmi ceux qui changent le moins » (Sall, 1997). En partant par conséquent de la Constitution camerounaise, dans sa version révisée le 18 janvier 1996, on peut constater qu'elle contient des dispositions qui renvoient à des aspects du droit international

---

[2] Le Cameroun sera quart de finaliste de cette coupe du monde de football 1990 organisée en Italie, première nations africaine à atteindre ce niveau de la compétition. Bien plus Albert Roger Milla, aujourd'hui ambassadeur itinérant du Cameroun, émergera comme l'icône du Cameroun permettant ainsi au monde entier de situer le Cameroun sur une carte géographique.

(Tcheuwa 2008). En tant que tel, et comme toutes les autres lois fondamentales issues du mouvement de démocratisation du début des années 1990, ses dispositions montrent que « *le constituant a élargi qualitativement et étendu matérielle-ment le champ des énonciations à incidence internationale, affirmant ainsi explicitement une volonté de prise en compte du droit international dans l'ordre juridique interne* » (Mouelle Kombi, 2003)

En ce qui concerne la justice internationale, deux moments que nous empruntons à Jean Louis Atangana Amougou, vont constituer cette antériorité de la conscience internationaliste du Cameroun, d'abord 'l'amour' et ensuite le 'désamour'. La période des liens étroits avec le droit international du Came-roun commence avec le protectorat jusqu'au Mandat. Il a en-visagé un temps de désamour marqué par deux affaires qui ont causé l'éloignement du Cameroun de la juridiction inter-nationale (Sud-Ouest africain et Cameroun septentrional[3]) ; et un temps d'amour marqué par la saisine de la Cour relati-vement à la frontière terrestre et maritime entre le Cameroun et le Nigeria (Presqu'île de Bakassi). Cette adhésion au droit et aux juridictions internationales est liée au développement du potentiel diplomatique sportif du pays.

---

[3] Arrêt du 2 décembre 1963, différent entre le Cameroun et la Royaume Unie au sujet de l'application de l'Accord de tutelle pour le territoire du Cameroun sous administration britannique approuvé par l'Assemblée Générale des Nations Unie le 13 décembre 1946. Le Gouvernement Bri-tannique n'ayant pas respecté certaines obligations qui découle directe-ment ou indirectement de l'accord.

Si le sport tel qu'il est connu aujourd'hui se pratiquait déjà au Cameroun dès 1914 où on a la trace des premières rencontres de football organisées par les instituteurs colons, il faut souligner que dans nos coutumes ancestrales, le sport a toujours été pratiqué en obéissant aux règles coutumières (Etounga Manguelle, 2009). La question de la règle est l'essence des sports modernes. Codification progressive des pratiques sportives et développement d'une éthique de la loyauté, autocontrôle, monopolisation et euphémisation de l'exercice de la violence (Elias & Dunning) aiguillonnent la construction du sport moderne contrairement aux jeux traditionnels. L'historiographie constructive de chaque sport est structurée autour de la parturition d'un corpus de règles de plus en plus précises et contraignantes, la *lex sportiva*. Intimement lié au développement de l'État, le sport moderne déroge néanmoins à sa souveraineté par les règles qu'il élabore et par la possibilité offerte aux participants d'exercer en toute légitimité une violence physique contrôlée. Nonobstant cette pratique visible du sport moderne dirons-nous, juste après la Première guerre mondiale, il a fallu attendre 1970 pour que l'État du Cameroun indépendant en 1960 érige un département ministériel dédié aux questions sportives. Le réflexe du Cameroun après avoir obtenu son indépendance sur le plan du sport a été d'adhérer aux organisations sportives internationales. Cela a été le cas pour la majorité des pays d'Afrique francophone. Les fédérations sportives nationales, reprises par les fonctionnaires camerounais, vont s'affilier aux organisations sportives internationales[4] progressivement.

---

[4] Celles qui le permettaient au Cameroun de pouvoir adhérer, car il ne faut pas oublier que dans certaine c'est par succession que le Cameroun

La gestion du sport par l'État camerounais épouse souvent les atavismes culturels (Kemo-Keimbou, 2000), les particularités politiques (Mbengalack, 1993). Toutefois, le parcours du Cameroun dans une telle gestion du sport depuis 1960 est fortement marqué par l'environnement international qui opère une déconstruction-reconstruction aux grés des fluctuations et allégeances idéologiques. C'est pourquoi nous pensons que la politique normative est aussi structurée par la politique pratiquée par l'État à l'égard du sport. Il s'en suit alors que dans l'application du service public du sport au Cameroun, l'État ne pouvait qu'offrir, par ricochet, une politique sportive épousant les caractéristiques d'un service public ; d'où l'expression « service public normatif » que nous allons utiliser pour caractériser cet état des choses.

Deux variables fondamentales structurent la constitution du service public du sport en Afrique. Son contenu pourrait faire l'objet d'une identification matérielle autour de « l'institutionnalisation » et « la gestion directe » par l'État. Il est, du reste, structuré par ces deux moments, ce qui laisse penser à un effet de « *spill over* » comme l'analysent les fonctionnalistes (Mitrany, 1966), c'est-à-dire un effet domino. L'institutionnalisation amène l'État à créer des structures de gestion et des infrastructures pour la pratique du sport. En ce qui concerne les structures, nous constatons que l'organisation de l'olympisme au Cameroun (Kemo-Keimbou, 1997) s'est construite autour de la mise en place progressive des fédérations sportives natio-

---

va y prendre place.

nales, de la création des Comités Nationaux Olympiques et de leurs affiliations par l'État aux fédérations sportives internationales.

Il faut néanmoins relever que dans certains pays, des services des Ministères en charge du sport pouvaient souvent faire office de structures gérant une discipline particulière, c'est le cas du football au Cameroun (Mve Elemva, 1998) pendant une certaine période. La mise en œuvre des fédérations nationales toujours contrôlées au début par les cadres fonctionnaires des Ministères en charge du sport démontrait selon l'analyse de Jean-Pierre Augustin (2002) que l'État marque sa présence active dans la gestion sportive. L'affiliation de ces fédérations nationales et comités nationaux dans les instances sportives internationales relève de deux logiques de choix : d'abord une logique rationnelle visant à la participation aux compétitions internationales qu'augure la qualité de membre de ces organisations et ensuite d'une logique géopolitique (Maliesky, 1992) qui emmène les États à comprendre qu'à travers le sport leur est offert une vitrine de visibilité et de lisibilité internationale.

Nous l'observons clairement, le premier mouvement du Cameroun est d'adhérer et au mouvement sportif international des 1960, les années vont s'écouler et à force de participer aux compétitions sportives internationales, le Cameroun va découvrir en 1990 le potentiel important du sport dans sa projection sur la scène internationale à travers la participation du Cameroun à la Coupe du Monde de football.

La participation du Cameroun à la coupe du Monde de football de 1990 a fait comprendre aux autorités politiques camerounaises que le sport pouvait être un moyen d'exister sur la scène internationale. Ailleurs en Afrique, les pays comme la Lybie, la Guinée Équatoriale et le Gabon ont de nos jours un investissement sportif important dans l'organisation des compétitions de toutes natures aux motivations sportives parfois curieuses. L'organisation de la Coupe des Champions française à Libreville en 2016 et deux Coupes d'Afrique des Nations de football par le Gabon en moins de 4 ans (plus que le Cameroun), en sont des exemples parlants sur le fait qu'en Afrique aussi certains pays comme le Gabon ont compris qu'il faut à l'instar du Qatar qui est le model achevé de la pratique d'une véritable géopolitique mondiale du sport, définir et mettre en œuvre une géopolitique sportive permettant une visibilité internationale du pays. Pour cela il faut d'abord définir une véritable politique sportive tournée vers l'extérieure.

Nous sommes alors dans l'analyse du rapport de l'État au sport en tant qu'objet juridique et élément de sa politique étrangère. Rappelons rapidement que trois tendances conceptuelles doctrinales se chevauchent dans la compréhension de ces interactions. La première est celle de Norbert Elias et Eric Dunning (1994) qui pensent que l'État à travers le sport arrive à contrôler l'expression de la violence individuelle ou collective surtout physique. Ils décrivent le fait que les sociétés modernes se sont structurées à travers la censure de l'agressivité et le monopole étatique de la violence, la « *curialisation* » des guerriers, l'introduction de normes de civilités, de propreté et de respect, l'euphémisation de la violence et l'apprentissage de l'autocontrôle individuel des pulsions la « *sportification* ». Cela leur permet d'analyser d'une part le processus de civilisation des sociétés occidentales modernes à travers l'euphémisation et le contrôle de la violence et d'autre part, la fonction éducative et préventive « prêtée » au « sport » moderne qui dès sa genèse fut socialement instrumentalisé, pour participer à l'euphémisation de ces violences.

La deuxième, émane des auteurs comme Nejmeddine Belayachi (1989), Jean-François Bourg (1995), Michel Hourcade (1996), Fatou Sarr Ba (1991) qui pensent que le sport fait partie de la diplomatie d'un Etat, en d'autres termes qu'il entre dans le cadre des échanges institutionnels classiques entre acteurs de la société internationale. La troisième enfin, décrite par des auteurs comme Max Gounelle (1987), Pierre Bourdieu (1978), Jean-Pierre Augustin (1994) qui pensent que le sport fait partie de la politique étrangère d'un pays. C'est-à-dire qu'il augure de la part de l'Etat, la définition d'une stratégie et l'identification des moyens d'action par le sport sur les relations internationales.

Si la Coupe du monde de 1990 a été un révélateur extraordinaire du potentiel sportif camerounais sur le plan international, la réaction des autorités pour encadrer ledit potentiel reste très timide. Ce qui peut être considéré comme un fait marquant est que l'État du Cameroun malgré tout ce potentiel n'a pas construit au sortir de cette révélation de l'impact du sport et de ses gains politiques, une véritable politique sportive pouvant donner lieu à la mise en œuvre d'une géopolitique du sport agressive. Hormis la reconnaissance des sportifs comme ambassadeur itinérant comme monsieur Albert Roger Milla, il n y'a vraiment pas une stratégie étatique offensive camerounaise de placement des experts camerounais dans les organisations internationales, d'organisation des compétitions régionales, continentales, spécialisées et mondiales.

Il faut alors envisager une rupture épistémologique de la part des autorités camerounaise vis-à-vis du sport, le potentiel n'est pas en cause, mais c'est l'attitude des autorités qui doit passer de la timidité défensive à une projection offensive dans la géopolitique du sport mondial et africain déjà. Pour cela il faudrait quelques préalables et objectifs précis qu'il nous convient d'expliciter à présent.

II. Une diplomatie sportive défensive du Cameroun

En réalité l'autorité camerounaise reste réactive et défensive devant le potentiel du sport pour le Cameroun dans la visibilité internationale.

Réactive parce qu'il y a une certitude, c'est que les organisations sportives internationales ont intégré depuis le début des années 1990 dans leurs textes, l'accès démocratique aux postes de direction de leurs associations nationales d'une part et de l'autre la sanction de l'interférence politique dans la gestion de celle-ci par l'arme de la suspension. Cette arme est assez dissuasive pour l'État du Cameroun, car sont en jeu la participation aux compétitions prestigieuses comme la Coupe du monde de football, les jeux olympiques qui sont des occasions de vente de l'image de marque du pays.

Que peut-on alors retenir *in fine* de l'attitude du Cameroun dans cette projection internationale de sa diplomatie sportive ? D'abord qu'elle est intense avec les organisations comme la FIFA avec laquelle il a souvent été suspendu et réintégré la dernière actualité de l'équipe nationale de football en route pour le Mondial 2014 au Brésil avec la mise en place du Comité Provisoire de Gestion suite au contentieux électoral houleux en est une illustration parfaite. Aussi les camerounais, à l'instar d'Issa Hayatou, Hamad Kalkaba Malboum au niveau administratif, et Samuel Eto'o ou encore Françoise Mbango ; aussi bien que les victoires des Lions Indomptables permettent d'envisager le potentiel de cette diplomatie sportive camerounaise. Ensuite, que cette diplomatie sportive camerounaise est plus défensive qu'offensive car, si l'on essaye de voir le *ratio* de compétitions internationales organisées par le pays depuis 1960 (à différents niveau régional, continentale et internationales), les solutions apportées aux questions d'infrastructures dans leur rythme, la densité des délégations dans les compétitions comme les jeux olympiques (montrant la qualité des athlètes ayant obtenus les minima qualificatifs). Enfin la diplomatie sportive camerounaise est une puissance potentielle, opportuniste, circonstancielle et surtout défensive.

Ces préoccupations sont urgentes, car la mondialisation et les équilibres géopolitiques sont en quête de sens depuis la fin de la guerre froide. Il faut donc que le Cameroun opère une mutation stratégique dans l'élaboration et la mise en œuvre d'une politique juridique et d'une diplomatie sportive épousant les réalités des changements du monde contemporain. Aussi, dans un processus interne aux différentes organisations sportives internationales, se jouent différents rapports de force. Il s'est développé à l'intérieur des organismes comme le Comité International Olympique (CIO) (Maliesky, 2001), l'Union Cycliste Internationale (UCI), l'IAAF, l'International Rugby Board (IRB), la Fédération Internationale de Football Association (FIFA) (Darby, 2002) et bien d'autres encore, de véritables pôles de pouvoir qui dépassent largement les confins du sport (Ngouo, 2005). L'exemple de l'octroi des Jeux Olympiques à la Chine en 2008 est emblématique de ces rapports de force et a été à l'origine de certaines prises de position qui n'ont pas manqué de relever la question des Droits de l'Homme ainsi que la répression menée par les autorités chinoises au Tibet après les émeutes de mars 2008 et enfin, le soutien du régime chinois au Soudan malgré les massacres perpétrés au Darfour. De telles problématiques ont remis au goût du jour, depuis la fin de la guerre froide, des appels à la pratique du « boycott sportif » (Lapeyre, 1988) des jeux de Pékin de 2008.

On a constaté que le CIO, dans l'orientation téléologique des Congrès du centenaire de Paris en 1994 et de Copenhague en 2009, a intégré des problématiques comme les

Droits de l'Homme, la fracture numérique, le développement économique, le respect de l'environnement, qui sont éloignées des valeurs du sport au sens strict.

Au plan normatif, les textes des organismes locaux sont en adéquation avec ceux des Organisations Internationales Non Gouvernementales. Le but ici est d'éviter l'inféodation juridique de ces derniers au droit sportif de l'État d'appartenance. Les textes qui sont établis par ces organisations sont une réponse au principe de solidarité que les institutions nationales attendent de leurs structures faîtières. Mais, en même temps, parce que le sport est un *opium* (Jean-Marie Brohm, 1992), il constitue un enjeu de premier plan pour l'État en ce qu'il lui permet de contrôler l'humeur du peuple, de canaliser la violence des masses (Norbert Elias et Eric Dunning) ou d'affirmer sa propre force (Poli, 2005) et de faire la propagande dans l'espace public interne ou externe (Mbengalack, *op. cit.*).

Il est alors normal pour lui de produire des normes susceptibles de contrôler cette activité qui se déroule à l'intérieur de son territoire et les organisations qui la gèrent. Cet état de fait débouche sur une situation conflictuelle, tant les intérêts des deux pourvoyeurs de normes sur la même activité sociale, avec leur positionnement dans un même espace territorial, sont divergents.

Pour ces raisons internes aux organisations sportives internationales qui sont le foyer de différents jeux de puissance, le potentiel sportif du Cameroun commande que les autorités mettent en place une véritable géopolitique du sport à trois volets : sous-régionale, continentale et mondiale.

Cette exploitation des potentialités sportives du Cameroun dans sa projection internationale doit se faire par échelle dans trois espaces sportifs régionaux car, du fait de la position stratégique du Cameroun, la puissance de son potentiel sportif ne s'exprimera pas de la même façon selon la situation d'action. La notion d'espace sportif ici renvoie pour nous à la géographie sportive mettant en œuvre, dans les différentes sphères géographiques d'expression du sport, des entrepreneurs à la puissance différente. Le Cameroun doit s'inscrire dans une dynamique qui peut être alternative ou progressive selon l'agenda et les ressources des autorités appelées à mettre en place sa diplomatie sportive. Une telle dynamique appelle un triple déploiement stratégique échelonné de son potentiel sportif : *un déploiement de domination dans l'espace sportif régional, de conquête dans l'espace sportif continental et de positionnement dans l'espace sportif internationale*. Nous insistons sur les cinq piliers de ces actions stratégiques sportives qui seront : l'organisation des compétitions, le placement des Camerounais dans les organisations sportives, la recherche sur les questions sportives, la promotion des icônes sportives camerounaises, les victoires de nos différentes équipes et l'amélioration du rang du Cameroun dans les divers classements mondiaux des organismes sportifs internationaux.

Le premier moment est ce que nous appelons, *un déploiement de domination dans l'espace sportif régional*. Un déploiement de domination est offensif et agressif car, les rapports de force sportifs dans la sous-région nous sont favorables dans le sens du palmarès et de la place du pays dans les différents classements sportifs mondiaux. En effet dans l'espace sportif régional du Cameroun, celui de la CEMAC que nous élargissons à la CEEAC, le Cameroun doit avoir une attitude de domination sur les cinq piliers stratégiques identifiés. Comment ? En organisant le maximum de compétitions régionales, ce qui augmente aussi les possibilités de les remporter ; en collaborant avec les experts-négociateurs du Ministère des relations extérieures, qui ne sont pas très souvent associés, à la préparation des candidatures des Camerounais dans les différentes organisations sous-régionale. Le placement des experts camerounais dans les organisations sous-régionales doit faire l'objet d'une véritable diplomatie sportive impliquant les structures techniques de l'État dans différents processus de négociation.

Le deuxième moment de cette géopolitique camerounaise du sport est ce que nous appelons, *conquête dans l'espace sportif continental.* Conquête car, dans cet espace sportif, les puissances géopolitiques sportives sont nombreuses (Afrique du Sud, Nigeria, Égypte, Sénégal, Maroc, Tunisie, Kenya) et le Cameroun dans cet espace doit composer des alliances et échanges avec celles-ci afin de conquérir une place à travers la mise en œuvre des cinq piliers de la stratégie géopolitique du Cameroun qu'on a identifié plus haut.

Enfin le troisième niveau est ce que nous formulons comme un *positionnement dans l'espace sportif international* car, ici, plusieurs puissances étatiques ont une longue tradition de la géopolitique par le sport et domine consubstantiellement les flux de toutes natures relatifs aux cinq piliers identifiés. Dans cet espace, le Cameroun devra comme dans l'espace continental, composer, échanger les soutiens avec les leaders afin de se positionner tactiquement dans ces relations sportives internationales pour avoir une place de choix.

Conclusion

Au terme de notre analyse, nous conseillons aux pouvoirs publics camerounais de mettre en œuvre le triple déploiement stratégique échelonné de son potentiel sportif: *un déploiement de domination dans l'espace sportif régional, de conquête dans l'espace sportif continental et de positionnement dans l'espace sportif international*. Nous insistons sur les cinq piliers de ces actions stratégiques sportives déjà mentionnées dans ce texte.

Le Cameroun avec le potentiel sportif qu'il possède, ne peut se contenter, face au développement de la géopolitique du sport dans les relations internationales d'être un simple spectateur de l'espace public sportif. Ce passage, d'une posture défensive à une posture offensive, est urgent s'il veut éviter d'être relégué à un rôle d'observateur.

RÉFÉRENCES

Jacques Joël ANDELA (2016), *Cameroun, le temps de la diplomatie scientifique*, L'Harmattan.

Jean Louis ATANGANA AMOUGOU (Sous la Dir), Le Cameroun et le droit international, Paris, Pedone, 2014.

Jean Pierre AUGUSTIN (1994), « Sport, décolonisation et relations internationales. L'exemple de l'Afrique Noire », in Arnaud et A. Wahl, *Sports et relations internationales*, Centre de recherche de l'Université de Metz.

Jean-Pierre AUGUSTIN (2010), « Éléments géopolitiques du sport africain », Les Cahiers d'Outre-Mer [En ligne], 250 | Avril-Juin, *Les Cahiers d'Outre-Mer,* n° 250.

Nejmeddine BELAYACHI (1989), S*tyle et identité du football africain : conception de jeu, style de jeu, méthode*, Paris, L'Harmattan.

Jean-Francois BOURG (1995), « Le sport dans l'ex URSS : des ruptures aux incertitudes », *Revue juridique et économique du sport*, N°36.

Patrice BOUCHE et Michel KAACH (2005), « Existe-t-il un 'model sportif' dans les pays africains francophones ? », *STAPS*, N°65.

Pierre BOURDIEU (1978), « Comment peut-on être sportif ? », in *Questions de sociologie*, Paris.

Paul DARBY (2002), *Africa, Football and FIFA: Politics, Colonialism and Resistance*, London, Routledge.

Norbert ELIAS et Eric DUNNING (1994), *Sport et civilisation. La violence maîtrisée*, Fayard, Paris.

Daniel ETOUNGA-MANGUELLE (2009), *Vers une société responsable : le cas de l'Afrique*, L'Harmattan.

Max GOUNELLE (1987), « Sport et relations internationales », *Revue juridique et économique du sport*, N°3.

Michel HOURCADE (1996), « Le sport et l'État de droit : approche sociologique », Droit et Société, N°32, L.G.D.J.

David Claude KEMO-KEIMBOU, (1997), « L'impact de l'olympisme au Cameroun (1960-1996). Émergence et évolution d'une culture olympique en Afrique noire », *Regards sociologiques*.

David Claude KEMO-KEIMBOU (2000), « L'État, le politique et le sport au Cameroun : le paradoxe d'une institutionnalisation: 1049-1960 », Regards sociologiques, N°20.

V. Charles LAPEYRE (1988), « Moscou 1980 », in Pierre COLLOMB (dir.), *Sport, droit et relations internationales*, Economica, Paris.

Franck LATTY (2007), *La lex sportiva – Recherche sur le droit transnational*, Leiden/Boston, Martinus Nijhoff Publishers.

Dominique MALIESKY, « De Coubertin à Samaranch : la diplomatie du CIO », *Pouvoirs*, N° 61, 1992.

Elias MBENGALACK (1993), *La gouvernementalité du sport en Afrique, le sport et la politique au Cameroun*, Thèse de doctorat de science politique, Université de Bordeaux I.

David MITRANY (1944, 1966), *A Working Peace System*, Chicago, Quadrangle Books.

Emmanuel MVE ELEMVA (1998), *Le livre blanc du football camerounais*, Yaoundé, Le matin.

Sylvain RIGOLLET, Paul DIETSCHY et David-Claude KEMO-KEIMBOU (2008), *L'Afrique et la planète football.* Luçon, Pollina Imprimerie, 384 p., cartes, fig., ill., *Les Cahiers d'Outre-Mer*, 250 | 2010, pp 295-296.

Fatou SARR NDIAYE-BA (1991), *Sport et diplomatie. Le cas du football en Afrique 1960-1990*, Thèse de troisième cycle en relations internationales, Université de Yaoundé.

Boris NGOUO (2005), *Terrain miné football. La foire aux illusions*, Paris, Michel Lafon.

Raffaele POLI (2005), *Le football et identité les sentiments d'appartenance en question*, CIES, Neuchâtel

Gerald SIMON (1990), *puissance sportive et ordre juridique étatique Contribution à l'étude des relations entre la puissance publique et les institutions privées*, LGDJ, Paris, 429 p.

II. SANTÉ ET ÉCOLOGIE

LA FORMATION DU PERSONNEL DE SANTÉ AU CAMEROUN : UN DÉFI PERMANENT

Julienne Louise Ngo Likeng

Anthropologue, Enseignante-Chercheure
Université Catholique d'Afrique Centrale.

Résumé - La qualité de la formation du personnel de santé nécessite une attention toute particulière de nos jours au Cameroun. En effet, il a été constaté certains écarts d'attitudes et de comportements qui nous ont amenée à nous questionner sur deux éléments essentiels qui pourraient justifier de la qualité du type de formation reçue par le personnel de santé dans les formations sanitaires du Cameroun. Les deux éléments sont entre autres, la prise en soin des personnes malades et la satisfaction de ces derniers. A cet effet, nous avons mené une étude qualitative dans la ville de Yaoundé. La collecte des données a nécessité l'utilisation d'un guide d'entretien auprès de 25 personnes dont 06 personnels de santé, 12 femmes et 07 hommes, dont l'âge variait entre 22 et 55 ans. Deux groupes de discussion ont été organisés avec 8 informateurs. Les données collectées ont été enregistrées et systématiquement transcrites. Une analyse de contenu a été faite pour le traitement des données. Il ressort des résultats de cette étude que la prise en charge des patients demeure un problème préoccupant qui touche aussi bien à la qualité de l'accueil qu'à la prise en soin des personnes malades. La négligence du personnel, la vétusté et le manque du matériel ont été relevés comme problèmes prioritaires à prendre en compte pour une prise en soin efficace et efficiente. Par ailleurs, la question de la satisfaction de la personne souffrante demeure taboue pour toutes les personnes enquêtées. Elles ont toutes décrié le fait que ce concept ne soit pas ressenti de manière habituelle après les prestations reçues. Il est ainsi ressorti que le besoin de formation du personnel est réel pour maintenir et améliorer la qualité des prestations offertes et reçues dans les formations sanitaires au Cameroun.

Mots clés : qualité, formation, personnel de santé, Cameroun.

Abstract - *The quality of the training of health personnel requires special attention today in Cameroon. Indeed, some discrepancies in attitudes and behavior had that led us to question two essentials elements that could justify the quality of the type of training received by the health personnel in the health facilities of Cameroon. The two elements are: patient care and patient satisfaction. We carried out a qualitative study in the city of Yaoundé. For the collection of data, we used a semi-directive interview guide for 25 people, including 06 health workers, 12 women and 07 men, aged between 22 and 55 years. Two focus groups discussions were organized with 8 informants. The collected data were recorded and systematically transcribed. Content analysis has been used for the data collected. The results of this study show that the management of patients remains a worrying issue that affects both the quality of the care of patients. Staff negligence, antiquated and lack of equipment have been identified as some priority issues to be considered for effective and efficient care. On the other hand, the question of the suffring person's satisfaction remains taboo for all those surveyed. They have all criticized the fact that this concept is not felt in the usual way after the performaces received. It emerged that the need for training of staff is real to maintain and improve the quality of the services offered and received in health facilities in Cameroon.*

Key words: quality, training, health personnel, Cameroon.

Introduction

Ce texte est la réécriture d'une conférence présentée dans le cadre d'un atelier que l'Université Omar Bongo (UOB) de Libreville accueille à Lambaréné du 19 au 26 juillet 2017, en partenariat avec Point Sud et dont le thème porte sur « *Les promesses de la biomédecine vues d'Afrique. Tribunal des promesses passées, tribune pour les promesses futures ?* ». Il pose la question de la perception qu'ont les populations de la qualité de la formation du personnel de santé au Cameroun. De prime abord, l'idée de penser cet article part d'un constat de crise sanitaire et politique. En effet, trois situations assez problématiques le nourrissent : l'affaire Koumatekel[5], celle Dr Ngo Kana[6] et les prématurés de l'Hôpital Central de Yaoundé[7]. Ces situations à forte charge émotionnelle ont pendant un temps assez bref ébranlé l'opinion publique camerounaise au point où des questionnements ont été émis. Parler de la qualité revient à discourir sur une démarche qui consigne la notion de qualité dans une dynamique au centre des préoccupations depuis quelques années déjà au Cameroun. Elle est apparue dans la santé dans les années 90 à travers la notion de « *qualité des soins* » (Simo Kouam, 2015). Pour l'Organisation Mondiale de la Santé (OMS), la démarche qualité consiste à mieux concevoir, imaginer ou adapter les moyens thérapeutiques et plus globalement, la pratique professionnelle dans l'intérêt direct ou

---

5

6

7

181

indirect du patient (Lahcene et Petit, 2008). Ainsi, l'intérêt direct du patient nous amène à repenser le système de santé. Selon Contandriopoulos, Pouvourville, Pouullier et Contandriopoulos (2000), les systèmes de santé et leurs établissements sont remis en question. En Afrique en général et au Cameroun en particulier, cette remise en question touche aussi bien les coûts des prestations, la disponibilité des services, la qualité des soins, la prise en charge équitable des patients, la qualité de la formation du personnel de santé et sa disponibilité. Anand et Barnighausen (2004) ont montré que les ressources humaines en santé meuvent la performance des systèmes de santé. De manière globale, elles connaissent une crise tant au niveau du personnel qui s'avère insuffisant, que des compétences qui sont mal adaptées, de l'environnement de travail défavorable et de l'insuffisance des connaissances (Simo Kouam, 2015). En 1973, Aujaleu observe que la formation du personnel de santé est une étape longue et onéreuse. Pour cet auteur, ce personnel ne pourrait être efficace qu'avec une infrastructure également aussi coûteuse à mettre en place. L'objectif de ce travail est de décrire comment est perçue la formation du personnel de santé au Cameroun. Deux éléments ont permis de circonscrire notre champ d'investigation à savoir : la prise en soin des patients et la satisfaction de ces derniers.

I. Matériel et méthodes

L'étude a eu lieu dans la ville de Yaoundé, capitale du Cameroun. Ville cosmopolite, nous avons voulu toucher les informateurs au gré des rencontres sans tenir compte de leur ethnie, de leur groupe social, de leur religion, de leur niveau d'étude ou de leur profession.

Nous avons mené une étude qualitative qui s'est étalée sur une période de trois mois, mais la collecte des données s'est précisément déroulée entre le 08 et le 27 mai 2017. Notre population d'étude était constituée de deux cibles. La cible primaire était constituée de sept (07) hommes et de douze (12) femmes rencontrées dans la rue, tandis que dans la cible secondaire, nous nous sommes entretenue avec six (06) personnels de santé. L'estimation de cette taille de la population s'est faite par saturation. L'âge a varié entre 22 et 55 ans. La collecte des données s'est faite au travers d'un guide d'entretien. Les interviews étaient individuelles pour la plupart. Deux (02) focus groups discussions ont été conduits avec huit (08) personnes chacun.

Les données ont été enregistrées et transcrites systémati-quement. Le dépouillement s'est fait manuellement en af-fectant une couleur par item prioritaire et nous avons ensuite procédé à une analyse de contenu. Cette dernière a consisté à analyser le contenu des entretiens réalisés afin d'extraire les verbatims les plus significatifs (Nkoum, 2015). Le niveau d'instruction n'étant pas une donnée sur laquelle nous nous sommes appuyée pour la sélection des candidats, il a néan-moins transparu lors du dépouillement des données que les personnes ayant reçu une éducation du niveau supérieure étaient plus intransigeantes par rapport à leur besoin urgent de satisfaction, lors de leur prise en charge dans les forma-tions sanitaires. Les données collectées ont été interprétées et analysées selon les théories sur le management de la motivation au travail de Maslow (1970) et Herzberg et *al.* (1959) et celle de l'engagement de Joule et Beauvois (2014).

1. Présentation et analyse des données empiriques sur la perception de la qualité de la formation du personnel de santé au Cameroun

Au terme de notre étude, nous avons retenu deux grands items. Le premier concerne la qualité de la prise en soin[1] offerte par les prestataires de soins et le second, la satisfaction des personnes souffrantes à la fin du processus de prise en soin. Il est vrai que les questions posées tournaient autour de la perception qu'avaient les informateurs des différentes prestations offertes dans les formations sanitaires.

Perception de la formation du personnel de santé

Il s'est avéré que les informateurs du genre masculin se sont plus appesantis sur le fait qu'il fallait définir ce que nous entendions par qualité de la formation. Pour ces derniers, les hôpitaux sont « *infestés de jeunes qui manquent d'expérience* ». Sur les cinq (05) hommes rencontrés, trois (03) étaient unanimes sur le fait de « *les renvoyer à l'école* ». Les deux (02) autres ont pensé que les renvoyer à l'école ne résoudrait pas le problème posé par leurs pairs. Pour ces derniers, la vétusté du matériel de travail et l'absence des

---

[1] Le concept de « *Prise en soin* » est choisi pour légitimer le fait de prendre en compte l'altérité. Ce qui n'est pas le cas de la « *prise en charge* ». *Le care désigne donc plus l'aspect humain et relationnel du soin et c'est pour cette raison que Colliere (1982) s'est basé sur lui pour parler en français du prendre soin.*

personnels plus expérimentés dans les formations sanitaires du fait de leur présence plutôt en clientèle privée seraient à l'origine de la baisse de la qualité des prestations sanitaires dans les formations sanitaires publiques en général.

Lors d'un Focus Group Discussion (FGD), à la question de savoir ce que représente l'hôpital pour eux, l'un des informateurs a déclaré que l'hôpital « *est devenu l'affaire du riche. Tu as l'argent on te soigne. Tu n'en as pas, tu meurs. Il ne sert à rien d'aller à l'hôpital si tu sais que tu ne peux pas payer ! Tu peux mourir devant eux, ça ne les touche pas* ». A travers ce discours, l'informateur relève la perte de la mission de l'hôpital et la domination de la logique économique sur la logique de « *prendre soin* ». A cela, il lui est répliqué que « *l'hôpital n'est pas une église. On ne les forme pas pour mendier mais pour manger !* ». Les éléments qui transparaissent de ce FGD donnent à penser que la formation du personnel de santé a pour finalité de rendre chacun prospère. La relation d'aide qui est l'un des piliers de la prise en soin n'a plus droit de cité dans ce contexte précis.

Prise en soin des patients

Les informatrices rencontrées ont été plus tournées vers la qualité des prestations et leur coût. Bien que le profil des informateurs ne soit pas mis en exergue comme cela a été stipulé plus haut, nous avons néanmoins travaillé avec six (05) ménagères, une (01) institutrice, trois (03) étudiantes et trois (03) commerçantes. Des phrases telles : « *tu salues une infirmière, elle ne te regarde même pas. Elle te toise comme si vous aviez des problèmes !!!! »*, ou encore *« un coup, on te dit que ça coûte tant, un autre, on te dit de donner ça !!! Finalement, on ne sait pas combien il faut payer car même le personnel est devenu pharmacie ! »*. Ces propos relèvent l'indifférence[2] et la perte de vocation du personnel infirmier.

Par ailleurs, sur les 12 femmes rencontrées, sept (07) se sont plaintes de la manière dont sont accueillis les patients. Selon elles, le personnel n'a d'égard pour le client que lorsqu'il sait qu'il peut obtenir de ce dernier une petite compensation. Elles s'accordent sur le fait que des éléments tels que la classe sociale du client, l'ethnie ou le type de relation qu'entretient le client/patient avec le personnel compte pour beaucoup dans le type de prise en soin que l'on devrait réserver à ce dernier. Un informateur nous dit que selon qu'on « *soit de la famille ou non du personnel, il est capable d'arriver en retard et de prendre le dernier sur la liste de consultation par affinité* ».

Une des femmes rencontrées pendant la collecte a raconté avec beaucoup de colère comment un pédiatre s'est amusé à recevoir son enfant de la manière la plus désagréable pendant son épisode de rougeole. L'absence de vocation du personnel de santé est relevée et illustrée par le propos suivant : « *Non content de porter des gants, il a utilisé un stylo pour tourner et retourner mon enfant en demandant d'un air condescendant ce qu'il avait comme mal ! Je lui ai demandé*

---

[2] Le facteur économique pourrait expliquer l'expression de cette indifférence médicale ou sanitaire au Cameroun, surtout après la deuxième dévaluation du franc CFA.

de ne plus toucher mon enfant si ce dernier était sale pour lui ! Je me suis levée et je suis partie. Ce médecin n'a pas sa place à l'hôpital ».

Satisfaction des patients

En outre, certaines informatrices pensent que le travail n'est pas fait de manière sérieuse. Pour justifier d'une insuffisance de compétence, l'une d'elles nous dit ce qui suit : « *Je suis revenue ici pour le même problème deux fois avant que ma mère ne décide de soigner mon enfant elle-même. Au début, la dame qui m'a reçue m'a fait payer les médicaments du palu à deux reprises. J'ai acheté Coartem et Artémether pour ma fille alors que c'est la varicelle qu'elle avait. Ces gens-là passent le temps à tâtonner je vous dis.* ». A ce niveau, les problèmes de la prise en charge et celui de la satisfaction se posent avec acuité. Elles pensent qu'il est urgent de revoir la manière dont le personnel se devrait de percevoir le client/patient. Pas comme « un objet » mais comme « *un vrai client qui lui apporte le travail donc le salaire et mérite de ce fait beaucoup plus de considération* ». La question de respect de la dignité du client se pose avec acuité. Elles ont aussi relevé le fait que les médicaments prescrits sont toujours exigés ou ordonnés même si le besoin n'est pas ressenti. On note ici l'inadaptation des soins et le mépris de la clientèle qui sont illustrés par le propos ci-après : « *Ils te font acheter les remèdes que tu ne vas pas utiliser. Et quand tu achètes, ils sont les premiers à les voler de ton carton…Tu vas te plaindre où ? Si tu le fais, qui va te soigner ? On accepte seulement* ».

Pour finir, elles ont déploré l'hygiène et l'insalubrité des lieux[3]. L'exposition aux risques d'infections nosocomiales et la négligence de l'hygiène hospitalière sont relevées par les informatrices. Pour toutes les femmes rencontrées, « *l'hôpital est le lieu où tu peux attraper toutes les maladies. Tu peux venir avec un petit problème et rentrer avec quelque chose que tu ne peux pas porter. Les moustiques ressemblent aux missiles, les moustiquaires sont un langage de sourd. Si ce n'est pas le palu c'est les infections. Les toilettes sont sales* ».

Pour ce qui est du personnel de santé rencontré, certains ne voulaient pas répondre à nos questions pensant que nous conduisions une enquête pour le gouvernement. Ils ont insisté de le faire de manière anonyme ne voulant pas « *trahir* » le système. Ce qui a été relevé est qu'il y avait « *beaucoup à faire et à refaire* » de nos jours pour améliorer la prise en charge effective des patients. Selon nos informateurs, la gestion des formations sanitaires du pays « *est mise entre les mains des personnes non appropriées.* » Pour elles, « *le médecin n'est pas un bon gestionnaire, il ne peut pas porter les choses qui concernent l'administration et le mangement* ». Ces informatrices pensent donc qu'il est important de noter que les « *pouvoirs publics devraient former un personnel adéquat pour la gestion de ces hôpitaux* ». L'analyse

---

[3] Ce qui est le propre de la majorité des formations sanitaires de l'espace francophone où le PBF n'est pas passé dans la mesure où les formations de l'espace anglophone, notamment celles du Sud-Ouest et du Nord-Ouest sont plus propres, mieux tenues. La Réorientation des Soins de Santé Primaires a été introduite pour la première fois au Cameroun par la Nord-Ouest et il y eu une appropriation totale des façons de faire et de penser les choses.

de ces discours révèle la problématique de la mal gouvernance des hôpitaux et de l'insuffisance des compétences en matière de gestion hospitalière.

D'autres ont pensé que l'on devrait créer des facteurs de motivations afin les amener à ne pas « *crouler sous la charge du travail* ». Quelques-uns ont parlé de démotivation dans la mesure où certains travaillent et d'autres récoltent des fruits qui ne sont pas les leurs. Ils ont pensé que de telles attitudes n'encourageaient pas à se mobiliser pour une prise en charge effective et efficiente des patients. « *Pourquoi travailler si je ne mange pas ? Si je tombe, à la même minute on me remplace non ?* », nous a dit un informateur. Il ressort donc des *verbatim* que la prise en charge et la satisfaction des patients est au centre des préoccupations des patients et du personnel de santé malgré les perceptions des uns et des autres.

II. Synthèse de l'analyse

En résumé, nous pouvons dire que les informateurs présentent deux éléments clés permettant d'avoir une appréciation de la qualité de la formation reçue par le personnel de santé à savoir : la prise en soin des patients et la satisfaction de ces derniers. Pour les items qui participent de la prise en soin effective, les informateurs ont relevé que les soins ne sont pas souvent réguliers malgré leur planification. Ils ne sont pas effectués dans le respect du temps prévu. En outre, la gestion équitable des patients est à instaurer. Selon la Haute Autorité de Santé (HAS, 2015), il faudrait assurer à tous les personnes souffrantes et usagers un accès constant et équitable à des soins aussi efficaces, sûrs et efficients que possible. La plupart des problèmes rencontrés peuvent s'expliquer par la perte de vocation appelée par les informateurs *l'amour pour la profession*. Il faudrait une motivation régulière du personnel (interne et externe) et l'existence du personnel en qualité et en quantité.

Pour une efficacité des soins, il faudrait une équipe pluridisciplinaire, chacun des participants est utile à l'équipe. Chacun possède des compétences qui lui sont propres et, ensemble, ils contribuent au climat, à la dynamique de l'équipe et à la mise en place de soins de qualité. Il est important de déceler les capacités particulières et les désirs d'accomplissement des soignantes de l'équipe, de manière à leur confier des rôles à leur mesure (Phaneuf, 2011).

Par ailleurs, il faut une prise en soin globale. Pour Collière (1982 :24), « *Soigner, c'est donc entretenir la vie en assurant la satisfaction d'un ensemble de besoins indispensables à la vie, mais qui sont diversifiés dans leur manifestation* ». Pour cette auteure, prendre soin ou *care* comme « *les soins habituels et coutumiers liés aux fonctions d'entretien et de continuité de la vie, et le cure comme les soins de réparation liés aux besoins de réparation de ce qui fait obstacle à la vie* ». Une prise en soin globale est donc holistique. Pour ce faire, il est nécessaire d'avoir un plateau technique adéquat, c'est dire, l'ensemble des équipements biomédicaux, techniques et informatiques (comme les scanners) et du personnel spécialisé (biologistes, laborantines, radiologues, pharmaciens...) qui réalisent des examens ou analyses, prescrivent des médicaments...".

Pour une prise en soin globale, un climat social au sein de la formation sanitaire devrait être favorable. Le climat social est le degré de satisfaction qui règne dans l'entreprise, une notion complexe pour un grand nombre tant son périmètre est vaste (Talentéo, 2015.). En effet, un climat social favorable aura des impacts immédiats sur la productivité des collaborateurs, sur leur efficacité et sur leur confiance en l'avenir. Nonobstant, un climat social tendu a des conséquences néfastes qui pourraient coûter cher à la structure à travers des éléments telles que l'absentéisme ou le retard, les problèmes de discipline, le manque de communication ou encore la grève...). Par ailleurs, le climat délétère peut entraîner, pour ses collaborateurs et leur santé, une perte de confiance, des risques psychosociaux, la dépression, l'anxiété ou le suicide...

Pour ce qui est de la satisfaction des patients, l'on peut relever le fait que le personnel soit formé de façon adéquate. La formation permet de maintenir un dialogue social. La formation continue est un atout pour toute structure hospitalière aspirant à la qualité de ses prestations. En formant son personnel, la compétence est maintenue et l'accès aux nouvelles technologies disponible. En pareille circonstance, l'accueil est une variable qui justifie de la qualité des prestations de soins reçues, tout comme la propreté des locaux et des espaces de vie qui participent à la réduction des risques d'infections nosocomiales.

La satisfaction des patients peut aussi se traduire par la sécurité des médicaments à travers une pharmacovigilance, et la prévention contre le vol de ces médicaments[4] dans l'en-

---

[4] Sujet préoccupant, le vol des médicaments et du matériel de chirurgie

ceinte de la formation sanitaire. , doit être une affaire de tout le personnel. Aussi, le confort du patient est une donnée importante à prendre en compte. Il aide le patient à supporter les soins quelle que soit la durée de son traitement ou de son hospitalisation. Ce confort peut s'évaluer à travers la compétence du personnel. Selon le Grand Larousse Universel, la compétence est « *une capacité reconnue en telle ou telle matière en raison de connaissances possédées et qui donne le droit d'en juger* ». Pour Le Boterf (2000), la compétence est le processus d'activations des ressources[5]. La compétence mobilise la pluridisciplinarité et peut permettre une cohésion sociale. Elle peut aussi faciliter l'efficacité thérapeutique qui c'est la preuve par la parole du changement d'état d'une personne souffrante après avoir pris un médicament. Cette dernière est souvent jugée par le patient. La satisfaction du patent peut aussi se ressentir à travers le coût

---

est récurent. Le personnel prescrit des médicaments qui ne sont ni utilisés lors de l'opération ni restitués aux familles.

[5] Il énonce quatre raisons qui lui confèrent une dimension collective.

« *Agir avec compétence suppose [...] de savoir interagir avec autrui* puisqu'il est de plus en plus demandé aux professionnels de savoir également mobiliser des « *ressources de leurs environnements* » autrement appelées « ressources externes » par l'auteur.

« *La compétence ne peut être séparée de ses conditions sociales de production* » dans la mesure où les savoirs et les savoir-faire professionnels sont majoritairement voire exclusivement « *élaborés socialement* »

« *La motivation et le contexte sont aussi important que la disposition à savoir agir* ». On parlera ici de la compétence comme la conjugaison d'un *savoir agir*, d'un *vouloir agir* et d'un *pouvoir agir, et enfin,*

« *Il faut que le professionnel puisse se référer à une norme collective pour pouvoir s'en inspirer et s'en différencier par son propre style personnel* ». Cette dernière idée fait d'abord référence à l'identité et à la culture professionnelle qui se construisent par l'assimilation par le professionnel de normes et de règles professionnelles collectivement partagées.

des prestations accessibles, la disponibilité du personnel et l'information rendue disponible, selon nos informateurs.

C'est l'ensemble de ces deux items qui garantissent une qualité de la formation du personnel de santé. La figure ci-dessus illustre donc la représentation que nous avons de cette qualité.

Figure 1 : Représentation de la qualité de la formation du personnel de santé à Yaoundé

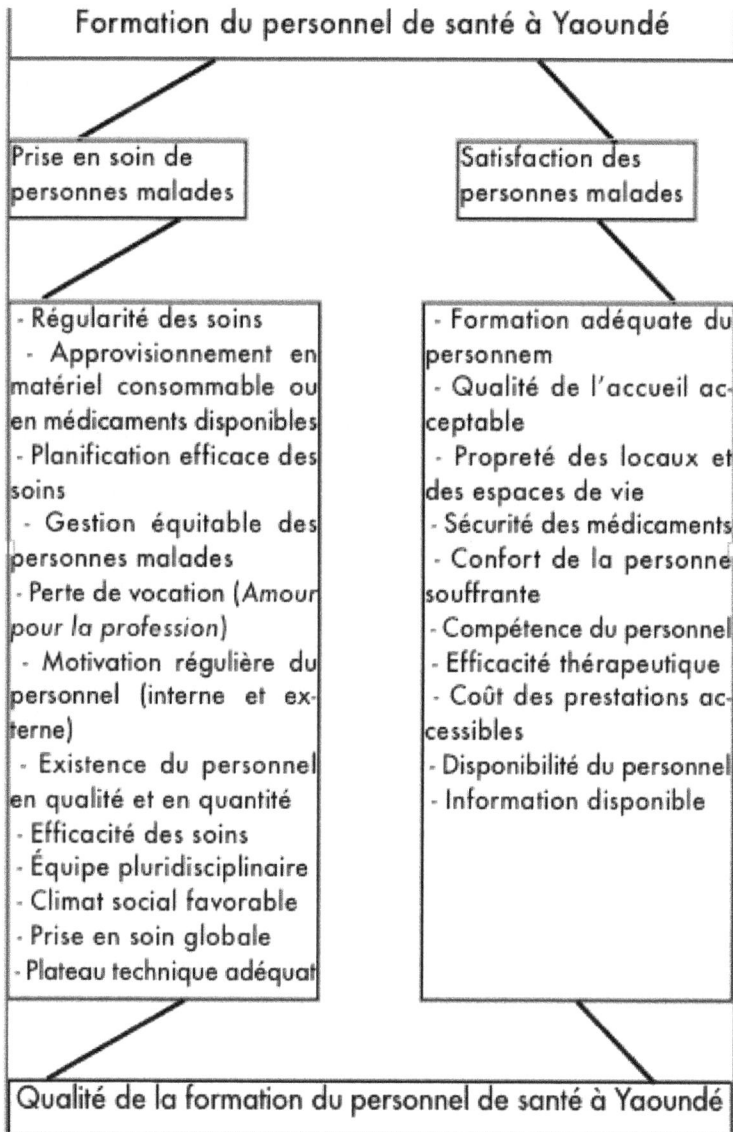

Formation du personnel de santé à Yaoundé

Prise en soin de personnes malades	Satisfaction des personnes malades
- Régularité des soins - Approvisionnement en matériel consommable ou en médicaments disponibles - Planification efficace des soins - Gestion équitable des personnes malades - Perte de vocation (Amour pour la profession) - Motivation régulière du personnel (interne et externe) - Existence du personnel en qualité et en quantité - Efficacité des soins - Équipe pluridisciplinaire - Climat social favorable - Prise en soin globale - Plateau technique adéquat	- Formation adéquate du personnem - Qualité de l'accueil acceptable - Propreté des locaux et des espaces de vie - Sécurité des médicaments - Confort de la personne souffrante - Compétence du personnel - Efficacité thérapeutique - Coût des prestations accessibles - Disponibilité du personnel - Information disponible

Qualité de la formation du personnel de santé à Yaoundé

1. De la perception de la qualité de la formation du personnel de santé à la satisfaction des populations

À propos du rôle du personnel de santé dans la prise en soin de la personne

Parler de la qualité de la formation implique d'organiser sa réflexion sur la compétence du personnel de santé à prendre en charge la personne souffrante. Pour Tardif (2003), la compétence est définie comme un savoir-agir complexe dont le soubassement réunit la mobilisation et l'utilisation efficaces d'une variété de ressources. Plusieurs facteurs entravent l'épanouissement d'une compétence réelle et reconnue des personnels de santé dans l'environnement étudié.

Selon les informateurs, le facteur financier est à l'origine de l'éclosion d'une compétence souvent mal acquise ou endormie. La vocation n'a plus droit de cité, certains sont devenus personnels de santé par dépit. Il est important de rappeler qu'une compétence mal acquise affecte le mode d'organisation de la prise en charge. Pour Hatem (2015), le savoir-agir devrait être flexible et adaptable à divers contextes. Le personnel de santé compétent doit savoir mobiliser des savoirs, savoir-faire et/ou savoir-être pour une prise en charge globale. Il est donc souhaitable de revoir la formation qui selon Prégent et *al.* (2009), doit être orientée sur un programme axé sur les compétences ou une approche programme qui expliciterait les grandes intentions éducatives. Il faudrait noter qu'un tel programme mettra l'accent sur le besoin de l'apprenant tout en offrant un parcours de formation et non *une formation par cours* pour reprendre Hatem (2015) et Tardif (2006).

Envisager la question de qualité ici revient à réorienter l'approche de prise en soin des malades et l'adapter à celle d'un programme qui prendra en compte la gestion des compétences. La figure ci-dessus montre selon Gayet (2010) les différentes composantes du soin. L'objectif visé est de renforcer l'opérationnalisation et l'appropriation de la démarche qualité dans la formation d'un personnel de santé en vue d'humaniser les soins.

Figure 2 : les huit composantes de la qualité d'un soin

Les huit composantes de la qualité d'un soin

Gayet, S. (2010). http://www.qualite-securite-soins.fr/se-documenter/sur-la-qualite-et-la-gestion-des-risques/la-mesure-de-la-qualite/

Pour l'opérationnalisation d'une formation adéquate, Joule et Beauvois (2014) proposent une pédagogie de l'engagement pour faciliter l'intériorisation des règles et valeurs dans les rapports éducatifs. Si selon Bonnet (1996), le fait de s'engager et de s'impliquer est lié à la représentation que le personnel pourrait avoir de la qualité de son travail, il faudrait alors harmoniser les différentes perceptions qu'a le personnel de la qualité, afin de l'amener à un type d'appropriation et d'engagement de l'acte de prise en soin. Cet engagement pourrait contribuer à renforcer des attitudes tant sur le plan comportemental que cognitif. Sa manière de penser la personne malade et sa prise en charge va conduire à un changement de paradigme, l'amenant ainsi à ajuster ses nouvelles valeurs à sa pensée, et par ricochet, au changement d'attitude, à l'émergence de nouveaux comportements.

Satisfaction de la personne malade

La satisfaction des patients ou personnes souffrantes est un indicateur justifiant de la qualité des soins et en conséquence de la qualité de la formation reçue par les prestataires. Cette réflexion n'a pas pour finalité de mesurer le niveau de satisfaction du patient. Nous pensons avec Ngono (2010), qu'« *au Cameroun, [la] notion de satisfaction des usagers est encore presqu'inconnue. Les usagers sont tout simplement considérés comme des personnes passives, des consommateurs passifs. Ils subissent les soins imposés par le personnel soignant sans pouvoir donner leur point de vue alors que la Stratégie sectorielle du Cameroun 2001-2015 a donné une ouverture à « l'évaluation du degré de satisfaction des utilisateurs »* des services de santé ». Cette auteure illustre parfaitement le malaise qui se vit dans les formations sanitaires. Les résultats obtenus lors de notre étude montrent une insuffisance en qualité et en quantité du personnel de santé. En termes de qualité, la plupart du personnel n'a jamais fait de formation continue, ni de stage de perfectionnement. Certains sont sortis de l'hôpital depuis des années et font les « *mêmes gestes tous les jours depuis des années* ». Cette routine tue la profession et se ressentira au travers des éléments tels que l'accueil du patient et la disponibilité des soins.

En effet, les informateurs ont déploré la faible qualité de l'accueil. Tous ont été unanimes sur le fait que toute organisation communique une identité propre. L'accueil est de ce fait un facteur de communication qui participe à la construction de l'image à l'hôpital. Il est une priorité que doit soigner la structure pour fidéliser sa clientèle.

L'analyse des résultats a mis en exergue le manque de motivation pour expliquer l'attitude du personnel face aux problèmes divers problèmes relevés (cf. figure p8). Il ressort de nos observations que le besoin de motivation est à considérer à deux niveaux : internes et externes. Herzberg, (1959) tente de repérer les éléments facteurs de satisfaction et d'insatisfaction au travail. Il en décèle 2 types :

Les facteurs d'ambiance - hygiène (bruit, chaleur, salaire, statut, relations humaines...) : Ils sont relatifs aux conditions de travail et doivent avoir un niveau de base. Si les conditions sont en dessous de ce niveau minimal, le travail s'en ressent, mais la productivité n'est pas influencée à la hausse si les conditions de travail sont supérieures au niveau de base. Ces conditions doivent être remplies pour ne pas générer d'insatisfaction.

Les facteurs valorisants - motivation (évolution de carrière, responsabilités, autonomie...) : ceux-ci correspondent aux besoins supérieurs de Maslow (1970). Ils sont intrinsèques au travail et relèvent de l'épanouissement de l'individu. Une fois les facteurs d'hygiène assurés, les facteurs de motivation peuvent être remplis pour générer de la satisfaction

Maslow (1970) et Herzberg et *al.* (1959), ont essayé de construire une dynamique motivationnelle. Leur modélisation s'appuie sur un double mouvement de régulation (entre les besoins) et d'évolution (dans une perspective de développement des personnes y compris dans les milieux professionnels).

Figure 3 : la théorie des besoins et des 2 facteurs

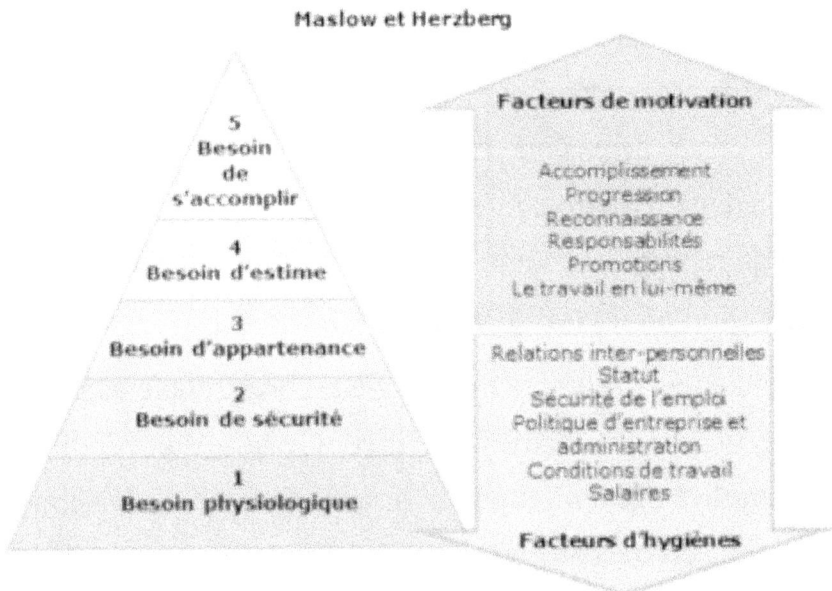

Maslow et Herzberg

Facteurs de motivation

5
Besoin
de
s'accomplir

Accomplissement
Progression
Reconnaissance
Responsabilités
Promotions
Le travail en lui-même

4
Besoin d'estime

3
Besoin d'appartenance

Relations inter-personnelles
Statut
Sécurité de l'emploi
Politique d'entreprise et
administration
Conditions de travail
Salaires

2
Besoin de sécurité

1
Besoin physiologique

Facteurs d'hygiènes

Les facteurs motivationnels pourraient contribuer à une prise en soin globale du patient sans pour autant contribuer à la création d'une vocation première du personnel de santé. Pour Dufresne (1997), les formations sanitaires devraient consulter les usagers au sujet de leurs attentes et de leur degré de satisfaction avant de fixer les normes de service. Le Cameroun est bien loin d'une telle initiative. Le personnel est maitre du savoir et la personne souffrante doit s'accommoder de tout. Il arrive que certains personnels ayant suivi une formation nouvelle soient parodiés lorsqu'ils proposent une façon de faire nouvelle. Un tel comportement va à l'encontre de toute initiative nouvelle et décourage toute innovation.

Conclusion

La qualité de la formation est de nos jours un défi que doit relever les formations sanitaires camerounaises. Grâce aux résultats obtenus lors de la rencontre avec nos informateurs au travers les entretiens et des FGD, il est ressorti que la définition du concept « *qualité* » n'était pas appréhendée de manière claire par ces derniers. Pour Nkoum (2015), la qualité est un gage pour la production des résultats globaux de satisfaction de l'approche systémique pour l'amélioration du service rendu. A travers une organisation opérationnelle, elle permet d'atteindre les objectifs fixés par la politique de santé. De ce fait, elle pourra mener les formations sanitaires à développer et parvenir à la satisfaction des personnes malades. Les résultats d'une telle étude permettent de recueillir des éléments pour la mise en œuvre d'un plan de communication interne tourné vers le patient et améliorer ainsi les relations avec ce dernier.

RÉFÉRENCES

ANAND, S., et BARNIGHAUSEN, T. (2004). « Human resources and health outcomes : cross-country econometric study » in *Lancet*, 364. New-York : Lancet.

AUJALEU, E. (1973). « La formation des personnels de santé dans les pays du Tiers Monde, en Afrique » in *Tiers-Monde*. Tome 14, n°53.

BONNET, E. (1996). « Les «visions indigènes» de la qualité. À propos de l'appropriation de la démarche qualité dans l'industrie » in *Revue d »Economie industrielle*. 75 (1er trimestre). 77-93. doi : 10.3406/rei.

LE BOTERF, G. (2000). *Construire des compétences individuelles et collectives*, Paris : Ed. d'Organisation.

COLLIÈRE, M-F. (1982). *Promouvoir la vie, De la pratique des femmes soignantes aux soins infirmiers*. Paris : InterEditions.

CONTANDRIOPOULOS, A. P., POUVOURVILLE, G. de, POULLIER, J. P. et CONTANDRIOPOULOS, D. (2000). « A la recherche d'une troisième voie : les systèmes de santé au XXIe siècle » in *Santé publique : état des lieux, enjeux et perspectives*. Sous la dir. de Pomey, M.-P., Poullier, J.-P. et Lejeune, B. Paris : Ellipses.

GAYET, S. (2010). http://www.qualite-securite-soins.fr/du-cote-des-usagers/

HAS (2015). https://www.has-sante.fr/portail/jcms/fc_1249599/fr/la-has

HATEM, M. (2015). « Au cœur de la démarche qualité : un personnel de santé qualifié » in *La démarche qualité dans les soins de santé. Un défi en Afrique* ». Sous la dir. de Nkoum, B. A. et Socpa, A. Paris : L'Harmattan.

HERZBERG, F., MAUSNER, B. & SNYDERMAN, B.B. (1959). *The Motivation to Work*. New York : John Wiley.

JOULE, R.-V. et Bauvois, J.-L. (2014). *Petit traité de manipulation à l'usage des honnêtes gens*. Edition revue et augmentée. Paris : Presses Universitaires de Grenoble.

LAHCENE, F. et Petit, J. (2008). « Evaluation et amélioration de la qualité des soins vers un modèle français » in *Soins* n°729. Paris : Elsevier Masson.

MASLOW, A. H. (1970). *A Theory of Human Motivation*. 3rd edition. Paperback

NGONO, F. (2010). *Evaluation du dégré de satisfaction des usagers des formations sanitaires dans 8 districts de santé de la région du Centre*. Mémoire de Cadre Supérieur de santé. Yaoundé : UCAC.

NKOUM, B. A. (2015). « La démarche qualité dans les soins : pour une perspective de professionnalisation en santé » in *La démarche qualité dans les soins de santé. Un défi en Afrique* ». Sous la dir. de Nkoum, B. A. et Socpa, A. Paris : L'Harmattan.

NKOUM, B. A. (2015). Initiation à la recherche : une nécessité professionnelle. Cinquième édition, revue et augmentée. Yaoundé : Presses de l'UCAC.

PHANEUF, M. (2011). *La relation soignant-soigné. Rencontre et accompagnement*. Montréal : Chenelière Éducation.

PRÉGENT, R., BERNARD, H. et KOZANTIS, A. (2009). *Enseigner à l'université dans une approche-programme : guide à l'intention des nouveau professeurs et chargés de cours.* Montréal : Presses Internationales Polytechnique.

SIMO KOUAM, F. A. (2015). « Les aspects e la qualité des soins » in *La démarche qualité dans les soins de santé. Un défi en Afrique* ». Sous la dir. de Nkoum, B. A. et Socpa, A. Paris : L'Harmattan.

TALENTÉO. (2015). *Le climat social en 6 étapes.* https://www.talenteo.fr/climat-social-6-etapes-658/

TARDIF, J. (2006). *L'évaluation des compétences. Documenter le parcours de développement.* Montréal : Chenelière Education.

TARDIF, J. (2003). « Développer un programme par compétences : de l'intention à la mise en œuvre » in *Pédagogie collégiale.* http://www.cvm.qc.ca/aqpc/AQPC%201987-2007/PDF/Volume%2016/16(3)/Tardif,%20Jacques.pdf

LES POLITIQUES PUBLIQUES INTERNATIO-NALES DE DÉVELOPPEMENT SANITAIRE EN AFRIQUE CENTRALE

DÉPENDANCE, SOUVERAINETÉ ET ÉCHECS (1950-2000)

Simplice Ayangma Bonoho

Historien, Université de Yaoundé I

Résumé - En croisant les sources internationales (européennes et afri-caines) dans une approche transnationale, cette contribution tente d'abor-der la question de la fabrique des politiques sanitaires internationales, prise dans la tourmente des enjeux des décolonisations, des nationalismes et des internationalismes occidentaux et soviétiques triomphants. L'article fait ainsi la lumière sur les principales politiques sanitaires mises en œuvre en Afrique centrale, de la veille des indépendances à l'an 2000. Les Soins de santé primaires (SSP) et l'Initiative de Bamako (IB) sont ainsi identi-fiés comme principales politiques publiques internationales de santé mises en œuvre dans l'ensemble du continent. Outre les échecs auxquels dé-bouchent ces politiques, leur mise en application a aussi de nombreuses implications sur la souveraineté des États-nationaux, et sur le renforce-ment de leur dépendance vis-à-vis de l'aide extérieure.

Mots clés : Soins de santé primaire (SSP), Initiative de Bamako (IB), dépendance, indépendance, souveraineté.

Abstract - Through a transnational approach that crosses international, European and African sources, this contribution tries to address the issue of the making of international health policies, taken in the turmoil of the stakes of decolonization, nationalism and triumphant Western and Soviet internationalism. The article emphasizes the main health policies imple-mented in Central Africa from the eve of independence to the year 2000. Primary Health Care (PHC) and the Bamako Initiative (BI) are thus iden-tified as the main international public health policies implemented throughout the continent. In addition to the failures of these policies, their implementation also has many implications for the sovereignty of national states, and on the strengthening of dependency on external aid.

Key words: Primary Health Care (PHC), Bamako Initiative (BI), De-pendence, Independence, Sovereignty.

Introduction

Au lendemain de la naissance de l'OMS en 1948, la formulation des politiques sanitaires internationales devient très tôt, une exclusivité sinon occidentale, du moins étatsunienne[1]. Il s'agit surtout des politiques verticales basées sur la lutte contre les maladies uniques à l'instar du paludisme. Ces programmes dans lesquels les États jouent un rôle central, sont largement encouragés et financièrement soutenus par Washington qui, dans l'éventualité d'un nième conflit ouvert, entend mettre ses soldats à l'abri de cette maladie infectieuse et mortelle. Toutefois, avec le retour de l'URSS et de ses alliés à l'OMS le 11 mai 1957, les tensions entre occidentaux et soviétiques viennent souligner la nécessité de donner une nouvelle orientation aux politiques sanitaires internationales jusque-là en vigueur. Ces antagonismes entre les deux « supergrands » revêtent un caractère particulier avec l'entrée dans l'organisation des États nouvellement indépendants[2], dont les décolonisations prises dans l'engrenage de la Guerre froide, favorisent l'éclosion de la tendance « tiers-mondiste » (Liauzu, 1987), ou mieux, du mouvement des « non-alignés ». Les tensions internationales de l'époque s'accentuent aussi avec le retour de la Chine à l'OMS en 1971, alors même qu'un conflit l'oppose depuis 1964 à son voisin soviétique. C'est dans ce contexte international de « bipolarité/multipolarité » qu'est convoquée à Alma-Ata en 1978, la conférence du

[1] Cela s'explique par le fait l'URSS et ses alliés, principaux adversaires de l'Occident, se sont retirés de l'OMS en 1949.
[2] On passe en effet de 8 États africains siégeant à l'Assemblée de l'OMS à 26 en 1965.

même nom sur les Soins de Santé Primaires (SSP)[3]. Elle débouche sur la formulation de la politique des SSP : pilier des politiques sanitaires internationales depuis lors en vigueur dans le monde. Le constat de l'échec de cette politique dans la plupart des États d'Afrique et les conséquences de la crise des années 1980 sur le secteur de la santé, ouvrent la voie à l'adoption, par les ministres de la santé du continent, de l'Initiative de Bamako (IB) supposée la renforcer.

Si les études récentes soulignent l'importance de la conférence internationale sur les SSP dans les politiques sanitaires actuelles (Hall & Taylor, 2003), le rôle de la Guerre froide dans ce processus demeure encore un sujet marginal dans l'historiographie. Il en est de même de l'influence des réseaux d'acteurs occidentaux, soviétiques, régionaux et nationaux, constitués ou non au sein de l'OMS, qui ont historiquement déterminé les conclusions et recommandations de la conférence de 1978 sur les SSP et de l'IB adoptée dans la capitale malienne en septembre 1987. Le but de cet article est d'ouvrir cette page capitale et peu connue de l'histoire des politiques sanitaires internationales. Il insiste de ce fait, sur l'influence exercée dans le processus de formulation de ces politiques, par ces différents réseaux d'acteurs, et leurs interactions et interconnexions sur l'arène que constitue l'OMS. Il est question pour nous, en croisant les sources internationales, européennes et africaines dans une approche transnationale, d'aborder la question de la fabrique des politiques sanitaires internationales, prise dans la tourmente

---

[3] Archives de l'OMS à Genève (AOMS/GVA).

des enjeux des décolonisations, des nationalismes et des internationalismes occidentaux et soviétiques triomphants. Nous entendons ainsi mener, une analyse des milieux et des réseaux transnationaux qui contribuent à alimenter et à construire ces politiques internationales de santé. Il apparaît dès lors nécessaire de faire la lumière sur les principales politiques sanitaires mises en œuvre en Afrique centrale à partir de 1950. Ces instruments représentent ainsi, autant de ressources mobilisées par des acteurs et des groupes constituées d'acteurs, qui, en interaction avec les responsables de l'OMS et les élites politiques étatiques, parviennent à les faire aboutir sur la scène internationale et à les faire admettre par une grande majorité comme politique de santé à prétention "universelle" (I). Toutefois, en plus des échecs auxquels débouchent ces mesures, leur mise en œuvre effective sur le terrain a de nombreuses implications sur la souveraineté de la plupart des États, qui tendent à renforcer leur dépendance vis-à-vis de l'aide publique internationale (II).

I. Les SSP et l'IB comme pilier des politiques sanitaires en Afrique centrale

1. Les soins de santé primaires (SSP)

S'il est difficile de dire avec précision si les SSP sont « une création nouvelle » ou simplement une « nouvelle approche », il convient tout de même de rappeler que certains auteurs font remonter l'histoire de ce concept en 1937, à la suite de la conférence intergouvernementale organisée par l'Office d'Hygiène de la SDN à Bandoeng (Fournier, 1982). C'est vraisemblablement au XIXe siècle, ou plus tôt, à l'âge des grandes épidémies européennes que prend forme ce type de soins, sous la pression des milieux associatifs missionnaires et socialistes. Seulement, dès sa naissance en 1948, l'OMS promeut une orientation sanitaire essentiellement verticale et centralisée (Mills, 1983)[4], basée sur la lutte contre les maladies uniques à l'instar du paludisme. Il s'agit des programmes exclusifs accordant très peu de priorités aux services de santé et à la couverture sanitaire des membres des communautés. Le choix opéré avant et après les indépendances de fonder l'organisation sanitaire sur les hôpitaux de ville, les dispensaires de « brousse », et les services de Grandes endémies[5] contribue à accélérer les problèmes sanitaires que rencontrent les États nouvellement indépendants[6]. C'est la recrudescence de ces problèmes qui amène ces nouveaux États à solliciter de l'OMS, une aide pour la reconstruction de leurs services de santé de base, qui nécessitent une extension.

Les systèmes de santé de ces pays sont très vite remis en cause, notamment pour leur organisation centrée sur les soins hospitaliers. De violentes critiques sont notamment formulées par John Bryant (1969) et Carl E. Taylor (1976), tous deux

---

[4] D'après cet auteur, un programme vertical est une activité ou un ensemble d'activités jugées prioritaires par les intervenants dans l'optique de contrôler une affection précise. Il se dote dans ce sens, d'un personnel d'un équipement et d'une structure administrative destinés essentiellement au contrôle de cette cause.

[5] Archives du Ministère de la santé publique du Cameroun (ci-après AMSP), « Lettre n°1511/CGSPP/SPA, du 8 décembre 1966. *Projets sanitaires 1966/1967 pour le Cameroun occidental* », 1966.

[6] AMSP, « Lettre n°VP.156/S.15/80.- du 13 décembre 1966. *Projets sanitaires pour le Cameroun occidental* », 13 décembre 1966.

membres de la *Christian Medical Commission* (CMC), une organisation missionnaire dépendant du Conseil Œcuménique des Églises (COE) et œuvrant dans les pays "pauvres". C'est surtout le *Medical Nemesis* d'Ivan Illich (1975) qui bien avant les travaux de Thomas McKeown (1979), défend la thèse de l'inutilité de la médecine hospitalière, qui en plus d'être préjudiciable, a « exproprié » les populations de la santé (2004). Le but de telles réserves est surtout d'en finir avec l'hyper hiérarchisation des systèmes de santé dans laquelle l'essentiel du pouvoir est conféré aux travailleurs de la santé plutôt qu'aux bénéficiaires. Il s'agit aussi de pallier les insuffisances voire les échecs du modèle occidental mis en œuvre dans les pays du Sud. Elles influencent largement le mouvement des SSP dont l'expression aurait été utilisée pour la première fois dans le journal « Contact »[7] que publie la CMC dès 1970. A la conférence d'Alma-Ata tenue du 6 au 12 septembre 1978 sous la direction conjointe des responsables de l'OMS (Halfdan Mahler) et de l'UNICEF (Henry Labouisse), 134 nations du monde, une douzaine d'OI du système des NU et une cinquantaine d'ONGs, envisagent les SSP comme une stratégie nouvelle et novatrice[8].

Cette réunion s'ouvre à un moment où s'affrontent les blocs Ouest et Est, dans le cadre de la Guerre froide. L'éventualité d'un conflit ouvert est d'autant plus probable à cette

---

[7] Les traductions en français et espagnol de ce journal permettent de mettre en circulation, un peu plus de 10.000 exemplaires.

[8] WHOA/GVA (World Health Organization Archives, Geneva), P 21/87/5, WHO, International Conference on Primary HealthCare (ICPHC)-1978, Chemise 9.

veille de la conférence d'Alma-Ata que Moscou n'a pas hésité à occuper l'Europe occidentale et à y déployer ses missiles SS-20. Une agression qui contraint Jimmy Carter à interrompre en 1978, la production des bombes à neutrons censées contrebalancer les SS-20 soviétiques. La frayeur est à son comble, et les négociations engagées du 4 octobre 1977 au 9 mars 1978 en Yougoslavie[9], ne débouchent que sur un texte d'importance secondaire. Il n'est pas exclu que l'arrivée par surprise et inopinée du sénateur américain Edward M. Kennedy à Alma-Ata ait servi de prétexte à la recherche des solutions pacifiques à ce différend.

Cette conférence est aussi initiée alors qu'on vient d'assister au niveau international, à la vague des décolonisations d'Afrique et d'Asie. Des indépendances qui riment avec l'émergence d'un « Tiers-monde » dont la conquête devient très tôt, l'enjeu central de l'affrontement Ouest-Est[10]. Le mouvement des « non-alignés » que mettent en place ces nouveaux Etats est une stratégie des politiques pour accroître les aides extérieures notamment dans le secteur de la formation des cadres, aussi bien en Occident que dans les pays communistes[11]. L'Afrique centrale compte ainsi par exemple un peu près de 4000 étudiants et stagiaires en URSS entre 1960 et 1980 (Katsakioris, 2007).

---

[9] Seul pays « non-aligné » d'Europe.

[10] Sauvy A., « Trois mondes, une planète », in *L'Observateur*, n°118, p.14.

[11] Archives diplomatiques de Paris (ADP), « Admission d'assistants médicaux congolais dans les facultés de médecine françaises », Lettre de J. Wolfrom (Ministre des affaires étrangères) au Ministre de l'éducation nationale, 25 août 1960, in MAE/DAP, Boursiers africains en France, (S50. 3. 4. G6.), 1960-1965.

Enfin, le schisme entre l'URSS et la Chine est un autre moment important qui a déterminé de manière significative, la tenue et les conclusions de cette rencontre sanitaire internationale. Notons que ce conflit qui s'accélère en 1967 est à l'origine d'une vive polémique aux allures de propagandes, qui pousse Pékin et Moscou au bord de la rupture officielle (Chi-Hsi, 1971). Les effets de cette confrontation sont ressentis à l'OMS car, la Chine apparaît comme le leader mondial dans le développement de nouvelles approches en matière de santé, et est bien connue pour ses « médecins aux pieds nus » qui parcourent les villages pour éduquer les populations et leur offrir des traitements de base. Son retour dans l'organisation le 25 octobre 1971, et sa visibilité internationale due à ce modèle de soin inquiète au plus haut point Moscou, qui charge son vice-ministre de la santé et délégué de l'URSS à l'OMS, le Dr. Dmitri Venediktov, de faire pression sur ses dirigeants afin d'obtenir l'organisation de cette conférence par ailleurs sollicitée par les délégués chinois[12]. D'un commun accord entre le directeur adjoint de l'OMS, Tejada-de-Rivero et Venediktov, Alma-Ata est retenue comme ville hôte de la conférence internationale sur les SSP, avec une absence très remarquée de la délégation chinoise. Préparée avec le soutien des milieux associatifs américains (l'USAID, *l'American public Health Association* (APHA)), les associations religieuses comme la CMC (Litsios, 2004) et sous la supervision du Dr. H. Mahler et de l'un de ses principaux lieutenants Kenneth Newell, la rencontre d'Alma-

---

[12] WHOA/GVA, P21/87/5, WHO, ICPHC-1978, chemise 1.

Ata débouche sur l'adoption de la politique des SSP. Une notion qui n'a pas cessé de diviser depuis près de 40 années, aussi bien dans les milieux des experts, qu'au sein des institutions chargées de mettre en œuvre la politique à laquelle elle fait référence. Ceci est dû au fait que cette notion revêt deux conceptions distinctes, comme on peut le relever dans l'article VI de la Déclaration d'Alma-Ata :

> … des soins de santé essentiels fondés sur des méthodes et des techniques pratiques, scientifiquement valables et socialement acceptables, rendus universellement accessibles à tous les individus et à toutes les familles de la communauté avec leur pleine participation et à un coût que la communauté et les pays puissent assumer à tous les stades de leur développement dans un esprit d'auto-responsabilité et d'autodétermination. Ils font partie intégrante tant du système de santé national, dont ils sont la cheville ouvrière et le foyer principal que du développement économique et social d'ensemble de la communauté. Ils sont le premier niveau de contacts des individus, de la famille et de la communauté avec le système national de santé, rapprochant le plus possible les soins de santé des lieux où les gens vivent et travaillent, et ils constituent le premier élément d'un processus ininterrompu de protection sanitaire[13].

De manière spécifique, l'interprétation de l'article VI de la déclaration d'Alma-Ata permet de dégager deux définitions distinctes : la première ramène à un « niveau de soins » : les soins de première ligne ou de premier échelon, alors que la seconde à tendance à aller au-delà, pour faire référence à une approche globale des soins (Crismer, Belche

---

[13] OMS, Alma-Ata 1978. Les soins de santé primaires : Rapport de la Conférence internationale sur les soins de santé primaires, Alma-Ata (URSS), 6-12 septembre 1978. *Rapport conjoint de l'OMS et de l'UNICEF.*

& Van der Vennet, 2016). Au-delà de ces nuances qui fondent les SSP, il est nécessaire de rappeler qu'en substance, cette politique repose avant tout sur la participation de la communauté et le contrôle par celle-ci des ressources. Ces ambiguïtés conceptuelles et originelles des SSP donnent en conséquence lieu à des interprétations diverses[14]. Plutôt que de les envisager comme un moyen (cadre de référence), la majorité des Etats africains les appréhende comme une fin, faute surtout de leadership médico-sanitaire et administratif. Ceci aboutit à une mise en application inadéquate de la participation communautaire, principale cause de l'échec des SSP et facteur majeur qui justifie l'adoption en 1987 dans la région africaine, de l'Initiative de Bamako (IB).

2. L'Initiative de Bamako (IB)

C'est en 1987 qu'est lancée l'IB, en tant que politique de redynamisation des SSP. Si pour certains, cette nouvelle politique suscite de l'espoir, elle fait l'objet de rejet et de contestation pour d'autres qui y voient, un moyen de laisser pour compte les plus démunis (Carrin, 1988). Outre la crise économique que traverse les pays africains dans les années 1970-1980, la dette extérieure frappe durablement l'ensemble des secteurs nationaux, dont celui de la santé. Les ajustements structurels imposés à ces pays par les institutions monétaires internationales (FMI et BM), et leurs effets entravent ainsi considérablement la mise en œuvre des SSP. Ce qui justifie en partie au moins, la mise en place par les res-

---

[14] Ce qui justifie le fait que leur application varie d'un pays à l'autre.

ponsables de l'OMS et de l'UNICEF de l'IB, dans l'optique d'assurer entre autres, la disponibilité permanente en médicaments, les ressources financières pouvant couvrir les coûts de fonctionnement local des services offerts, un ensemble minimum de services à la fois curatifs et préventifs en fonction des problèmes de santé prioritaires identifiés (Knippemberg & al., 1984). Il est question en tout, d'encourager les initiatives de mobilisations sociale qui visent à promouvoir la participation de la collectivité aux décisions relatives aux médicaments essentiels et à la santé maternelle et infantile au niveau du district de santé (DS) ; d'assurer un approvisionnement régulier en médicaments essentiels de bonne qualité, au prix le plus bas, pour appuyer la mise en œuvre de la stratégie des SSP ; de concevoir et d'assurer la mise en place d'un mécanisme d'autofinancement des SSP au niveau du DS, grâce en particulier à la création d'un fonds auto-renouvelable pour les médicaments essentiels[15]. Avec l'adoption de l'IB, le médicament devient l'instrument central de la politique sanitaire en Afrique, sans en constituer la politique elle-même, sinon le moyen d'atteindre ses objectifs. Les orientations données à l'IB semblent visiblement servir l'intérêt mercantiliste des puissances occidentales qui détiennent la majorité des firmes pharmaceutiques du monde. Ces orientations coïncident en effet avec les résolutions prises lors de la conférence de Washington sur les *Pharmaceuticals for developing countries*. Une réunion tenue du 29 au 31 janvier 1979 et qui est inaugurée par le sénateur E. Kennedy, en

---

[15] OMS, Résolution AFR/RC37/R.1, §1.

présence du Dr. Gilbert Omenn, du *Office of Science and Technology Policy of the Executive Office of the President*. Organisée par la National Academy of Sciences (NAS) état-sunienne, elle est entièrement financée par le gouvernement américain (contrat n°282-78-EJM du département d'Etat américain à la santé, l'éducation et la sécurité).

John Grant (alias Jim Grant), alors directeur exécutif de l'UNICEF, se fait le défenseur de ces idées au sein de cette instance internationale du système des NU. Ce diplômé en économie de l'Université de Californie (Berkeley) et en droit de la *Harvard Law School*, est naturalisé américain en 1951. C'est au début des années 1940 qu'il engage une carrière internationale en Chine avec l'*United Nations Relief and Rehabilitation Administration* (UNRRA). Nommé en 1962 sous-secrétaire d'Etat pour le Proche-Orient et l'Asie du Sud, et directeur adjoint de l'*International Cooperation Administration* (ICA), précurseur de l'*Agency of International Development* (AID) fondée par John Fitzgerald Kennedy en 1961, Grant devient directeur de la mission de l'AID (rebaptisée *United States Agency for International Development* : USAID) œuvrant en Turquie. Directeur adjoint de l'USAID pour l'Asie du Sud Est en 1967, il quitte ce poste en 1969, pour fonder le *Overseas Development Council* (ODC), une association privée de Washington D.C., dont il assume la direction jusqu'à sa désignation à la tête de l'UNICEF en 1980. Un poste qu'il occupe jusqu'à sa démission le 28 janvier 1995. C'est sous son leadership que l'UNICEF s'écarte de l'approche holistique des SSP (Cueto, 2004).

Grant prend en effet part quelques années plus tôt, à la conférence de Bellagio essentiellement initiée et soutenue par des OI dirigées par ses compatriotes : la *Rockefeller Foundation*, la BM, l'USAID, et la *Ford Foundation*. Elle consacre l'adoption des SSP sélectifs (SSPS)[16], une alternative contraire aux SSP complets promus à Alma-Ata. Le GOBI-FFF[17] que Grant met en place ne tend que trop bien à servir la cause de ces soins qui viennent grever les SSPC en renforçant les programmes verticaux de lutte contre les maladies ciblées, décriés à la veille de la conférence d'Alma-Ata de 1978. Une situation qui entraîne tensions et acrimonies inter-organisationnelles (OMS-UNICEF) et entre alliés organisationnels, mais aussi des conflits interindividuels notamment entre Grant et Mahler dès 1980. La pression que Grant aurait exercée sur les ministres africains de la santé conduit à l'adoption de l'IB en 1987. Si sa proposition trouve en effet une importante audience auprès des autorités sanitaires régionales qui l'adoptent, c'est en effet parce qu'elles y voient le moyen de se désengager financièrement du système des soins, en responsabilisant davantage le prestataire.

---

[16] En anglais *Selectives Primary Health Care*.

[17] GOBI (G= Growth monitoring to detect undernutrition in small children ; O= Oral rehydratation therapy to treat childhood diarrhea ; B= Breastfeeding ; I= Immunization. FFF= Food supplements, family planning and female education). Il s'agit d'un ensemble de techniques permettant d'offrir à la plus grande masse de population des pays pauvres, des SSP sélectifs liés aux problèmes graves de santé, de nutrition, et notamment les maladies responsables de taux élevés de mortalité infantile et juvénile.

II. Souveraineté, dépendance et échecs des SSP et de l'IB en Afrique centrale

1. Politiques sanitaires en Afrique entre dépendance et souveraineté

Avec l'œuvre des missions et des administrations coloniales, est inaugurée l'ère des transferts de connaissances et des techniques considérées par les réformateurs, comme essentielles pour l'amélioration des conditions de vie des peuples dominés. Missionnaires et colons mettent ainsi en place des écoles et des dispensaires, dans l'optique d'accroître leur rendement et d'instaurer leurs propres habitudes politiques, économiques, et socio-culturelles[18]. A cette œuvre européenne, vient se greffer celle des sociétés « philanthropiques » comme la *Ford Foundation* ou la *Rockefeller Foundation*, initiatrices de la diffusion des savoirs scientifiques et techniques des États-Unis. Cette intervention étatsunienne accélère par conséquent, les investissements des métropoles en faveur de leurs colonies (Guillaume, 1994). Au lendemain de la Seconde Guerre mondiale surtout, ces investissements européens dans les colonies tendent à contrecarrer les velléités impérialistes de Washington et de Moscou envers leurs possessions, en ce temps de Guerre froide marqué par l'affrontement entre l'Ouest et l'Est, la création des zones d'influence et de nouveaux marchés. L'ensemble de ces ini-

---

[18] Archives nationales de Yaoundé (ANY), « Hygiène publique. Réglementation 1937. Arrêté du 1er octobre 1937 fixant les règles générales d'Hygiène et de salubrité publique à appliquer dans le territoire du Cameroun », 1AC2138.

tiatives favorise l'établissement des liens de dépendance fondés sur les notions d'aide et d'"assistance technique". Cette dernière notion est initiée vers la fin des années 1940 dans les discours des fondateurs de l'ONU, à travers le « Programme élargi d'assistance technique aux territoires insuffisamment développés », qui trouve ses origines dans le fameux « Point IV » du discours d'Harry Truman. Cette idée d'assistance technique perçue par le potentiel assisté comme salutaire, a des justifications géopolitiques qu'il est difficile de lui contester (Truman, 1954). Elle devient la référence dans les RI et accélère l'émergence de deux pôles ("développés"/"sous-développés") dans lesquels les rapports ne sont plus simplement régis par des règles de la solidarité ou de la générosité, mais par celles de la "responsabilité sociale" du premier groupe envers le second.

L'assistance technique devient au sein de l'ONU, l'instrument de perpétuation du modèle d'assistance coloniale, ses institutions spécialisées ne pouvant compter en majorité que sur une expertise coloniale : soit plus de 59% en 1965. Elle permet aux colons de consolider les mécanismes d'aide existants et de mettre en place les outils de l'assistance que sont : l'envoi des experts, la réception des étudiants et stagiaires à l'étranger, la diffusion de la documentation technique, etc. L'affectation par l'OMS au Cameroun des paludologues, le Pr. G. A. Livadas et du Dr. Najera qui travaillent en 1960 aux côtés du médecin-lieutenant-colonel le Dr. R. Chastang[19] est illustratif à ce propos[20].

---

[19] Cet assistant médical français est à cette époque, chef de la section

De tels transferts traduisent la logique du maintien d'une présence qui refaçonne les dynamiques de dépendance. Le discours de l'assistance, synonyme de développement, s'est ainsi progressivement construit sur un mode opportunément technicisé (Meimon, 2007). Cette technicisation du discours au sein de l'OMS par exemple, légitime l'action des techniciens dans le but d'asseoir le leadership des anciens colons sur leurs ex-possessions, et de moderniser l'image des fonctionnaires coloniaux devenus pour la plupart « assistants techniques et administratifs » (Meimon, *Ibid*.). L'ensemble des leaders des pays nouvellement indépendants s'appuient sur cette assistance pour construire leurs nations, garantissant par le fait même, la présence des « experts » étrangers bilatéraux et multilatéraux au cœur des fonctions de souveraineté comme la santé des populations, avec tout ce que cela comporte comme violence symbolique et rationnelle et comme conditionnalités. Si certaines autorités de ces nouveaux États privilégient cette option pour servir avant tout des intérêts égoïstes et privés (Médard, 1992), d'autres au contraire, en sont contraints, par crainte des représailles qu'ils pourraient subir des « anciens maîtres », qui parfois contribuent largement à les hisser au sommet de l'État (Zerbo, 2003).

La « continuité relative » qui en découle domine les systèmes nationaux de santé dans l'ensemble de ces États, long-

---

paludisme du Service d'Hygiène Mobile et de Prophylaxie. Il était déjà en poste au Cameroun en 1953 et poursuit son œuvre au lendemain des indépendances.

[20] WHOA/GVA, Malaria Eradication in Cameroons-Reports only, in M2/372/3 (b) Cameroons, chemise 1 et 2.

temps après les indépendances. La dépendance apparaît ainsi comme la composante essentielle d'un rapport de domination qu'elle vise avant tout à légitimer. Ceci explique en grande partie au moins, la situation « désastreuse » dans laquelle se trouvent les systèmes sanitaires des pays de la sous-région, et où l'expertise extérieure reste une donnée prégnante. Une idée que soutiennent les théoriciens de la dépendance et qui pour eux, justifie l'échec de l'ensemble des politiques de développement, voire le développement du sous-développement. Cette théorie a suscité de vives critiques dues surtout à l'émergence dans les années 1980, des contre-exemples fournis par les cas de la Chine et de l'Inde. Ceci amène à reconsidérer les résultats des politiques de développement, comme un jeu à plusieurs protagonistes qui implique aussi bien les acteurs étrangers et leurs logiques que les élites nationales et les communautés locales, bénéficiaires de ces interventions exogènes.

Ces critiques mettent ainsi par exemple en valeur, la corruption et les problèmes d'ordre culturel, pour interpréter les effets néfastes des politiques de développement. S'il est en effet vrai que les politiques internationales de santé comme mécanisme d'assistance technique induisent des logiques de dépendance en créant des dissymétries de fond, il reste aussi pertinent que ces dissymétries sont renforcées par les modes de formation des États (structuration institutionnelle et idéologique) et leur autonomie (souveraineté), qui donnent aux acteurs nationaux, les marges de manœuvre nécessaires. Comprendre ainsi les échecs des politiques de développement sanitaire en Afrique centrale nécessite de partir des rapports qui lient différents acteurs à une échelle variable.

2. Tentative de compréhension de l'échec des politiques de santé en Afrique centrale

Face à l'évidence de l'échec des politiques de développement sanitaires dans le monde et en Afrique surtout, de nombreux auteurs ont mobilisé diverses expressions pour les qualifier : « orthodoxie » (Edouard & Clément, 2010), « maladie pour chacun » (Tizio & Flori, 1997). S'inscrire dans une telle perspective serait s'engager dans une vaste entreprise morale dans laquelle l'historien par définition, n'a pas vocation à opérer. Plutôt que d'entamer une critique *a priori* des SSP et de l'IB, notre intention est de comprendre les raisons qui justifient leur échec. Et c'est sous le prisme d'une mise en œuvre inadéquate de la participation communautaire - élément fondamental des deux politiques - que nous entendons identifier les principaux facteurs responsables de ces dysfonctionnements. Le premier élément généralement pointé du doigt comme cause de l'échec des SSP est le revirement effectué quelques semaines seulement après leur adoption, par l'ensemble des pays membres de l'OMS. Les SSPS apparaissent en effet comme incompatibles avec les SSPC, dans la mesure où la formule partenariale et de développement alternatif promue par ces derniers ne ressort pas du modèle néolibéral du développement, à coloration « providentialiste » que défend les SSPS (Caillouette, 1994). Ce qui justifie le scepticisme et les oppositions qui les caractérisent (Newell, 1988). Les tensions entre organisations (OMS/UNICEF) et entre individus (Mahler et Grant) qui en découlent fragilisent l'OMS. Cette fragilisation de l'organisation est renforcée par l'attitude de Grant, qui emploie désormais à l'UNICEF, son propre personnel médical[21].

Aussi, la décision des États-Unis de geler le budget de l'OMS en 1982 et de retenir sa contribution à la suite de la publication par l'OMS de la liste des médicaments essentiels handicape le fonctionnement de l'organisation. Une attitude étatsunienne qu'il convient d'analyser comme autant de pressions que Washington fait peser sur les OI et que permet d'expliquer la théorie de la « stabilité hégémonique » défendue par l'école néoréaliste des RI. Par ailleurs, le choix de la BM d'appliquer sa politique néolibérale à partir de 1980 participe à renforcer la fragilité du secrétariat général de l'OMS, de même que l'ensemble des économies des États de la région. A cette conjonction d'évènements, viennent se greffer les résistances observées au niveau des bureaux régionaux. Leurs responsables en plus d'être un frein à l'implantation des SSP et de l'IB refusent d'assumer le rôle à eux dévolus par le secrétariat général. Mahler devient un sévère critique de la régionalisation qu'il considère comme « [a] blank cheque for pocket money » (Jardel, 1987). Des conclusions qui trahissent bien l'indélicatesse et l'irresponsabilité de certains directeurs régionaux. Et c'est sous le mandat du camerounais Gottlieb Lobe Monekosso que le bureau régional de

---

[21] IO-BIO, "Biographical Dictionnary of Secretaries-General of International Organizations", consulté le 12 décembre 2016, in IO BIO: www.ru.nl/fm/iobio

l'OMS adopte l'IB. Il remplace à ce poste en 1978, son homologue béninois Alfred Quenum qui le dirige depuis 1965. Le mandat de Monekosso s'achève en 1995 avec un bilan plus ou moins controversé (Deveaud & Lemennicier, 1997).

Au niveau national et local par contre, il est quasiment impossible de rendre compte de manière globale des facteurs qui justifient l'échec des SSP et de l'IB. Cette difficulté tient au fait que leur mise en œuvre varie d'un État à un autre, voire même d'une communauté à l'autre, et ce à l'intérieur d'une même nation. Si d'aucuns privilégient l'approche reposant sur les formations sanitaires, d'autres par contre préfèrent celle orientée vers les communautés. Seule une étude rigoureuse de cas permettrait d'identifier certaines spécificités entre différentes mises en œuvre. De manière générale, la bureaucratie et l'élitisme de ces États (Morgan, 2001) sont souvent relevés. Ceux-ci entravent la participation communautaire qu'instrumentalisent les élites. Ceci est dû à la forte centralisation du pouvoir dans la plupart des États de la sous-région, dans l'optique de sauvegarder l'unité nationale encore précaire, ou encore de consolider un pouvoir contesté de l'intérieur. Une telle centralisation du pouvoir justifie le maintien de la plupart des activités essentiellement dans les zones urbaines, et principalement dans les capitales (Sicault, 1997). Le peu d'intérêt accordé aux communautés, conséquence de cette centralisation du pouvoir, est aussi dû au fait que les politiciens préfèrent les résultats immédiats qui impressionnent leurs partenaires occidentaux (Van Geest & al., 1990). A cette quête de solutions spectaculaires, s'ajoute le mépris et l'hostilité qu'ont les politiques et les travailleurs de la santé pour les communautés locales. Considérées comme ignorantes, elles sont soumises au contrôle excessif des technocrates sur la planification des programmes de santé et des ressources qui leur sont affectées (Laverack & Labonté, 2000). Cette non prise en compte des valeurs des communautés est responsable des phénomènes de rejets et de résistances, qui justifient à plusieurs égards l'échecs des politiques publiques de santé en Afrique centrale.

Il convient aussi de souligner le rôle prépondérant joué par les ONGs dans l'échec de ces politiques (Hours, 1998). Plus présentes sur le terrain que les gouvernements eux-mêmes[22], elles posent des problèmes de coordination et de cohérence des programmes, à l'origine des phénomènes de doubles emplois et de conflits d'intérêt. Ce flux de parte-naires étrangers et de fonds sans garantie de contrôle permet d'expliquer les phénomènes de corruption et de détourne-ments massifs observés dans ce secteur. L'attitude des res-ponsables des OI et des ONGs, celles des Gouvernements, des élites locales, et des professionnels de santé favorise le maintien d'une approche « *top down* » dans l'implantation des politiques de développement sanitaire en Afrique cen-trale. La « participation communautaire » qu'entendent pro-

---

[22] On compte ainsi comme partenaires étrangers du ministère camerou-nais de la santé, outre l'OMS et l'UNICEF : USAID, Sightsavers, Hellen Keller International, No More Malaria, Expertise France, United State President's Emergency Plan for AIDS Relief, CDC, ICAP Global Health Action, Fonds Mondial pour la lutte contre le Sida, la tuberculose et le paludisme, ONUSIDA, UNFPA, ONU Femmes, FAO, GIZ, PNUD, PAM, MSF, UE, AFD, BM, etc.

mouvoir les programmes sanitaires globaux suppose une prise de pouvoir réelle des communautés (*empowerment*) que les Gouvernements locaux et leurs partenaires multilatéraux ne sont pas toujours prêtes à tolérer. Une telle participation doit plus que jamais être privilégiée, si l'on veut prévenir d'éventuels échecs et garantir davantage de souveraineté et d'indépendance vis-à-vis des politiques internationales de santé.

Conclusion

Il était question dans cette contribution, de faire la lumière sur les politiques publiques internationales de santé mises en œuvre en Afrique centrale. A partir du contexte des années 1970 marqué par la vague des décolonisations, des conflits entre l'Ouest et l'Est et entre soviétiques et chinois, il nous a semblé nécessaire de mettre en valeur les enjeux de la conférence d'Alma-Ata qui débouche en 1978, sur l'adoption d'une politique de même nom. L'échec de la mise en œuvre de ce premier programme débouche sur l'adoption d'une seconde politique censée redynamiser la première : l'Initiative de Bamako. C'est en partant de l'identification des groupes d'acteurs qu'il a été possible de repérer quelques-uns des acteurs qui sont intervenus dans le processus de formulation de ces deux politiques internationales de santé à prétention universelle, mais aussi les ressources qu'il mobilisent. Nous avons enfin, porté une attention particulière sur les rapports entre politiques internationales de santé, États-nationaux et communautés locales, en vue de tenter une explication des facteurs qui justifient le relatif échec dans l'implantation de ces politiques en Afrique centrale.

Les conclusions auxquelles nous parvenons sont diverses : c'est le constat de l'échec des politiques sanitaires verticales promues par l'OMS à partir de 1950 qui incite le secrétariat général de l'organisation à chercher des solutions nouvelles. Seulement, le contexte international des années 1960 et 1970 marqué par l'affrontement entre deux blocs antagonistes, les décolonisations et le conflit sino-soviétique sont déterminants dans l'émergence de la politique des SSP, dont les prémices doivent être recherchées dans l'entre-deux-guerres.

C'est surtout la pression des réseaux américains qui amène à reconsidérer les conclusions et les recommandations de la rencontre sanitaire de 1978, et d'opter avant même leur mise en application, pour les SSPS. Un choix qui préfigure l'avènement de la seconde politique sanitaire (l'IB) orientée vers les pays d'Afrique surtout. Seulement, en dépit des enjeux qui structurent ce jeu des relations internationales basées sur le rapport de force entre différentes nations, il nous a été donné de constater que les pays nouvellement indépendants d'Afrique, devenus opportunistes, n'hésitent pas à tirer parti des affrontements entre puissances, pour maximiser leur gain. C'est en partant de cette précision qu'il devient possible de comprendre que les facteurs du relatif échec dans l'application de ces politiques sont aussi bien exogènes qu'endogènes, et relèvent des interactions multiscalaires entre acteurs d'origines diverses.

La publication par l'OMS en 2008 d'un nouveau rapport intitulé « Les Soins de Santé Primaires. Maintenant plus que jamais », vient remettre à l'ordre du jour les questions précédemment soulevées de souveraineté et de dépendance. D'où l'attitude proactive que se doivent d'adopter les autorités sanitaires africaines, en privilégiant davantage les solutions locales. L'une de ces solutions est la (re)dynamisation du secteur de plus en plus négligé de la médecine dite "parallèle".

RÉFÉRENCES

"L'assistance technique aux pays insuffisamment développés", 1ère partie. (1954). *La Documentation française*(1928), 4.

ADP (Archives diplomatiques de Paris). (1960-1965). "Admission d'assistants médicaux congolais dans les facultés de médecine française", lettre de J. Wolfrom (ministre français des affaires étrangères) au ministre de l'éducation nationale, 25 août 1960. *MAE/DAP, Boursiers africains en France,*(S50. 3. 4. G6.).

AMSP (Archives du Ministère de la santé, Cameroun). (1966). "Lettre n°1511/CGSPP/SPA, du 8 décembre 1966. *Projets sanitaires 1966/1967 pour le Cameroun occidental.*

— (1966, 13 décembre). "Lettre n°VP.156/S.15/80.- du 13 décembre 1966. *Projets sanitaires pour le Cameroun occidental.*

ANY (Archives nationales de Yaoundé). (1937). "Hygiène publique. Réglemetation. 1937. Arrêté du 1er octobre 1937 fixant les règles générales d'Hygiène et de salubrité publique à appliquer dans le territoire du Cameroun". *1AC 2138.*

— (1950). "Santé publique. Organisation". *1AC 9054.*

AOMS/GVA. (s.d.). *Archives de l'OMS à Genève.*

BRYANT, J. (1969). *Health and the Developing World.* Ithaca, NY: Cornell University Press.

CAILLOUETTE, J. (1994). "L'Etat partenaire du communautaire : vers un nouveau modèle de développement". *Nouvelles Pratiques sociales, 7*(1), 161-175.

CARRIN, G. (1988). "Le financement des soins de santé par la collectivité". *Forum Mondial Santé, 9*, 645-651.

CHI-HSI, H. (1971, août). "L'impact de la révolution culturelle sur le conflit sino-soviétique". *Revue française de science politique, 21*(4), 790-816.

CRISMER, A., BELCHE, J.-L., & VAN DER VENNET, J.-L. (2016/3). "Les soins de santé primaires, plus que des soins de première ligne". *Santé Publique, 28*, 375-379.

CUETO, M. (2004). "The origins of Primary Health Care and Selective Primary Health Care". *Amer. Journal of Public Health, 94*(11), 1864-1874.

DEVEAUD, B., & LEMENNICIER, B. (1997). *L'OMS : Bateau ivre de la santé publique. Les dérives et les échecs de l'agence des Nations Unies.* Paris: L'Harmattan.

DUARA, P. (2011). "The Cold War as Historical Period: an Interpretive Essay". *Journal of Global History* (6/3), 457-480.

EDITORIAL. (1988). "The Bamako Initiative". *The Lancet,* 1177-1178.

EDOUARD, R., & CLÉMENT, M. (2010). *Les soins de santé primaires. Critiques d'une orthodoxie.* Québec: Presses de l'Université du Québec, « Coll. Santé et Société ».

FOURNIER, G. (1982). "Les soins de santé primaires : création nouvelle ou nouvelle approche". *Soins Pathologie Tropicale*(35), 3.

GUILLAUME, P. (1994). *Le monde colonial : XIXe - XXe siècle.* Paris: A. Colin.

HALL, J., & TAYLOR, R. (2003). "Heath for all beyond 2000: The Demise of Alma-Ata Declaration and Primary Health Care in Developing Countries". *Medical Journal of Australia* (178), 17-20.

HOURS, B. (1998). "ONG et idéologies de la solidarité : du développement à l'humanitaire". Dans J.-P. Deler, & al., *ONG et développement* (pp. 34-46). Paris: Karthala.

ILLICH, I. (1975). *Medical Nemesis: The Expropriation of Health.* London: Calder & Boyars.

IO-BIO. (s.d.). *Biographical Dictionary of Secretaries-General of International Organizations*. Consulté le décembre 12, 2016, sur IO BIO: www.ru.nl/fm/iobio

JARDEL, J. P. (1987). "Message from WHO Director General, Halfdan T. Mahler, MD, and Greetings from Host Region of WHO". *Ergonomics* (30/2), 159-163.

KATSAKIORIS, C. (2007). "Transferts Est-Sud. Echanges éducatifs et formation des cadres africains en Union soviétique pendant les années soixante". *Outre-mers, 94* (354), 83-106.

KNIPPEMBERG, R., & al. (1990). "Initiative de Bamako : des expériences en soins de santé primaires". *L'enfant en Milieu Tropical* (184/185), 1-96.

LAVERACK, G., & LABONTÉ, R. (2000). "A Planning Framework for Community Empowerment Goals within Health Promotion". *Health Policy and Planning, 15*(3), 255-262.

LAWN & al. (2008, Septembre 13-19). "Alma-Ata 30 years on: Revolutionnary, Relevant, and Time to Revitalise". *The Lancet, 372*(9642), 917-927.

LIAUZU, C. (1987). *L'enjeu tiers-mondiste : débats et combats*. Paris: L'Harmattan.

LITSIOS, S. (2004). "The Christian Medical Commission and the Development of the World Health Organization's Primary Health Care Approach". *Amer. Journal of Public Health, 94*(11), "Public Health Then and Now", 1884-1893.

MCKEOWN, T. (1979). *The Role of Medicine. Dream, Mirage or Nemesis?* (éd. Second Ed.). Oxford: Blackwell.

MÉDARD, J.-F. (1992). "Le « Big man » en Afrique : Esquisse d'analyse du politicien entrepreneur". *L'Année sociologique (1940/1948), Troisième série, 42*, 167-197.

MEIMON, J. (2007). "L'invention de l'aide française au déve-loppement. Discours, instruments et pratique d'une dyna-mique hégémonique" . *Questions de Recherche*(21).

MILLS, A. (1983). "Vertical Versus Horizontal Health Programmes in Africa: Idealism, Pragmatism. Ressources and Effi-ciency". *Social Science and Medicine, 17*(24), 1971-1981.

MORGAN, L. M. (2001). "Community Participation in Health: Perpetual Allure, Persistent Challenge". *Health Policy and Planning, 16*(3), 221-230.

NEWELL, K. N. (1988). "Selective PHC: The Counter Revolu-tion". *Social Science and Medicine, 26*(9), 903-906.

OMS. (10 mai 1994). *Procès-verbal provisoire de cinquième séance ".* OMS. Genève: OMS.

— (1978). Alma-Ata 1978. Les soins de santé primaires : Rapport de la Conférence internationale sur les soins de santé pri-maires, Alma-Ata (URSS), 6-12 septembre 1978. *Rapport conjoint de l'OMS et de l'UNICEF.*

— (1987). Résolution AFR/RC37/R.1, § 1.

SAUVY, A. (1952, août 14). "Trois mondes, une planète". *L'Ob-servateur*(118), 14.

SICAULT, G. (1977, Octobre-Novembre). "Le développement « au ras du sol »". *Revue Tiers Monde, 18*(72), 699-708.

TAYLOR, C. (. (1976). *Doctors for the Villages: Study of Rural Internships in Seven Idian Medical Colleges.* New York: Asia Publishing House.

TIZIO, S., & FLORI, Y.-A. (1997). "L'initiative de Bamako : « Santé pour tous » ou « maladie pour chacun » ?". *Revue Tiers Monde, 38*(152), 837-858.

TRUMAN, H. (1954). Extrait du discours. *L'Assistance technique aux pays insuffisamment développés, 3e partie*(1930), 3.

VAN GEEST, S., & al. (1990). "Primary Health Care in a Multi-level Perspective: Towards a Research Agenda". *Social Science and Medicine, 30*(9), 25-34.

WHOA/GVA (World Health Organization Archives, Geneva). (s.d.). Malaria Eradication in Cameroons - Reports only. *M 2/372/3 (b) Cameroons, chemise 1 et 2.*

— (s.d.). P 21/87/5, WHO, International Conference on Primary Health Care (ICPHC)-1978. *Chemise1.*

— (s.d.). P21/87/5, WHO, ICPHC-1978. *chemise 9.*

ZERBO, Y. (2003/4). "La problématique de l'unité africaine (1958-1963)". *Guerres mondiales et conflits contemporains*(212), 113-127.

DE L'INCESTE COMME NON-LIEU

ANTHROPOLOGIE ET CLINIQUE DU SILENCE

Parfait D. Akana

The Muntu Institute & Université de Yaoundé II-Soa

Résumé - Ce travail propose une description critique de la manière dont l'injonction au silence constitue la clef de voûte des dénégations au sujet des crimes sexuels sur mineur.e.s. De ce qui précède, il analysera les différents mobiles qui permettent de configurer, d'un point de vue anthropologique, les 'bonnes' raisons de se taire. Je postule que ce qui rend possible l'énonciation de telles raisons, ce n'est pas seulement l'ancrage des différentes structures anthroposociales qui constituent notre monde commun dans un écosystème dont la marque principale est la violence, mais l'inscription de cette violence dans un ordinaire, dans une pratique quotidienne où elle représente parfois un terme majeur de la négociation entre individus dans la lutte pour la survie. Dans cette configuration, le silence et l'endurance constituent des phases primordiales de socialisation. J'en montrerai l'effectuation concrète dans quelques actes de langage qui innervent l'ordinaire de la vie au Cameroun. Ce qui constituera le premier moment de ma réflexion. Le second moment consistera, par l'illustration d'un cas clinique, en une analyse du retentissement de la terreur du silence comme ce non-lieu de l'agression clôt la promesse de justice contenue dans l'acte agressif.

Mots-clés : Inceste - Viol - Silence - Folie - Cameroun

Abstract - *This work proposes a critical description of how the injunction for silence appears as the cornerstone of denegations about sexual crimes against minors. It analyzes some of the various motives that allow for the configuration, from an anthropological point of view, of the 'good' reasons for keeping quiet. What makes possible the enunciation of such reasons ? Firstly, it is the anchoring of the various anthroposocial structures which constitute our common world in an ecosystem whose main trademark is violence. Secondly, it is the inscription of this violence in a daily life where it sometimes represents a major term of negotiation between individuals in the struggle for survival. In this configuration, silence and endurance are essential phases of socialization. I will show its concrete effect in some acts of language which innervate ordinary life in Cameroon. That will be the first part of my reflection. In the second half, I will use the case of a clinic, in my analysis of the repercussions of the terror of silence as a nonplace of the aggression that forecloses the promise of justice contained in the aggressive act.*

Keywords : Incest - Rape - Silence - Madness - Cameroon

*« La malédiction qui pesait sur les « déviants »
a été ensevelie »* Bolya (2005 : 22)

I. Les raisons d'une enquête

Comment en suis-je venu à m'intéresser à la question de l'inceste ? C'est durant un travail de terrain dans une structure de soins en santé mentale à Yaoundé (Centre Benoît Menni) appartenant à la Congrégation des Sœurs Hospitalières. J'ai construit mon enquête non seulement sur la base d'un contrat de confiance avec la responsable de ce centre de santé et l'ensemble du personnel ; mais aussi sur la base d'un échange de services. J'y jouais, en quelque sorte, pour le temps de mon travail, le rôle de référent ou de « travailleur » social. J'étais celui à qui les patients venaient parler à la fin de leurs consultations, comme une sorte de préposé à la conversation. La consigne était chaque fois la même. Pour les adolescents ou les jeunes adultes, la responsable du centre leur disait : « Après tu peux aller causer avec ton (grand) frère qui est dans le bureau là-bas... » Ils étaient donc là chaque fois pour causer, pour faire la conversation. Et, l'inscription d'un tel échange dans une sorte de filialité (frère, grand-frère...) dé-formatait déjà une relation encadrée en raison du lieu... Une telle posture n'était évidemment pas sans ambiguïtés et ce à deux principaux niveaux.

Le premier est qu'il pouvait me mettre en demeure de réagir et d'émettre un avis médical sur l'état du patient sur sollicitation de celui-ci. Ce à quoi je répondais par exemple qu'il devait d'abord prendre ses médicaments et faire ce que les infirmiers lui avaient demandé de faire. Il est clair que cela demeurait un risque parce ce que c'est durant mon parcours en psychiatrie transculturelle en France que j'ai été véritablement formé à ce type d'écoute pendant trois ans. Ma formation de base était alors celle de sociologue et d'anthropologue. Toutefois, sans confondre un entretien clinique à un entretien ethnographique, il est permis de se demander dans quelle mesure ils ne se recoupent pas. Par exemple, si l'on se situe dans la perspective d'un auteur tel que Mike Singleton, on ne peut ignorer que le travail d'entretien ethnographique est d'abord un travail d'implication où le chercheur accorde du crédit et prend au sérieux la raison de son interlocuteur. Il ne lui applique pas ses propres grilles de lecture, dans une sorte de position de surplomb. Il s'agit toujours d'un cheminement avec l'autre se traduisant concrètement par un effort visant à saisir et à comprendre comme lui son monde, ce qui s'y passe et ce qui lui arrive. On retrouve une démarche identique dans la psychopathologie phénoménologique. Rudolf Bernet affirme à ce sujet que : « Tout essai de communication avec le psychotique reste vain, si on n'est pas prêt à accorder foi à son monde qui pour nous ne sera jamais tout à fait réel ni compréhensible. Ce n'est qu'un 'normal' qui se fait fou avec le fou et qui reste normal avec les normaux, qui a une chance d'ouvrir une brèche dans le monde clos du délire » (1992 : 28). C'est la raison pour laquelle on peut aussi parler d'une expérience affective et sensible qui est certainement le cœur même de cette relation de ressemblance entre l'entretien ethnographique et l'entretien clinique.

Le second niveau est que mon intervention était perçue par l'administration comme le moyen d'accéder à une quantité plus grande d'informations et, parfois, selon elle, de meilleure qualité. La responsable du Centre de santé mentale me disait alors : « Je vois bien qu'ils ne me disent pas tout parce que je suis blanche. Mais à toi, ils peuvent te parler. Ils sont parfois évasifs avec moi. Essaye donc de causer avec eux pour me rendre compte après... ». On voit bien ici la difficulté que peuvent éprouver certains praticiens à travailler en contexte interculturel et la quantité d'informations et de détails qui, potentiellement, pensent-ils, peuvent leur échapper dans la relation thérapeutique avec les patients. Mais, ce n'est pas nouveau et les congrégations religieuses qui mènent des œuvres sanitaires se trouvent constamment confrontées à ce type de difficultés même si, par ailleurs, leur différence est parfois perçue comme un gage de crédibilité et de sérieux qui permet de créer un climat de confiance (Kouokam Magne, 2009). Il y aurait certainement matière à mener des enquêtes plus approfondies sur les registres de la confiance et les différentes manières dont celles-ci sont construites dans des relations de soins en contexte interracial... En tout état de cause, jamais je ne donnai, de manière à trahir un secret que les patients exprimaient clairement comme tel, la moindre information. On éprouve l'embarras d'une telle posture : entre ce qui peut apparaître comme une incitation à la délation et la nécessité de partager des informations probablement cruciales dans leur prise en charge thérapeutique... On peut toujours alléguer qu'il est possible, sans avoir à trahir des confidences parfois importantes du fait de leur gravité, de suggérer de façon voilée ce qui est arrivé à un patient pour permettre aux praticiens de le prendre convenablement en charge. Mais, dans certains cas, comment dire autrement le viol et l'inceste alors même que les victimes ont choisi de partager cette expérience traumatique avec un nombre très réduit de personnes ? Quelles tournures de langage permettent d'en parler sans qu'on ne sache ce dont il s'agit tout en sachant que c'est suffisamment grave ? Il n'est pas possible ici de rester vague en évoquant simplement le trauma. Il faut en comprendre les ressorts, les circonstances de sa survenue et la manière dont il a transformé la vie de ceux qui l'ont éprouvé.

Si j'ai eu accès à ces informations, c'est de façon incidente. Elles me sont venues comme par effraction, comme il en arrive souvent dans les enquêtes. Ce qui m'intéressait, c'était une compréhension sociologique, par le recours à une enquête ethnographique et approfondie en milieu hospitalier, des différentes histoires et raisons qui conduisent des patients que la société labellise comme « fous » dans une structure sanitaire qui est, elle aussi, considérée comme « l'hôpital des fous ». Ceux qui venaient dans ce centre de santé mentale et qu'on m'adressait, y venaient avec une assignation socialement et ontologiquement régressive et stigmatisante. Ils les avaient déjà incorporés, dans bien des cas, comme des traits distinctifs de leur identité. Il m'appartenait alors, non pas d'énoncer un jugement clinique sur de telles caractérisations, mais de découvrir non seulement les histoires au départ de leur entrée dans ces carrières pathologiques, mais aussi le monde vécu d'une affliction, en suspendant toujours mon jugement. Voilà comment j'en suis arrivé à isoler, de la masse des données de mes entretiens, quelques constantes qui faisaient état de la question des viols incestueux et, généralement, des troubles affectifs et sexuels dans l'expérience des affections mentales. Le cas de la patiente qui suit est, à ce titre, une illustration parmi de nombreux autres cas, que je n'aborde pas ici, et qui disent bien la prégnance et même le caractère endémique des violences sexuelles intrafamiliales. J'ai principalement eu recours, pour mener à bien ce travail, à des entretiens non-directifs approfondis, à une observation directe et à une exploitation documentaire des dossiers médicaux.

Une abondante littérature anthropologique[1] permet d'articuler et de configurer le principe entropique de l'inceste par ses multiples répercussions. Je n'y reviens pas ici. Toutefois, je voudrais indiquer, afin de contextualiser immédiatement mon propos dans un environnement dont les usages traduisent un type de rapport précis avec la violence et l'affliction, de quoi l'inceste est-il le nom. Il est le nom de grands silences et des dénégations qui dévaluent nos affections et révèlent l'intensité, extrême, de notre captivité dans des solutions irréductiblement mortifiantes et injustes. Comme l'analyse du cas que je me propose d'examiner ici le montrera, ces silences sont fondés sur la préservation d'un ordre sociofamilial et le souci de garantir une rente ména-

---

[1] Voir, entre autres, Claude Lévi-Strauss, *Les structures élémentaires de la parenté*, Paris, Maurice Godelier, (Vol. 4, N°2, 2005, pp. 247-281). « La parenté et l'histoire », *Afrique et Histoire*, Verdier.

gère ou domestique qui traduit de façon criarde, non seulement les insuffisances flagrantes de l'État en ce qui concerne l'application de la justice, mais aussi les difficultés de recours des victimes à celle-ci en raison, entre autres, d'un environnement familial marqué par la précarité et obligeant à des compromis en tous genres, etc. À titre d'illustration, Séverin Cécile Abega rapporte :

« Dans un entretien recueilli le 31 juillet 2004, une jeune dame m'explique comment sa sœur de 12 ans a été violée par son père. Le problème s'est manifesté d'abord par le comportement inhabituel de l'enfant. Interrogée par son aînée, elle a fini par avouer le viol perpétré par l'homme, un militaire. Elle a porté plainte, mais le dossier n'a pas avancé. Le père avait peut-être vu les policiers chargés de l'enquête. Ensuite, elle n'a pas poursuivi le dossier parce que beaucoup de personnes se sont interposées pour la dissuader de poursuivre la procédure. Elle allait se trouver dans une posture très délicate si le coupable était condamné. D'ailleurs, qu'allaient devenir les autres enfants ? C'est le salaire du père qui assure leur prise en charge sur le plan alimentaire, les habille, les soigne et leur paye la scolarité. Obtenir la condamnation du père c'était priver du même coup toutes ces personnes de ce soutien. Qui allait assumer cette si lourde responsabilité en l'absence du père ? Elle a essayé de garder auprès d'elle sa petite sœur pour la protéger des entreprises du père. Mais elle travaille elle-même dans un restaurant, et revient tous les jours à son domicile très tard, au-delà de minuit. L'enfant reste donc seule tout ce temps-là, et elle n'était pas capable de garantir son éducation et sa sécurité. Elle a donc dû la ramener à la maison auprès du père sans être sûre que l'enfant n'allait plus subir les mêmes outrages, maison qu'elle avait dû elle-même quitter précipitamment quelques années auparavant après une tentative de viol du même père. » (Abega, 2012 : 142)

On le voit, le problème de l'inceste révèle, notamment au Cameroun, un ensemble de dysfonctionnements à plusieurs niveaux de la société comme cet exemple le montre. Il permet aussi de comprendre, dans toute son amplitude, la violence de l'argent qu'évoque souvent Séverin Cécile Abega, et la misère des individus, réduits au silence par la hantise de la faim, parfois contraints de troquer leur dignité pour continuer à manger, à aller à l'école, pour sauvegarder une relation avantageuse… On comprend aussi la détresse des parents, des mères dans la plupart des cas, complices aphones et résignées d'une situation qu'elles acceptent de subir parce qu'elles savent également que, entièrement dépendantes dans certains cas de leurs maris, une contestation peut valoir répudiation immédiate avec des conséquences terribles pour l'avenir des enfants. Bien sûr, il existe une justice mais, Séverin Cécile Abega le montre très bien, combien de Camerounais y ont accès ? La raison ? Elle est corrompue et elle coûte cher :

« Un autre élément de violence est la monétarisation de la justice officielle. Cette monétarisation prend deux visages. Un formel, des frais de justice et des recours onéreux aux services d'auxiliaires comme les huissiers, les avocats. Il établit de fait une inégalité entre les justiciables dans la mesure où seuls ceux qui peuvent payer arrivent à y accéder et à obtenir les meilleurs conseils ou au moins les mieux côtés. (…) L'autre monétarisation se manifeste dans les rumeurs persistantes de corruption qui mettent en cause tous les acteurs du système judiciaire, de la police et de la gendarmerie aux magistrats, et n'épargnent ni les greffiers, ni les avocats eux-mêmes, ni les autres corps qui servent le système judiciaire. On a ainsi peur d'affronter un plus riche que soi, ou quelqu'un que l'on considère comme ayant un meilleur capital relationnel ou financier. » (Abega, 2012 : 141)

Toutefois, existe-t-il dans ce qu'on appelle communément les "traditions" une voie de recours ? La réponse passe par un examen rapide de la situation à partir de quelques exemples locaux.

Si on prend ici le cas des Bafia, dans le centre du Cameroun, on peut avoir un aperçu déjà très éloquent non seulement des représentations et des implications d'une telle pratique, mais aussi et surtout d'un dispositif qui décrit clairement les articulations d'un rituel de purification ou de "réparation" suite à un acte incestueux dans une culture qui a édicté, à ce sujet, tout un corpus de règles qui rendent bien compte du caractère central de la prohibition de l'inceste dans la stabilité du groupe… Melvin Mbassa Souta nous est d'une aide précieuse ici. Il commence par nous renseigner sur cette maxime qu'on inculque aux enfants dès le bas âge : « Nul homme, d'entre les Bafia, ne doit s'approcher de sa proche parente pour en découvrir la nudité. » (2011 : 53). Pour la suite, si on passe outre non seulement un certain nombre d'affirmations qui souffrent d'un défaut d'explicitation[2], mais aussi le lexique discutable utilisé ici, inspiré des catégories de la morale chrétienne tel que le « péché », et dont on suppose qu'il ne traduit nullement la richesse, la subtilité et la pertinence émique des expressions mêmes des langues dans lesquelles ces pratiques sont représentées, on peut quand même retenir que l'un des points essentiels dans sa démonstration, c'est en quelque sorte la déflagration qu'un phénomène comme l'inceste provoque sur les autres activités, parfois de façon durable, de la vie sociale. Ainsi, on apprend que :

> « L'homme qui était accusé d'avoir eu des relations sexuelles avec la femme dont le degré de parenté interdit le mariage (famille, femme d'un proche parent) était considéré comme « sorcier ». Ce dernier était tenu de réparer sa faute par le paiement de « 6 cordes » ; la valeur de 6 cordes revient à 6 chèvres. Si c'était un adolescent qui était accusé (…) d'inceste, ses parents étaient obligés de réparer la faute et [de] porter sur eux la charge du rituel de sacrifice de réparation du péché commis. La femme était exonérée des peines. Le refus de payer les 6 chèvres et la non pratique du rite obligeait les gens à isoler l'individu fautif. Ce dernier était voué à l'interdit, c'est-à-dire condamné à la solitude perpétuelle, qui l'obligeait parfois à l'exiler. La mort d'une personne coupable d'inceste ne lui [assurait] pas une sépulture décente. » (M. Mbassa Soute, 2011 : 53)

---

[2] L'auteur ne nous dit pas par exemple pourquoi il faut six chèvres pour procéder au rituel de purification et de réparation suite à l'inceste. Il ne nous dit pas non plus pourquoi il faut des chèvres ici et pas un autre animal.

Au-delà de la dimension économique qui est ainsi relevée, notamment à travers les coûts du rituel de réparation, on voit bien qu'il y a aussi un aspect à la fois politique et symbolique qui se manifeste par un rapport étroit à la terre, au sol comme espace de convivialité et de sociabilité où se jouent et s'opèrent, jusque dans la mort, les principes de la coappartenance illustrés par le partage d'un certain nombre d'habitudes : vivre dans le *même* espace que sa communauté, bénéficier des *mêmes* rituels d'inhumation, observer les *mêmes* règles et se conformer aux sanctions qui proviennent de leur transgression, etc. La transgression du tabou de l'inceste, dans le cas précis que nous évoquons, recoupe un principe sécuritaire qui est celui, pour utiliser un jargon policier, de la sauvegarde et du maintien de l'ordre dans un espace communautaire où il faut soit infliger des peines de correction, c'est le rôle des rituels, aux coupables, aux sujets qui introduisent des dysfonctions dans l'harmonie du groupe, soit s'en débarrasser en les contraignant à l'exil…

Un autre fait important mérite qu'on s'y arrête. Dans son livre, Melvin Mbassa Souta dit que les coupables de relations incestueuses sont considérés comme des « sorciers ». Une telle désignation n'est pas innocente et on retrouve des équivalents dans de nombreuses autres sociétés africaines notamment chez certains Bantous d'Afrique centrale tels que les Kongos des deux Congo et de l'Angola, les Batékés, les Bagangoulous, etc., qui désignent l'inceste « père/fille, mère/fils ou frères/sœurs d'acte de sorcellerie, ou Ebélé, ou encore Ndoki » (Etsianat Ondongh-Essalt, 2006 : 1). Il en va de même pour les Samos du Burkina Faso qui l'appellent

« *chiennerie* » comme pour dire que l'inceste relève du monde animal et non celui des humains. » (*Ibidem*). Les conséquences en sont tout autant graves que dans l'exemple bafia et, on peut supposer que le rapport homologique qui est établi entre une telle pratique avec la sorcellerie vise à en amplifier la portée dans des univers où, justement, la sorcellerie fait figure d'infraction maximale... C'est aussi cela qui justifie, probablement, la similarité des sanctions infligées et des exigences imposées tant à ceux qui sont coupables de pratiques incestueuses, qu'à ceux qui s'adonnent à des actes de sorcellerie. Etsianat Ondongh-Essalt affirme par exemple que : « lorsque un tel acte [d'inceste] se produit et qu'il est rendu public, il entraîne automatiquement dans leurs esprits et représentations, la destruction de la famille ; il apporte des malheurs dans le village (épidémies, mauvaises récoltes, calamitées naturelles...) mais, cet acte peut provoquer des morts de personnes de par sa violence. » (2006). Peter Geschiere fait état des "punitions draconiennes" infligées non seulement aux vieilles femmes mais aussi aux enfants accusés de sorcellerie (2000 : 27).

De ce qui précède, l'idée-maîtresse derrière la prohibition de l'inceste est que celui-ci représente l'une de ces infractions maximales qui menacent au même titre que la sorcellerie, la stabilité et l'équilibre du monde... L'inceste est le principe entropique par excellence qui dysfonctionne l'ordre des choses, qui les déclasse, qui introduit de la confusion dans le monde.

II. Reconstitution, anthropologie et clinique du silence

Tout avait commencé de façon "normale". Une nouvelle patiente, âgée de 19 ans, s'installa en face de moi. Elle était là pour un « problème de nerfs et des crises », selon son expression. Son entourage lui avait dit qu'elle était « sur le chemin de la folie », d'où son suivi dans ce centre de santé mentale. Rien, évidemment, ne laissait présager de la violence et du caractère subit des révélations qu'elle allait m'asséner. Ma surprise était d'autant plus grande qu'elle exprimait l'agression, le viol dont elle avait été victime il y a cinq ans, avec un détachement et une fermeture ne laissant transparaître aucune émotion. Comme une série de mots s'écoulant avec fluidité, sans un hoquet, rien. Et pourtant, même si elle affirmait que ses problèmes de santé avaient commencé six mois plus tôt avec le décès de son frère, elle traînait l'empreinte d'une salissure qui lui collait à la peau depuis ses quatorze ans, l'âge de sa profanation…

Même si le décès de son frère était la raison alléguée de ses problèmes de santé, on comprenait assez vite que ce viol continuait de la travailler. Elle disait vouloir fonder une famille plus tard, se marier, avoir des enfants, etc. Mais, dans le même temps, elle affirmait vouloir en finir avec « le monde des garçons », perçu comme un lieu de violence et de souillure où son séjour obligé, contraint, se traduisait à la fois par une expérience primordiale et définitive. En effet, affirmait-t-elle, elle n'avait plus eu de relation sexuelle depuis cet événement. On pourrait parler d'un aller-retour…

Mais, en fait, il s'agissait juste d'un aller, suivi d'une tentative difficile de sortie : elle pataugeait encore dans les étreintes boueuses de l'agression, comme un animal se débattant pour sortir d'un piège. J'utilise la métaphore de *l'animal* parce que l'agression participe déjà en elle-même d'une dénégation d'humanité, du refus de reconnaître en l'autre une égale dignité en raison d'une appartenance commune. Les modalités de l'agression, la technologie criminelle du violeur et le dispositif symbolique qu'il mobilise attestent à suffisance du déni et du type de regard qu'il porte sur la victime : un animal, une chose dont on peut disposer, sans subjectivité propre…

Voici en quels termes, au cours d'une longue conversation traduisant la profondeur de son affliction et des affects douloureux l'habitant, survint l'évocation de cette terrible scène :

« On était à l'époque à X. Et eux ils habitaient à Y., sur l'axe lourd. Et, je n'avais pas mes cahiers. C'était en 2005, je crois. Je n'avais pas les cahiers et on demandait les livres et les cahiers à l'école. Il m'a appelée. Il a appelé ma grand-mère, que j'aille chercher les cahiers. Je suis allée et… sa femme était à la maison, sa femme partait au marché. Je voulais aller avec sa femme, il a refusé. Bon, je suis restée à la maison avec lui. C'est où… Je suis allée me coucher parce que je n'avais rien à faire. C'est où il est venu me retrouver dans la chambre. Il avait le couteau. Il me dit (sa voix à cet instant se fait plus basse, comme un murmure…) que si je parle, il va me tuer. Il m'a attachée les mains avec la corde. Oui. Il a commencé à m'appuyer partout, à toucher mes fesses et mes seins. Il a mis sa main sur ma bouche. Il m'a violée. Après il a dit que je ne dois même pas parler, que je ne dois dire à personne. Il m'a demandé de ne même pas dire. J'ai fermé la bouche jusqu'à quand je suis rentrée. C'est après, comme le ventre sortait… Quand l'enfant est né, que j'ai pu dire ça à mes parents. Parce que à chaque fois… Bon, il y avait parfois, quand avec mon père on part là-bas, on est ensemble, il a le couteau, il me montre. Il dit que si je parle seulement il va me poignarder (elle esquisse à cet instant précis le mouvement d'un coup de poignard…). Et moi, je ne savais pas. J'étais frustrée. »

Dans ce qui se passe, ainsi que je le montrerai, on ne voit, ni n'entend la souffrance et la douleur qui résultent de ce traumatisme. La profanation inaugurale de son corps s'accompagne d'un incroyable dispositif de la terreur qui est mis en place par le violeur pour la soumettre au silence. Avant que son ventre ne parle. Le témoignage ultime de l'acte sexuel, c'est le ventre. A ce propos, un dicton populaire au Cameroun affirme : « C'est quand ton ventre sort qu'on sait que tu mangeais ». Manger ici connotant l'acte sexuel. On peut le rapprocher de cet autre dicton en langue yemba qui dit : « Si tu ne manges pas des haricots, ton ventre ne gonflera pas » … Son ventre sort donc. Et elle n'a plus d'autre choix que de dévoiler, acculée par ses parents, l'auteur du crime.

Ici, si le silence est brisé et ses droits rendus à la parole, celle-ci est réduite à une fonction de fétiche. En lieu et place de la solidarité et de l'indignation familiales qui permettraient à cette parole d'être une force agissante dans le sens de la victime, on assiste plutôt à une évaluation du crime commis comme un acte en deçà des pertes qu'un procès, avec son écho et ses conséquences, engendrerait. Seuls subsistent quelques indignations vertueuses et des protestations pour la forme : « Que cela ne se répète plus ! ». Une expression locale fait souvent irruption dans les conversations : « Il a *aussi* parlé ». Que faut-il en entendre ? Répondons par une autre expression locale : « Il a *quand même* parlé ». De ce qui s'est passé, il a aussi parlé c'est-à-dire qu'il n'a échappé à personne qu'il y a eu une réaction… pour le coup, verbale. Et ce n'était pas rien puisqu'il a *quand même* parlé et on l'a vu le faire… Parler à quelles fins au juste, pourrait-on se demander, dans une configuration où l'aveu est le prétexte d'une absolution et d'un retour à la situation initiale dans l'ordre des relations familiales ? Le cas de cette adolescente offre en effet l'un de ces exemples éloquents où s'accomplit une arithmétique des alliances. Gronder, parler aussi, parler quand même a suffi à *résoudre* ce litige « familial ». Il n'était pas nécessaire d'aller plus loin, jusqu'à une dénonciation en justice, cela aurait considérablement érodé les liens familiaux de l'avis des parents de la victime, me confiera celle-ci… Du tragique du silence initial a donc fait suite un aveu censé faire rentrer les choses dans l'ordre. Seulement, il fait peser un silence encore plus lourd et plus violent sur l'expérience traumatique de la victime en ne prenant pas vraiment en compte son empreinte et sa violence, comme si celles-ci étaient convertibles à une réconciliation, moyennant un aveu, une parole prononcée. Ce qui est tu, c'est la dureté d'une expérience, non suffisamment reconnue comme telle. Pourtant, il faut bien comprendre l'ampleur d'un tel traumatisme qui laisse sur la victime une empreinte mortifère. Dans ce sens, Philippe Bessoles qui utilise la métaphore du *pénis du diable* pour signifier l'agression sexuelle et son pouvoir dévastateur a raison de dire :

> « De sa sordide érection, le pénis du violeur condamne la victime aux enfers du pathos. Il éradique le long processus d'ontogénèse et de phylogenèse bâti lentement depuis notre préhistoire. (…) Le sperme du diable inonde de sa salissure le sacré du féminin. Il le transforme en cloaque et en lieu d'aisance. Les compulsions de lavage ne peuvent purifier l'infamante blessure. La violence sexuelle instaure un éternel face à face immonde envahi de relent pestilentiel, de sueur âcre… » (Bessoles, 2011 : 17, 18)

Il en résulte une altérité brisée, non suffisamment constituée et ne s'inscrivant plus dans la performance des codes d'une socialité de classe d'âges. C'est le cas de l'enfance volée des adolescentes-mères. La transgression, surtout quand elle s'accompagne de traces [une grossesse] comme chez M., fait place à un autre impératif qui est de s'adapter aux blessures psychiques et physiques. Elle engendre de nouvelles responsabilités et rend possible, dans une indifférenciation générationnelle, le mélange des droits et des devoirs sur fond d'une troublante perméabilité des âges : adolescente et mère à quatorze ans…

L'une des conséquences principales de cet état de fait est le désancrage des structures anthroposociales de la constitution et du développement d'une adolescence enracinée dans un lieu sous le signe du même par exemple par des jeux et des loisirs, l'école, la découverte de l'autre sexe (ou du même) et les relations sociales qui en découlent. C'est une forme de rêve et d'insouciance adolescente qui est oblitérée, etc.

Chez cette jeune fille de dix-neuf ans (à l'époque) un souci anxiogène de son avenir et une hantise des « garçons » étaient prégnants et disait aussi bien une crise profonde de confiance vis-à-vis de soi et de l'autre, une enfance marquée par la violence et des blessures ineffables… Philippe Bessoles affirme : « Le viol disloque le processus identitaire. Cet anéantissement concerne l'étayage des enveloppements psychiques primaires, la confiance basale et les contenants psychiques. » (2011 : 22). Il y a ici, pour reprendre sa qualification, comme une *imposture du sexe* : c'est la survenue de quelque chose qui n'a pas lieu d'être, qui parasite et pollue un terrain qu'elle s'approprie par la force et la violence et donc, de façon illégitime :

> « Profanation du sacré, jouissance du mortifère, salissure de la beauté, l'empreinte du viol ou de l'inceste révèle combien notre sexualité entretient des liens primitifs avec la cruauté, la mort, l'énigme originaire, la domination, l'assujettissement, la perversité, etc. Nouveau totem érigé en lieu et place des exogamies structurantes, le violeur perpétue la horde primitive du temps de la violence fondamentale, du totem et du cannibalisme. » (2011 : 20)

On voit très bien cette mécanique dans le récit de M. Le violeur, ce « père » incestueux la ligote tel un animal en lui montrant un couteau pour lui imposer le silence, non pas seulement maintenant, mais aussi pour les jours à venir… Et sur ce lit qui représente la scène sacrificielle, le lieu d'une *mise à mort sans cadavre*, puisque le silence requis annonce un non-lieu, il la viole… Plus tard, il lui brandira encore, à diverses occasions, l'argument du silence : le couteau… Et que dire de cet autre silence pesant, faisant suite au dévoilement du précédent et s'accompagnant de l'impunité du bourreau en raison de l'amitié et des liens familiaux ? Sans se répandre en imprécations moralistes, tout en condamnant fermement les actes d'une telle violence, il convient d'analyser, si on veut comprendre ce qui se joue ici, les situations concrètes. On en arrive à la conclusion troublante suivante : la stabilité et la sauvegarde des affiliations dépassent le sort des victimes. Tout se passe comme si leur rédemption ou des *réparations* à leur endroit n'était possible qu'à condition qu'elles se fondent dans le moule de cette mystique unitaire en acceptant cet étrange compromis où l'agresseur est reconnu coupable mais ne recevra jamais, quand il la reçoit, une peine de nature à ruiner les relations qui unissent sa famille à celle de la victime… Séverin Cécile Abega, au Cameroun, a très bien décrit et analysé cette situation d'une apparente ambiguïté en la replaçant dans un contexte marqué par la corruption et une forte détestation du système judiciaire assimilé à un ennemi objectif et ultime. Il dit notamment :

> « On ne veut pas toujours arriver à la punition, on peut s'arrêter à la dissuasion pour que la faute ne se répète pas et que chacun vive en paix ; et cette paix-là, on la souhaite pour que cette unité dont nous parlions au départ soit pré-

servée. Par contre, si je porte plainte devant le système judiciaire de l'État, il peut arriver que l'on condamne mon frère, qu'on l'enferme. Je l'aurai donc livré à une force étrangère et il n'est pas sûr qu'il revienne et se fonde avec nous dans cette unité. Donc, il y a comme une amputation d'un des éléments de l'ensemble. C'est pour cette raison que l'on a tendance à culpabiliser celui qui au départ était plutôt la victime. La justice de l'État est sentie comme essentiellement violente parce que les procédures judiciaires admettent l'inégalité. On dit que tout le monde est égal devant la loi mais ceux qui ont de l'argent ont les meilleurs conseils (avocats). » (Abega, Akana, 2012 : 154)

Plus grave, dans le cas d'un inceste qu'il rapporte, il analyse que :

« Tout l'enjeu consistera non seulement à dissuader le père de recommencer et à marquer la gravité de sa faute, mais aussi, à la fois à sauvegarder son rôle de nourricier pour ne pas condamner le reste de la famille à la faim, et à continuer à lui permettre d'assurer son rôle d'éducateur à l'égard de tous ses enfants y compris celui qui a subi son agression. Parce que, si son père est emprisonné, toute sa vie on le lui rappellera et on l'en tiendra pour responsable, surtout si les frères et sœurs se trouvent démunis après... C'est une situation très complexe et difficile à trancher. » (Abega, Akana, 2012 : 155)

Dans de telles conditions où, en plus de la violence traumatique de l'inceste pour les victimes et les proches, la loi du silence sévit sur fond de chantage alimentaire, la honte n'est plus une vertu. Et l'indignation est synonyme de témérité parce qu'elle annonce le risque que l'on s'engage à prendre et la possibilité de se trouver sans ressources… La situation que je décris n'est certes pas similaire. Mais, dans sa forme, indépendamment des motivations, elle est ressemblante. Si dans le cas que rapporte Séverin Cécile Abega le problème est d'ordre économique et financier, motivé par la crainte de se retrouver à la rue pour les enfants, dans le cas que je rapporte ici, il est d'ordre relationnel et même, d'une certaine manière, affectif… Dans chacun des exemples, la poursuite de la justice met en présence d'une situation marquée par le choix de ce qu'on s'engage à perdre. D'un côté, le soutien financier d'un père violeur dont la mise à l'écrou hypothéquerait l'avenir des enfants, y compris celui de la victime… De l'autre côté, la ruine d'une relation familiale inscrite dans le temps et la possibilité d'un conflit occasionné par la rupture… Il est d'ailleurs frappant, dans le cas de M., de constater que malgré le souvenir traumatique de son agression, elle va quand même aux obsèques de son agresseur. Quand je lui demande pour quelles raisons, elle me répond : « *C'était quand même la famille, c'était quand même le père de mon enfant* ». Que signifie cette sollicitude des victimes face à la mort de leurs bourreaux ? Tout se passe comme si rassasiée de son calice, il ne lui restait plus qu'à s'élever, pour réaliser, vaille que vaille, par-delà les vicissitudes de son existence, l'accomplissement d'un certain désir d'humanité qui résiste aux ténèbres. Louis Crocq, à ce sujet, peut dire :

> « La temporalité du traumatisé est profondément altérée. Chez lui, l'écoulement harmonieux du temps s'est arrêté sur l'ins-

tant figé de la terreur ou de l'horreur. Le présent, cristallisé, statique et privé de son évanescence, est réduit à une image spéculaire du trauma. Ne débouchant plus sur un nouveau présent différent et fugace, il ne promet aucun avenir... » (30)

Mais, à travers cette séquence, on observe que chez M., l'accomplissement, au détour de l'agression subie, est plutôt ouverture d'un horizon vers l'avenir et rétablissement d'une temporalité bouleversée. Même si, signe et souvenir de cette déqualification fondamentale, de cette métamorphose advenue avec l'agression, elle peut encore dire au sujet de son bourreau : « Il ne représente rien... » Tout un monde a basculé. Un changement radical de perception. Cet « oncle » est devenu *rien* à partir du moment où il l'a profanée.

Conclusion

Le viol incestueux opère une transgression caractérisée par l'indistinction du plaisir. Il est de ce fait tyrannique parce qu'il permet de figurer l'imposture d'un sujet agissant au-delà des lieux consacrés où son irruption se fait par effraction. Toutefois, un autre point me semble devoir donner à réfléchir. Il s'agit de ce que je qualifierai comme un trouble de la prévisibilité sur laquelle se basent toutes les conceptions anthropologiques de l'inceste qui ont souligné sa dimension entropique. Quel en est le signe caractéristique ? De la confusion, une sorte d'état d'inversions où le faire et le dire ne recoupent plus une intelligence commune mais consacrent plutôt l'avènement d'un grand désordre. Celui-ci redessine profondément la carte mentale du sujet affecté en faisant voler en éclats les codes que chaque individu doit performer pour être en synchronie avec le groupe. Une vision du monde s'en trouve affectée : les choses ne sont plus comme il est *prévu* qu'elles soient. Elles se dérobent à un impératif de conformité qui institue un monde et le rend cohérent. On retrouve ici l'une des innovations fondamentales de l'anthropologie américaine de la communication, notamment à travers Ray Birdwhistell, qui est la *prévisibilité* inhérente à toute vie sociale et constitutive de la coappartenance : « être membre c'est être prévisible » (1996 : 211). On s'attend à tel ou à tel autre type de comportement, parce qu'il y a des règles, des tabous à ne pas transgresser… Or, le viol incestueux se pose en négation de ce qui doit être, de ce qui est attendu…

Dans l'inceste, le miroir est brisé. Et les symboles volent en éclats avec ses débris. Le père et la mère ne renvoient plus une image prévisible que l'unité du miroir permettait d'établir, mais un autre qui introduit la confusion et brouille les pistes. La métaphore du miroir est très intéressante dans ce cas. Elle permet d'envisager cet autre, dans une sorte de dialectique, comme constitutif du miroir qui révèle tout un champ fantomal et le monde de la terreur et de la violence auquel il est lié. Achille Mbembe, en s'inspirant des analyses de Jacques Lacan, parle par exemple de « violence spéculaire » pour exprimer une telle situation de trouble qui se traduit, entre autres, par une rencontre des mondes et le bannissement d'un certain nombre de limites : « Il s'agit, pour l'essentiel, de ces "formes extrêmes du vivre humain" où les mondes de l'envers et les mondes de l'endroit ne font qu'un, la frontière qui les sépare s'étant évanouie. » (2003 : 791). Les transgressions telles que l'inceste et la pédophilie figurent cet horizon d'imprévisibilité, la survenue d'une virtualité contenue dans l'interdit. Chez les victimes, les conséquences sont notables. Elles le sont d'autant plus qu'au trauma de l'agression sexuelle, vient s'ajouter une injonction à se taire, à faire silence sur ce qui s'est passé en se confrontant parfois aux menaces ou aux dénégations des adultes. Une étude sur les abus sexuels sur enfants au Cameroun a par exemple montré en 2002 que 42% de cas d'abus n'étaient pas dénoncés. De même, les observateurs relèvent régulièrement comment « les familles dissolvent [ces phénomènes violents] dans les négociations de toutes sortes afin d'éviter les humiliations et autres malédictions liées à des croyances traditionnelles et/ou culturelles » (2010 : 10). De ce qui précède, il est frappant d'observer que de tels crimes, de telles violences ne constituent que très rarement, dans l'ethos collectif, l'occasion une occasion de dépassement par des réflexions susceptibles d'aboutir à des solutions justes et efficaces. Le contournement et l'évitement semblent clairement être, sociologiquement, les modalités électives dominantes de réaction à de tels crimes. J'en déduis qu'il ne serait pas absurde de les mettre en résonance profonde avec ce qui structure l'ethos collectif camerounais et que Célestin Monga décrit comme le résultat de vastes « processus d'insocialisation ». Ils conduisent à s'habituer au malheur et à considérer que le mal qui arrive est un moindre mal et pourrait devenir pire si on ne s'en accommode pas, si on ne se tait pas et souffre en silence… Les viols incestueux constituent, de ce point de vue, l'illustration exemplaire d'une grammaire d'être qui affirme ceci : notre souffrance est un détail, nos affections sont dispensables, le mal que nous subissons n'a pas lieu…

RÉFÉRENCES

Séverin Cécile ABEGA & Parfait D. AKANA, « À propos de "Cannibales et législateurs" », *Terroirs*, Vol. 8, 1-2/2012, Paris/Yaoundé, Éditions Terroirs & Karthala.

Philippe BESSOLES, *Le viol du féminin. Trauma sexuel et figures de l'emprise,* Nîmes, Champ Social Éditions, collection « Victimologie et criminologie », 2011.

Rudolf BERNET, « Délire et réalité », *Études phénoménologiques,* n° 15, 1992.

BOLYA, *La profanation des vagins. Le viol, arme de destruction massive,* Paris, Éditions du Rocher/Le Serpent à Plumes, 2005.

Louis CROCQ, *16 leçons sur le trauma,* Paris, Éditions Odile Jacob, 2012.

Peter GESCHIERE, « Sorcellerie et modernité : retour sur une étrange complicité », *Politique africaine*, N° 79, Octobre 2000.

Estelle KOUOKAM MAGNE. *Santé et religions dans l'Extrême-Nord du Cameroun. Stratégies d'acteurs, enjeux de pouvoir et dynamiques de réseaux,* Thèse de doctorat en anthropologie, Université d'Aix-en-Provence, Marseille, 11 mai 2009, 382 p.

Melvin MBASSA SOUTA, *Au cœur des us et coutumes du peuple Bafia,* L'Harmattan Cameroun, 2011.

Achille MBEMBE, « Politiques de la vie et violence spéculaire dans la fiction d'Amos Tutuola », *Cahiers d'études africaines,* 172, 2003.

Etsianat ONDONGH-ESSALT, « L'inceste en Afrique », Communication au colloque ARSINOE (Autre Regard Sur l'Inceste pour Ouvrir l'Espoir), 2006.

Yves WINKIN, « Ray Birdwhistell (1918-1994) : penser la communication autrement », *Recherches en communication,* n°5, 1996, p.

ESPACES PÉRIURBAINS ET DÉFIS DE DÉVELOPPEMENT URBAIN EN AFRIQUE

Aristide Yemmafouo

Géographe-urbaniste, Université de Dschang

Résumé - En partant du postulat selon lequel les centres urbains actuels sont disqualifiés pour relever les défis du développement urbain en Afrique en raison de contestations accentuées d'opérations urbaines, l'article défend l'hypothèse périurbaine. Les espaces périurbains offrent de meilleures possibilités de rattrapage urbanistique pour peu que la planification du développement urbain anticipe sur le jeu des acteurs. L'article explore la diversité des espaces périurbains africains. Habituellement considérés comme de simples bassins résidentiels ou d'agriculture périurbaine, ces espaces deviennent des centralités accueillant de plus en plus des emplois à la suite des politiques de décongestion engagées dans la ville densifiée. Une caractérisation de leur diversité permet justement de comprendre et d'agir sur les urbanités différenciées qu'ils dégagent. Les périphéries de villes africaines offrent de meilleures réponses aux questions foncières, de logements, de services et de gouvernance. Leur situation invite à penser les formes et les moyens d'une planification du développement urbain par les périphéries.

Mots clés : Transition urbaine, espaces périurbains, typologie, développement urbain, Afrique

Abstract - *Starting from the premise that current urban centres are disqualified to meet the challenges of urban development in Africa due to heightened challenges to urban operations, this article defends the periurban hypothesis. Periurban spaces offer better possibilities for urban catch-up if urban development planning anticipates the stakes of actors involved. The article explores the diversity of African periurban spaces. Usually considered as simple residential or periurban agricultural basins, these areas are becoming centres for jobs opportunities, following the decongestion policies undertaken in the densified city. A characterisation of their diversity makes it possible to understand and act on the differentiated urbanities that they create. The peripheries of African cities offer better answers to land, housing, services and governance issues. Their situation invites us to think about the forms and means of urban development planning through the peripheries.*

Keywords: Urban transition, periurban spaces, typology, urban development, Africa

Introduction

Les centres urbains actuels sont disqualifiés pour relever les défis du développement urbain en Afrique. En effet, de vives contestations entourent les opérations de restructuration et de rénovation mettant par conséquent les espaces périurbains au centre du développement urbain. Nous postulons dès lors que les espaces périurbains offrent des possibilités de rattrapage urbanistique pour peu que la planification du développement urbain anticipe sur le jeu des acteurs. Habituellement considérés comme de simples bassins résidentiels ou d'agriculture périurbaine, ces espaces deviennent des centralités accueillant de plus en plus des emplois à la suite des politiques de décongestion engagées dans la ville densifiée.

La périurbanisation est le processus d'extension de l'urbanisation moins dense autour des agglomérations. Elle fait référence à des transformations spatiales en rapport avec le desserrement des fonctions urbaines, la dilution de la ville dans les campagnes voisines sous forme de maisons individuelles et d'espaces d'activités économiques (Thomsin 2001, Yemmafouo 2013). L'espace périurbain est fonctionnellement urbain, mais d'allure mi-urbain-mi-rural et s'impose comme un « tiers espace » (Vanier 2001) désormais intercalé entre la ville et la campagne.

Les premiers questionnements autour de la périurbanisation en Afrique datent des décennies 1980 et 1990 quand commence la saturation des périmètres urbains (post)coloniaux (Yapi 1981, Vennetier 1989, Mainet 1993, Mouafo 1994,

Moustier et Pages 1997). Pendant la deuxième décennie des années 2000 les problématiques périurbaines occupent les débats sur les villes africaines, notamment dans les travaux de thèse (Lessault 2005, Mounoutchy 2008, Thiam 2008, Dauvergne 2011, Chabi 2013, Ndock 2013, etc.) et les ouvrages (Yemmafouo 2013, Chaléard 2014, Bogaert et Halleux 2015).

Nous analysons les espaces périurbains en tant que potentiel pour le développement urbain durable. L'approche méthodologique est fondée sur la synthèse d'une quinzaine d'années d'observation des métropoles camerounaises et d'une exploitation des références sur la question périurbaine dans les autres villes d'Afrique subsaharienne. Partant du contexte de transition urbaine en Afrique, l'étude de la diversité des espaces périurbains permet d'entrevoir leurs potentialités et de poser les défis du développement urbain par les périphéries.

I. La transition urbaine en Afrique

Depuis 2007, plus de la moitié de la population mondiale vivent en ville. Il ne s'agit pas d'un simple chiffre, mais de l'amorce d'une transition vers l'urbanisation générale du monde (Roncayolo 2001). Trois quarts de la croissance urbaine mondiale se passe dans les pays en développement et ils détiennent les taux de croissance les plus rapides et aussi les plus grandes villes. L'Afrique a aussi pris du retard dans ce processus (40% seulement), mais compte parmi les urbanisations les plus rapides, voire brutales. En à peine cinquante ans (1960-2010), l'Afrique de l'Ouest et du Centre a doublé l'effectif de ses citadins (tab.1). Pendant la même période le rythme de croissance annuel a été maintenu autour de 4% (tab.2).

L'Afrique compte plus de cinquante villes millionnaires dont les mégapoles comme Le Caire, Lagos et Kinshasa qui figurent respectivement au 10ème, 19ème et 23ème rang du classement des villes les plus peuplées du monde (ONU-Habitat 2014, p117). L'idée de transition urbaine en Afrique est dès lors évoquée depuis 1999 par Bocquier et repris en 2006 par Steck.

Tableau 1 : évolution du taux d'urbanisation en Afrique

Évolution taux d'urbanisation					
% urbain	1970	1990	2010	2030	2050
Afrique de l'Est	10,44	17,92	23,72	33,73	47,64
Afrique centrale	24,86	32,53	42,93	55,3	67,41
Afrique du Nord	36,31	44,67	52,02	61,32	71,97
Afrique australe	43,67	48,82	58,78	68,76	77,61
Afrique de l'Ouest	21,44	33,16	44,63	56,52	67,95
Afrique	23,6	32,13	39,98	50	61,6

Source ONU-habitat, 2010

Tableau 2 : Évolution des taux annuels de croissance urbaine en Afrique

Évolution taux annuels de croissance urbaine					
% par an	1965-1970	1985-1990	2005-2010	2025-2030	2045-2050
Afrique de l'Est	6,29	4,97	3,92	3,81	2,89
Afrique centrale	6,01	4,21	4,29	3,47	2,49
Afrique du Nord	3,89	3,36	2,4	1,94	1,26
Afrique australe	2,92	3,42	1,47	1,13	0,74
Afrique de l'Ouest	5,26	4,8	3,77	2,89	2,06
Afrique	4,65	4,16	3,31	2,87	2,15

Source ONU-habitat, 2010

L'urbanisation du continent jusqu'à la fin des années 1980 a été perçue plus comme un problème et non une solution au sous-développement. Les politiques macroéconomiques internationales et notamment celles de la Banque Mondiale lui ont été largement défavorables (Osmont 1985, 1995, Cavallier 2000). Il a fallu attendre le revirement des années 2000 pour voir le développement urbain revenir au centre des enjeux économiques (Giraut 2009, Cavin 2009). Sauf que l'héritage colonial a profondément marqué les villes africaines en les inscrivant durablement dans une double opposition quasi binaire : ville planifiée *vs* ville spontanée, ville formelle *vs* ville informelle, etc. Cette double opposition oriente l'aménagement urbain et réduit les efforts des Etats à construire des villes durables. Par exemple, depuis la saturation des périmètres urbains définis par les colons, les gestionnaires de villes africaines n'ont pas pu dégager des réserves foncières adéquates pour asseoir leurs politiques d'urbanisation. Les centres urbains se sont bourrés trop vite et l'expansion périphérique s'est accentuée pour faire émerger la question périurbaine du reste toujours mal perçue.

1. Processus et typologie des espaces périurbains africains

Processus de périurbanisation

La périurbanisation en Afrique est plus un processus planifié par le « bas » que par les pouvoirs publics suivant le niveau de pression citadine sur les propriétaires fonciers. Tout commence par l'ouverture d'un front urbain au terminus ou le long d'une route principale, à l'intérieur d'un domaine familial ou à partir d'espaces résiduels ou non propice à l'habitat. En empruntant la terminologie définie par Dezert et al. (1991), nous distinguons dans les villes africaines, tout d'abord le bourgeonnement en habitat groupé et le mitage en habitat individuel dispersé. Ensuite, le lotissement en « nouveau village » ou en Zones d'Aménagement Concertée (ZAC) plus ou moins connecté à la ville-centre permet la mise en place d'équipements sociaux de base. Le développement de la ZAC pourra évoluer en une centralité périphérique, voire en ville nouvelle. Le lotissement contigu à l'agglomération est un prolongement informel de la matérialisation des routes par les lotisseurs coutumiers ou privés à la limite des quartiers planifiés. Enfin, la périurbanisation se met en place par densification, voire bourrage interne de lotissements existants, soit au sein du village périurbain, soit en zone de mitage après une libération brusque du foncier par vente massive.

Typologie des espaces périurbains

Trois groupes d'espaces périurbains émergent en Afrique. Nous verrons d'abord les espaces d'agriculture périurbaine, ensuite les espaces résidentiels et enfin les nouveaux parcs d'activités.

L'agriculture périurbaine est la première forme de périurbanisation connue en Afrique (Vennetier 1989, Moustier et Pages 1997). Il s'agit de l'agriculture menée autour de la ville par des citadins en vue de répondre à la demande alimentaire ou à la nécessité de marquage foncier. Le citadin dans le premier cas est à la conquête d'un espace économique pour faciliter son intégration à la ville (Temple et Moustier 2004,

Moustier et Salam Fall 2004). Le second cas exprime la précarité des droits fonciers dans le périurbain. L'enchevêtrement du droit coutumier dans le code foncier moderne rend la mise en valeur immédiate obligatoire en situation de pression sur un marché foncier invisible et inéquitable.

La cité-dortoir est le fondement même de la périurbanisation. Cependant, il ne s'agit pas de cité-dortoir à l'allure des banlieues européennes, mais d'une expansion de maisons individuelles autoproduits dans une idéologie d'intégration à la ville (Bertrand et Delaunay 2005, Bertrand 2010). Il s'agit donc de quartiers résidentiels d'une extrême diversité, allant de la mixité à la ségrégation. Mixité parce que les ventes individuelles de terres n'obéissent qu'à l'urgence du problème tenant le vendeur au moment de la transaction. A ce moment la taille et le prix de la parcelle vendu donne la possibilité à tout citadin informé d'accéder à la propriété foncière. La mixité se produit aussi quand le circuit du marché foncier aboutit à un regroupement ethno-communautaire des acquéreurs. La ségrégation se met en place dans le cas des lotissements (formels ou non) où le prix de terrain varie peu. Soit il est élevé et il se forme un pavillon de hauts revenus, soit il est faible et il se crée un pavillon de faibles revenus. La situation et le site des parcelles en vente sont des facteurs de ségrégation à partir desquels les autres se greffent habituellement. Les situations de carrefour, d'axe routier structurant, les sites de crête, de versants à pentes inférieures à 25° sont particulièrement prisés.

Les nouveaux parcs d'activités regroupent les magasins, les centres commerciaux, les espaces d'activités d'éducation et de loisirs, les nouvelles zones industrielles. Les parcs d'activités entrent dans les logiques d'intervention des pouvoirs publics en vue de constituer des réserves foncières pour l'action publique. Cette action est souvent menée dans le cadre de partenariat public-privé en vue de constitution à terme de centralités structurantes et donc des pôles de développement périphériques. Au cours de cette décennie, il a été observé de vastes programmes de restructuration des entrées de métropoles africaines en vue d'améliorer l'offre de transport et de mobilité entre le centre et la périphérie. Ces programmes de décongestion visent aussi à doper le potentiel des espaces périurbains pour former des centres industriels et donc des bassins d'emplois susceptibles de stabiliser une importante masse de périurbains. Les périphéries sont dès lors au centre des défis du développement urbain.

II. Les défis du développement urbain par les périphéries : les métropoles en « Grand »

1. Le défi de l'aménagement foncier

Les spécialistes de la ville sont tous d'accord sur le fait qu'il faut davantage penser les métropoles en « Grand » c'est-à-dire, les concevoir dans une vision d'intégration étroite aux territoires (péri)métropolitains (Haeringer 1993, Veltz 1996, Mirloup 2002). Les systèmes métropolitains sont conçus pour être ouvert sur le monde et sur l'intérieur du pays en intégrant toutes les technologies innovantes possibles. Cette approche du développement urbain va au-delà des aspects urbanistiques et architecturaux pour intégrer les aspects politiques et socioéconomiques des programmes d'infrastructures. L'intégration de la périphérie est donc au cœur de la vision des métropoles en « Grand » comme : « Grand Yaoundé », « Grand Abidjan », « Grand Dakar », etc.

Dans les villes d'Afrique subsaharienne, la question foncière est particulièrement pesante puisque c'est sur elle que repose l'ensemble des programmes d'infrastructures (ONU habitat 2010). L'enchevêtrement du droit coutumier et du droit moderne et les jeux d'acteurs plombent les initiatives. Régler et réguler le marché foncier en donnant une primauté à l'Etat est une entrée avantageuse pour peu que les agents de l'Etat jouent le jeu de l'intérêt général. L'impression de périphéries « contestatrices » ou « rebelles » aux initiatives est plus une question d'approche qu'une question de loi. En s'inspirant de la manière dont les colons avaient défini et délimité les premiers centres-urbains, il est clair qu'il faut un peu plus de fermeté aux pouvoirs publics pour dégager des réserves foncières pour l'action publique en périphérie. La facilité avec laquelle les opérateurs privés réussissent les opérations foncières en périphérie invite à revoir les procédures « d'utilité publique » et de déguerpissement-dédommagements. Au lendemain des indépendances, les détenteurs coutumiers cédaient encore gratuitement leurs domaines pour les projets d'infrastructures (écoles, hôpitaux, routes, édifices publics, etc.). La crise économique des années 1980 et la crise de gouvernance qui s'en est suivie ont conduit à une perte de confiance en l'action de l'État. Recouvrer cette confiance c'est avant tout rassurer les détenteurs fonciers sur la validité et le calendrier du projet à réaliser sur les parcelles qu'ils auront concédées. Au-delà du défi d'aménagement foncier, il y a le défi de la transparence du marché foncier pour les transactions privées. La facilité de remise en question des transactions privées montre qu'il y a soit des fissures dans le code foncier, soit un laxisme accentué au détriment des groupes défavorisés du système de gouvernance.

2. Le défi du logement urbain et de l'accès aux services

La principale fonction du foncier périphérique est de produire des logements généralement individuels pour tous dans un contexte où la demande est largement supérieure à l'offre. Au-delà du défi quantitatif, le logement décent mobilise l'attention et notamment la réduction de l'habitat précaire. Le premier défi est d'éviter l'extension de l'habitat dans les zones non constructibles au risque de reproduire les mêmes scénarii de la ville densifiée. Il y a nécessité d'accompagner les initiatives de production de logement individuel par un aménagement foncier préalable. Le deuxième défi est celui des services devant accompagner les initiatives d'autoproduction de logement qui au demeurant sont plus nombreuses que les initiatives des pouvoirs publics et des entreprises privées. L'accès aux services est en effet la source d'importantes inégalités socio-spatiales dans les villes africaines. Les cartographies produites ne montrent pas nécessairement des gradients d'inégalités centre-périphérie, mais des mosaïques de différenciations sociales propre à chaque grand ensemble du paysage urbain. L'eau et l'électricité sont les services prioritaires abandonnés aux résidants sous le prétexte que l'éloignement du centre décuple les coûts d'extension des réseaux. Les initiatives communautaires qu'on recense çà et là ne dure que le temps du projet à l'origine de leurs mises en place. Par contre, les communautés sont prêtes à participer activement à l'entretien des ouvrages et à assurer leur durabilité. La question de l'assainissement invite à repenser la gestion du service de collecte, de transport et de traitement des déchets ménagers et industriels. La gestion en concession dans le cadre de partenariat public-privé est efficace tant que les parties prenantes jouent leurs rôles. Le défi est donc de ficeler des contrats rigides capables de résister aux dérives des acteurs et surtout à la crise de financement qui enclenche très souvent les épisodes de crises de déchets. Le défi de l'assainissement liquides est celui de la maîtrise des systèmes de drainage. Que ce soit les effluents ou les eaux de pluies, les axes de drainage souffrent du manque d'entretien à l'origine des inondations. Or, il y a encore la possibilité de définir des zones de sécurité le long des drains dans les espaces périphériques.

3. Le défi de la mobilité et des transports

Les défis du transport urbain sont particulièrement marquant à partir du moment où les infrastructures déjà insuffisantes manquent d'entretien. La diversification des offres de transport est quasi absente et l'innovation assez timide. La route est la seule infrastructure et la voiture le seul moyen de transport pour la mobilité de millions de citadins. Conséquemment les congestions du trafic sont permanentes aux hot-points dès lors qu'on y associe l'incivisme des usagers.

Plus de trois heures de temps pour traverser par exemple le pont du Wouri à Douala aux heures d'intenses flux. Les solutions alternatives comme le transport par moto sont développées dans l'anarchie et sans véritable cohérence avec des schémas de déplacement urbain s'ils en existent. Il manque des programmes ambitieux de ceintures périphériques ou de rocades permettant de joindre rapidement les périphéries ou d'atteindre les points centraux du fonctionnement de la ville comme les aérogares, les marchés, les hôpitaux de références, etc. L'extension périphérique offre des possibilités de rattrapage urbanistique et surtout de connexions rapides avec les bassins d'approvisionnement et les autres villes.

4. Le défi de la gouvernance

Dans un contexte de moyen limité, la bonne gouvernance urbaine aurait été un gage de durabilité. Or, les villes africaines peinent à arrimer leur gestion aux normes. Le premier défi est celui de la relecture des textes organisant la gestion de la ville et surtout le régime et la nature des subventions attendues de l'État. Il est clair que les métropoles ne peuvent pas produire des moyens pouvant assurer leur autonomie financière. Quel que soit le niveau de décentralisation, les métropoles auront de la peine à fonctionner sans l'appui de l'État et autres bailleurs de fonds. Cette nécessité ne doit cependant pas conditionner le gestionnaire de la ville à devenir un auxiliaire de l'administration centrale et encore moins son adversaire. Dans un cas comme dans l'autre, il manque des plateformes de dialogue pouvant assurer des rapports équitables garant de l'intérêt général.

Dans la relation entre gestionnaires de villes et citadins, le défi est celui du contrat de confiance que garantirait le libre choix du conseil municipal. Mais ce choix est souvent recadré soit par des scrutins indirects (élections des grands conseillers), soit par la « discipline du parti », soit par la nomination de délégués du gouvernement. Les mécanismes de contrôle de l'action des magistrats municipaux sont limités par des jeux d'alliance clientélistes aussi bien à l'intérieur qu'à l'extérieur des conseils municipaux. Le défi de la gouvernance urbaine est au final celui de la coordination générale des actions de développement, la priorisation des interventions et la transparence qui suppose l'accès des concernés au même niveau d'information à temps. Ceci est d'autant plus impératif que les moyens ne suffiront jamais à réaliser tous les projets. Il faut donc instituer et assurer le bon fonctionnement des plateformes de dialogue et de concertation existantes dans la plupart des villes.

Conclusion

Nous avons postulé dans cet article que les espaces périurbains offraient de meilleures possibilités pour le développement urbain à partir du moment l'essentiel de l'action urbaine était contestée en zone d'urbanisation densifiée. En déroulant les résultats, nous avons constaté que la transition urbaine était en cours en Afrique. Des villes du continent comptent parmi les plus grandes du monde et leurs taux de croissance sont parmi les plus élevés. En 2030 tout le continent sera majoritairement urbain. Cette transition urbaine est porteuse de profondes mutations dans le phénomène urbain et notamment les processus de périurbanisation qui se développent comme solution à la saturation des centres urbains. Le bourgeonnement en habitat groupé, le mitage en habitat individuel dispersé, les « nouveaux villages » ou encore mieux les Zones d'Aménagement Concertée (ZAC) donnent l'occasion de relever les défis du développement urbain sur des bases encore plus favorables qu'en centre urbain. Il s'est dès lors dégagé au moins trois types d'espaces périurbains sur lesquels pouvait se fixer le développement urbain : les espaces d'agriculture urbaine comme base du développement écologique, les espaces résidentiels pour le développement des cités dortoirs, des centralités secondaires ou de véritables villes nouvelles, et enfin les parcs d'activités support de la relance du développement économique. Au final, le développement urbain par les périphéries repose sur quatre défis systémiques à relever. Le premier est celui de l'aménagement foncier qui implique de concevoir centre et périphérie dans un ensemble plus vaste intégrant les enjeux de la mondialisation. Tel est l'orientation du concept de métropoles en « Grand » qui se développe un peu partout dans les capitales africaines. Il implique de relire les codes fonciers pour intégrer les enjeux périurbains qui avait été négligé dans la conception dichotomique des relations villes-campagnes. En assurant la transparence foncière, le logement et l'accès aux services viennent en deuxième lieu pour rappeler que le droit à la ville est d'abord le droit d'y loger et de bénéficier de toutes les commodités y afférent. La faiblesse des approches de développement urbain dans les villes africaines n'a pas permis d'anticiper et d'accompagner sur les stratégies individuelles ou collectives d'acteurs périurbains. La même faiblesse se dessine dans les questions de mobilité et de transport urbain. La route seule et la voiture ne peuvent plus assurer les déplacements. Une meilleure gestion du transport par moto, le dégagement de quelques ceintures périphériques et des solutions alternatives à la route sont les défis majeurs à relever. A ces défis techniques s'ajoute le défi de la gouvernance qui réside en la clarification des relations de gouvernement entre la ville et l'Etat. Le financement de la ville pose aussi le plus de problèmes dans la gouvernance des projets urbains. Il implique qu'il faut prioriser les actions et assurer une meilleure coordination des forces de développement. L'autre niveau de gouvernance insiste sur la transparence des rapports des gestionnaires avec les citadins et les groupes organisés en action dans le périurbain. Un même niveau d'information réduirait le sentiment d'oppression et d'exclusion que ressentent les périurbains face aux enjeux que porte leur territoire.

RÉFÉRENCES

BERTRAND M., 2010. "De l'accès au logement à la relation domicile-travail : enjeux sociaux et spatiaux des mobilités dans la région du grand Accra (Ghana)", *Revue Tiers Monde,* n°201, pp87-106.

BERTRAND M., DELAUNAY D., 2005. *La mobilité résidentielle dans la Région du Grand Accra. Différenciations individuelle et géographique,* CEPED.

BOCQUIER Ph., 1999. *La transition urbaine est-elle achevée en Afrique subsaharienne ?,* Chronique du CEPED N°34.

BOGAERT J., J.-M. HALLEUX, (dir.), 2015. *Territoires périurbains. Développement, enjeux et perspectives dans les pays du Sud,* Les Presses Agronomiques de Gembloux.

CAVALLIER G., 2000. "La nouvelle politique urbaine de la Banque mondiale : un essai à transformer", *Les Annales de la recherche urbaine,* n°86, pp. 150-153, doi : https://doi.org/10.3406/aru.2000.2324

CAVIN J-S., 2009. "Éloge de la concentration urbaine. Plaidoyer de la Banque mondiale en faveur de la grande ville.", *Cybergeo : European Journal of Geography* [En ligne], Débats, La Banque Mondiale et la géographie, mis en ligne le 02 octobre 2009. URL : http://cybergeo.revues.org/index22685.html consulté le 21 septembre 2017.

CHABI Moïse, 2013. *Métropolisation et dynamiques périurbaines : cas de l'espace urbain de Cotonou,* thèse de doctorat, Université de Paris 10.

CHALÉARD J.-L. (dir.), 2014. *Métropoles aux suds. Le défi des périphéries ?,* Paris, Karthala.

DAUVERGNE S., 2011. *Les espaces urbains et périurbains à usage agricole dans les villes d'Afrique subsaharienne (Yaoundé et accra) : une approche de l'intermédiarité en géographie,* thèse de doctorat, Université de Lyon.

DEZERT B., METTON A., STEINBERG J., 1991. *La Périurbanisation en France,* Paris, SEDES.

GIRAUT F., 2009. "Les ambiguïtés de la nouvelle doctrine spatiale de la Banque mondiale", *Cybergeo : European Journal of Geography* [En ligne], Débats, La Banque Mondiale et la géographie, mis en ligne le 02 octobre 2009. URL : http://cybergeo.revues.org/index22695.html, consulté le 21 septembre 2017.

HAERINGER Ph., 1993. *La diversité des situations périurbaines dans le monde,* Cahiers du CREPIF, n° 42, p. 91-103.

STECK J.F, 2006. "Qu'est-ce que la transition urbaine ? Croissance urbaine, croissance des villes, croissance des besoins à travers l'exemple africain", *Revue d'économie financière,* vol.86, n°86, pp. 267-283

LESSAULT D., 2005. *Périurbanisation et recompositions socio-spatiales à Dakar : évolution des stratégies résidentielles d'un système métropolitain ouest africain,* thèse de doctorat, Université d'Orléans.

MAINET G., 1993. "Le périurbain en Afrique : les exemples de Dakar et Douala", *CREPIF,* N°42, pp. 133-145.

MIRLOUP J. (dir.), 2002. *Régions périmétropolitaines et métropolisation*, Orléans, PUO.

MOUAFO D., 1994. "La périurbanisation : étude comparative Amérique du Nord – Europe occidentale – Afrique noire", *Cahiers de géographie du Québec*, vol. 38, n° 105, pp. 413-432.

MOUNOUTCHY B. W., 2008. *Les périphéries urbaines des villes d'Afrique Noire : réflexion et essai de définition à partir d'un cas paradigmatique : Dakar*, thèse de doctorat, Université de Tours.

MOUSTIER et PAGES, 1997. Le péri-urbain en Afrique : une agriculture en marge ? *Economie Rurale*, N°241, pp.48-55.

MOUSTIER P., et SALAM FALL A., 2004. "Les dynamiques de l'agriculture urbaine: caractérisation et évaluation", *in Développement durable de l'agriculture urbaine en Afrique francophone. Enjeux, concepts et méthodes*, CIRAD-CRDI, pp25-43.

NDOCK NDOCK G., 2013. *Métropolisation de Yaoundé et développement des villes satellitaires. Cas de Soa*. Thèse de Doctorat/ Ph.D, Université de Yaoundé I.

ONU-Habitat, 2010. *L'état des Villes Africaines. Gouvernance, Inégalité et Marchés Fonciers Urbains*, PNUE, 268p.

ONU-Habitat, 2014. *World Urbanization Prospects* 2014, PNUE, 517p.

OSMONT A, 1985. *La Banque mondiale* et les politiques urbaines nationales, *Politiques Africaines* n°17, pp.58-73

OSMONT A, 1995. *La Banque mondiale et les villes. Du développement à l'ajustement*, Paris, Khartala, 1995.

RONCAYOLO M., 2001. *La ville aujourd'hui. Mutations urbaines, décentralisation et crise du citadin,* Paris, Seuil.

TEMPLE L. et MOUSTIER P., 2004. "Les fonctions et contraintes de l'agriculture périurbaine de quelques villes africaines" (Yaoundé, Cotonou, Dakar), *Cahiers Agricultures,* Vol.13, N° 1, 15-22, *L'alimentation des villes,* synthèse, pp.15-22

THIAM Ousmane, 2008. *L'axe Dakar-Touba (Sénégal) : analyse spatiale d'un corridor urbain émergent,* thèse doctorat, Université d'Avignon.

THOMSIN L., 2001. "Un concept pour le décrire : l'espace rural rurbanisé", *Ruralia,* n°9, pp.2-19.

VANIER M., 2001. "Le Tiers espace, acte II de la périurbanisation", *Pouvoirs locaux,* n°48, pp.59-63

VANIER M., 2003. "Qu'est-ce que le tiers espace : territorialités complexes et construction politique", *Revue de géographie alpine,* Vol.1, tome 88, p.105 – 113.

VELTZ P. 1996. *Mondialisation, villes et territoires. L'économie d'archipel,* Paris, PUF.

VENNETIER P. (dir), 1989. *La Périurbanisation dans les pays tropicaux,* Bordeaux, C.E.G.E.T., *Espaces tropicaux,* n° 1.

YAPI-DIAHOU A. 1981. *Étude de l'urbanisation de la périphérie d'Abidjan. L'urbanisation de Yopougon.* Thèse de 3ème cycle, Université de Toulouse-le-Mirail.

YEMMAFOUO A. 2013. *Urbanisation et espaces périurbains en Afrique subsaharienne,* L'Harmattan.

III. DOMAINES MÉDIATIQUE ET POLITIQUE

DÉBAT RADIOPHONIQUE ET CONSTRUC-TION DE L'ESPACE DÉMOCRATIQUE AU CAMEROUN

ACTEURS, PUBLICS, RÉSEAUX

Dorothée Béatrice Ndoumbe

Université de Yaoundé II-Soa & The Muntu Institute

Résumé - Le débat radiophonique constitue une nouvelle forme de parole publique au Cameroun qui a connu son apogée autour des années 90 avec la promulgation de la loi n°90/052 du 19 décembre 1990 sur la liberté de communication sociale qui consacre la liberté d'expression au Cameroun. Dans les grandes villes comme Yaoundé et Douala précisément et dans chaque capitale de région, toutes les stations de radios ont au moins une émission de débat hebdomadaire dont le déroulement met en scène l'émergence d'un « espace public radiophonique » dont la forme et la pertinence ne sont pas toujours faciles à déterminer et à catégoriser. Ce travail vise à montrer, comment, au-delà, de l'émergence d'un espace public diversifié, le débat radiophonique au Cameroun est devenu un espace dynamique de participation citoyenne et politique, mais également un espace de visibilité qui permet aux acteurs et publics d'être « entendus, écoutés » et ce faisant, d'exister. Par ailleurs, en plus de la création des réseaux, le débat radiophonique participe à une profonde mutation de l'espace public contemporain par le décloisonnement entre les espaces de la politique, de la culture, des élus, des citoyens, etc. sans pour autant apporter une plus-value à cet exercice autrefois réservé à l'élite intellectuelle. Le débat radiophonique tel qu'il se présente au Cameroun aujourd'hui remet en cause la conception du débat comme un espace réservé à l'élite d'une société qui saisit cette tribune pour suggérer des orientations dans la prise de décision. Les notions « d'acteurs », de « publics » et de « réseaux » sont mobilisées comme outils de compréhension du débat radiophonique et de la participation citoyenne à cet exercice.

Mots-clés : Débat – Radio – Espace public – Acteurs – Réseaux

Abstract - *Debates on the radio constitutes a new form of public discussion in Cameroon which peaked around the 1990s after the promulgation of law n°90/052 of 19 December 1990 bearing on the freedom of of social communication which formally institutes the Freedom of Speech in Cameroon. In the major towns like Yaoundé and Douala and in every Regional capital, all Radio Stations run at least one weekly debate programme which is proof of the effective emergence of a "public radio space" of which its form and pertinence are not always easy to determine and categorise. This work seeks to show that after the emergence of a diversified public space, radio debates in Cameroon have become not only a dynamic space for social and political debate but one which enables political actors and the public at large to be 'seen and heard' and therefore to 'exist'. Also, in addition to the creation of networks, radio debates contributes to the deep transformation of contemporary public space by the opening up of political and cultural spaces, connecting the political elite and the population, as well as between the population themselves etc., without bringing any plus-value to this exercise which was previously reserved for the intellectual elite. Radio debate as practised in Cameroon today, puts in question the conception that debate is reserved for the elite of the society which takes advantage of the programmes to suggest orientation in decision making. The notions of 'actors', of 'the public' and 'network' are used as tools in the understanding of radio debate and in the participation of the population in such debates.*

Keywords : Debate – Radio – Public Space – Actors – Networks

Introduction

Le rôle du journaliste, au Cameroun comme dans de nombreux autres pays, est considéré comme important pour la mise en place d'un espace de discussion dans une démocratie moderne, caractérisée par « le déclin »[3] de la presse d'opinion et la percée des médias audiovisuels et en ligne. Avant la promulgation de la loi 90/052 au Cameroun, l'État avait le monopole sur le plan infrastructurel et humain en matière de communication sociale. Le journaliste, tenu à « *l'objectivité* », organisait des débats aussi bien à la radio qu'à la télévision et confiait, au cours de ces échanges, son engagement à d'autres acteurs de la vie sociale qui s'exprimaient en tant qu'expert dans l'espace médiatique ordonnancé par le journaliste. Ce dernier, resté en retrait de façon volontaire, mais aussi à cause du caractère répressif de la loi[4], avait donc cédé son fauteuil à des « *intellectuels éclairés* » qui formaient l'opinion publique camerounaise à travers leurs prises de position. Pour Marc Lits, « *Cet espace peut être accordé pour des raisons moins « avouables » tel que le choix d'entretenir une polémique payante en termes*

---

[3] Ce déclin de la presse d'opinion peut être compris comme la résultante des habitudes de lecture des Camerounais qui ne sont pas portés sur l'achat et la lecture des journaux mais surtout ce sont des lecteurs des titres en kiosque.

[4] La loi 90/052 du 19 décembre 1990 sur la communication sociale et le décret 2000/158 du 03 avril 2000 fixant les conditions de création et d'exploitation des entreprises privées de communication audiovisuelle vont certes aboutir à une ouverture démocratique dans le domaine de la communication grâce à la création de nombreux organes de presse écrite et audiovisuelle, cependant, l'Etat en instaurant le régime de l'autorisation, va également renforcer la répression.

d'audience en recourant à des professionnels du débat contradictoire, voire le souhait par le journaliste de faire dire par un expert les analyses qu'il ne peut pas ou ne souhaite pas assumer lui-même. » (Lits, 2014, pp. 260-261). Cette affirmation de Lits ne semble plus convenir à la description de la réalité au Cameroun du fait que, l'espace médiatique est partagé entre les « *intellectuels universitaires* », les journalistes, la société civile, la sphère religieuse et des membres des partis politiques. Toutefois, ce sont presque toujours des mêmes intervenants qui semblent avoir investi l'espace médiatique et qui, au fil du temps, sont considérés par les observateurs de la scène médiatique camerounaise, comme des professionnels du débat médiatique, bien plus, ils sont considérés comme « *des leaders d'opinion* », des « *voies autorisées* ».

Notre étude porte sur l'analyse sociologique des médias et problématise les transformations de l'espace public. L'une qui considère l'espace public comme un espace de communication duquel émergerait une opinion publique sur la base d'une confrontation d'arguments rationnels des différents protagonistes. La seconde approche qui considère l'espace public comme « une scène d'apparition publique » où, non seulement les divers acteurs, mais aussi de multiples actions, des événements ou des problèmes sociaux « accèdent à la visibilité publique ». Le concept d'espace public est au cœur du fonctionnement démocratique. Habermas le conçoit comme « *une structure de communication ancrée dans le monde vécu par l'intermédiaire de sa base constituée par la société civile.* » (Dacheux, 2000, p. 132). L'espace public est donc pour cet auteur une structure de communication relative à une activité résolument tournée vers l'entente, la connivence. Pour la conception habermassienne de l'espace public, il s'agit d'une sphère intermédiaire, un lieu de discussion qui s'est constitué « *au moment des Lumières, entre la société civile et l'État.* ».

Plusieurs limites ont été relevées dans l'approche habermassienne de l'espace public, même si ce dernier a, au bout du compte, mis en relief le travail effectué par la presse d'opinion dans la construction de l'espace public a lui-même revu certains aspects de sa position. La propre pensée de Habermas au sujet de l'espace public a beaucoup évolué. L'auteur a pris en compte les transformations de la société qu'il avait analysée plus tôt. Désormais, il est d'accord que ce n'est pas seulement l'élite bourgeoise qui peut débattre dans la société mais qu'il existe bien d'autres « acteurs » importants qui pourraient prendre la parole, mais qui étaient tenus à l'écart de la chose publique notamment les femmes, les classes populaires, les religieux (ses), la communication politique et le lobby. En s'éloignant de la prise de vue de Habermas, Dominique Wolton (Wolton, Les contradictions de l'espace public médiatisé, 1991) a également analysé et caractérisé l'espace public dans une démocratie de masse ; c'est-à-dire un lieu beaucoup plus large où des acteurs plus nombreux interviennent, mais surtout où les médias, plus diversifiés, peuvent jouer un rôle plus important grâce à la circulation de l'information. Bernard Miège va insister sur les transformations de l'espace public à la suite de l'évolution dans les formes de communication. Pour lui, « la fragmentation de l'espace public ou la multiplication des espaces publics s'est construite grâce à des dispositifs de communication et à l'accès élargi au dialogue public de nombreuses catégories sociales différentes sur les critères, d'âges, de sexe, de culture ou de technique. » Grâce à ces transformations, l'espace public est désormais géré par « *trois sphères publiques, privées et sociales dont aucune finalement ne saurait disposer du monopole de la publicité et de la publicisation des opinions* » (Miège, L'espace public contemporain, 2010, p. 59). Le premier espace public nouveau selon Miège est la presse. Il relève que c'est autour de la presse d'opinion que se construisent les espaces publics naissants. Les journaux font l'objet de débats d'idées dans les cafés et les salons littéraires. « *Ce sont ces débats qui « activent » l'usage public de la raison, l'échange d'arguments, et à partir de là, la formation d'opinions publiques arbitrant entre des conceptions et des intérêts divergents.* » (Miège, L'espace public : au-delà de la sphère politique , 1995, p. 48). C'est la mise en évidence de l'importance des débats médiatiques dans les sociétés. Que ces débats se fassent à la radio, dans les journaux imprimés, dans la presse en ligne ou à la télévision, ils sont selon l'auteur, des *réveils de conscience*. Miège (2010) considère que « *les médias et les nouvelles technologies de l'information créent même une sphère intermédiaire entre espace public et espace privé (…) il faut considérer les médias contemporains non comme de simples transmetteurs de contenus (ce qu'a trop souvent privilégié une approche sociologique fondée sur l'analyse des effets), mais comme des « intermédiaires symboliques collectifs »* (Wolf, 1993) in Lits (Lits, L'espace public : concepteur fondateur de la communication, 2014).

Les médias sont ainsi transformés en espaces de discussion et d'expression critique des affaires de la cité, non plus au sens de Jürgen Habermas[1] qui donne l'accès au débat aux seuls intellectuels; Mais au sens de Bernard Miège qui parle d'un « *espace public éclaté* ». La discussion part de la conception habermassienne de l'espace public qui ne peut être considéré ni comme une institution, ni comme une organisation encore moins comme un système. Les espaces de discussion qui existaient déjà dans certaines sociétés traditionnelles camerounaises (les séances de palabre ou de Kaande chez les Maka du Cameroun) ont été transposés dans les médias. Les Africains, habitués à vivre en communauté, n'ont aucune pudeur à régler leurs problèmes les plus personnels dans un cadre ouvert et commun comme cela se voit dans les médias aujourd'hui. Dans les émissions de notre corpus, nous assistons à des sortes de mise en public des problèmes sociaux ou individuels. Par ailleurs, nous voyons intervenir dans ces débats, des journalistes à la fois comme modérateur et « *personnes ressources* », et des « experts » qui sont parfois des « *universitaires* » ou des membres de la société civile[2].

---

[1] Habermas a un modèle rationaliste et communicationnel de l'espace public qu'il considère comme une sphère de discussion (Voir Breton et Proulx, 2002).

Le débat peut également être considéré comme une discussion entre des personnes qui ne sont pas du même avis, à propos d'un objet de discours particulier et se déroulant dans un cadre préfixé. Il s'agit d'un « *échange discipliné* », une conversation comportant une forte composante argumentative. Pour qu'un débat se déroule dans de bonnes conditions et afin qu'il respecte les normes, il est important que soient déterminés à l'avance : sa longueur, sa durée, l'ordre des interventions, le nombre de participants et le thème de l'échange. Dans certains cas, le débat comporte un public et un modérateur chargé de veiller à son bon déroulement.

En s'éloignant des idées reçues sur les médias comme «*baromètres de la démocratie*», Valentin Nga Ndongo (Ndongo, 1998) montre que le traitement de l'information, la thématique, les choix morphologiques trahissent en fait les « *idéologies* » des journaux et « *renseignent à merveille sur les fantasmes d'une opinion dont l'imaginaire se nourrit de mythes, de dogmes et de délires caractéristiques d'une société dont ils sont le reflet, à élever le débat démocratique, à poser les problèmes fondamentaux de la Cité et à imaginer des solutions à la crise.* »

Notre réflexion porte à la fois sur le rôle du journaliste

---

[3] La notion de société civile est très dynamique. Divers auteurs ont proposé des définitions de cette notion parmi lesquels Robert Patton et Martin Ebole. Ce dernier dit de la « société civile » qu'elle comprend : « La presse privée les églises, certains intellectuels, « les leaders d'opinion » et les opérateurs économiques privés, qui a la faveur de la libéralisation du système politique exploitent au maximum la liberté retrouvée pour développer une sorte de culture de la défiance vis-à-vis du pouvoir en place. »

dans les débats et sur les mutations de l'espace public camerounais grâce aux débats radiophoniques. Elle s'articule autour des deux questions de recherche suivantes : comment s'organise la participation politique et citoyenne à travers le débat au Cameroun ? Comment le débat radiophonique au Cameroun est devenu un espace de visibilité pour les acteurs et publics au sens de Nicole Aubert et Claudine Haroche ? Dans leur ouvrage, ces deux auteurs positionnent l'injonction de la visibilité au cœur du processus de reconnaissance de soi. L'individu vit dans la société en fonction de ce que les autres membres pensent de lui. « Je ne suis rien si l'autre ne me perçoit pas. C'est l'autre qui en me percevant, en me reconnaissant me confère une existence ». (Aubert, Haroche, 2011, p. 335). Les débatteurs se comportent en effet comme des personnes en quête d'une reconnaissance que leur octroieraient les auditeurs des débats radiophoniques auxquels ils prennent part. Cette injonction de la visibilité est parfois si importante que certains intervenants remercient à maintes reprises les modérateurs des émissions pour les avoir invités.

De ces questions de recherche se dégage la problématique du lien entre la participation politique au débat radiophonique et la visibilité de ses acteurs et publics et la participation politique au débat et la construction de l'espace public. Autrement dit, dans quelle mesure la participation au débat radiophonique peut-elle être considérée à la fois comme une activité politique de réseaux et un moyen de visibilité des acteurs et des publics qui y prennent part ?

Si d'une part la dynamique de la participation politique

et citoyenne à travers le débat radiophonique au Cameroun peut être démontrée, il peut également être prouvé que le débat radiophonique est pour certains intervenants un espace de visibilité qui leur permet d'être « entendus, écoutés » et donc d'exister. D'autre part, ce travail a l'ambition de montrer comment l'animation du débat radiophonique peut aboutir à la construction d'espaces de sociabilité et à une profonde mutation de l'espace public camerounais par le décloisonnement entre les espaces de la politique, des journalistes, des élus ou de simples citoyens. Nous mobilisons les notions « d'acteurs », de « publics » et de « réseaux » comme outils de la construction d'un espace démocratique au Cameroun par le débat radiophonique et de compréhension de la participation citoyenne à cet exercice.

Nous posons comme hypothèse qu'en plus d'être la preuve d'une profonde mutation de l'espace public camerounais, le débat radiophonique est surtout un espace de visibilité (se faire connaître, se faire voir, se faire entendre) pour certains acteurs, et un réseau (espace de sociabilité) pour l'ensemble des intervenants (acteurs et publics). Notre réflexion questionne ainsi la dynamique de la participation politique et citoyenne à travers le débat radiophonique au Cameroun. Elle saisit comment les acteurs et les publics du débat radiophonique participent de façon informelle à la construction d'un État de liberté tout en assouvissant leur désir d'existence et de légitimité.

L'analyse se fait à partir de 04 émissions de débat de diverses périodes : « *Magic Attitude* » (04 éditions) de la chaîne Magic FM 101.3, « Zappress » (04 éditions) de Radio Tiemeni Siantou (RTS), 90.5 FM, « Electorat » de Magic FM et de « *Grand Forum* ». La méthodologie adoptée met en œuvre la recherche documentaire et les entretiens menés avec les journalistes-présentateurs des émissions. Nous avons procédé à la collecte des émissions auprès des différents présentateurs. Nous avons procédé à une écoute et à une retranscription de celles-ci en fonction de nos objectifs. Ainsi, avons-nous transcrit toutes les introductions, la présentation des panélistes et les séquences dont les interactions nous semblaient pertinentes pour notre analyse.

Le cadre théorique de cette étude se fonde sur la sociologie des médias. Nous mobilisons plus précisément l'analyse du journalisme en saisissant le travail des journalistes-animateurs des émissions de débat radiophonique. En nous appuyant sur le constructivisme, nous montrons comment de débat radiophonique participe à la construction d'un espace de débat au Cameroun. L'analyse des journalistes à travers leurs productions et grâce aux entretiens est par conséquent un élément important de ce travail. En convoquant l'analyse des acteurs nous appréhendons les rôles des différents protagonistes des débats et leur « mise en visibilité » au cours de ces exercices. En tant que discipline particulière d'analyse des médias et des journalistes, la sociologie des médias étudie, selon Rémy Rieffel :

« les diverses modalités de production et de réception de l'information, les relations qui s'instaurent, entre l'émetteur et le récepteur des messages, l'influence des médias sur la société en s'intéressant plus particulièrement au comportement des différents acteurs qui y interviennent (les journalistes, les hommes politiques, les décideurs économiques, les intellectuels, mais aussi le profane) ainsi qu'à celui des utilisateurs des médias. (...) Elle ambitionne d'offrir quelques outils pour saisir le rôle joué aujourd'hui par les médias dans notre vie quotidienne, de donner des clés de compréhension ouvrant la voie à une meilleure utilisation de ces nombreux instruments de communication qui se multiplient depuis quelques décennies à vive allure. (...) La sociologie des médias apporte [donc] un éclairage utile au décryptage des phénomènes liés à la « médiatisation » de nos sociétés. » (Rieffel, 2015, p. 4).

Pour Rieffel, le journaliste évolue dans un univers médiatique soumis à diverses contraintes qui lui imposent une attitude et une façon de penser la société dans laquelle il vit. De ce fait, le champ journalistique serait plus sous influence que le champ politique par exemple. Nous mettons en exergue comment les acteurs et les publics (auditeurs) du débat radiophonique participent de façon informelle, à travers le débat et les réseaux, à la construction d'un espace public démocratique et de liberté au Cameroun.

I. La mise en scène du débat radiophonique : le rôle des acteurs

Plusieurs acteurs prennent part aux débats : les hommes de médias (journalistes, animateurs), les acteurs politiques, les experts et « la société civile ». Ces débats radiophoniques par leur interactivité offrent également aux citoyens ordinaires l'opportunité de discuter des questions sociopolitiques qui font l'actualité du pays. De fait, ils créent un espace propice à la participation politique pour ceux qui n'ont pas qualité pour suggérer ou prendre des décisions sur les affaires publiques. Le débat radiophonique se présente ainsi comme un moyen alternatif de communication politique dont le journaliste est le chef d'orchestre.

1. Le journaliste, chef d'orchestre du jeu

La construction d'un espace de discussion médiatique par le débat positionne le journaliste-présentateur comme le chef d'orchestre du jeu et ceci à plus d'un titre. C'est à lui que revient le choix de la thématique de chaque débat, le choix des différents intervenants et de tous les éléments qui peuvent permettre son bon déroulement. Pierre Bourdieu[3] considère le journaliste comme le dispositif le plus visible du débat. Il impose la problématique du thème débattu et suggère parfois des réponses ou des orientations aux intervenants même s'il a souvent, lui-même, une connaissance peu suffisante du problème qu'il met en débat[4].

---

[4] Pierre Bourdieu, *la télévision peut-elle critiquer la télévision ? Analyse d'un passage à l'antenne, Le Monde diplomatique,* avril 1996

[4] Certains présentateurs d'émission de débat ne se préparent pas assez pour des thématiques qu'ils pensent souvent maîtriser. Ils sont alors rappelés à leurs propres limites par certains panélistes ou des auditeurs qui interviennent par téléphone ou SMS.

À l'émission « *Magic Attitude* »[5] par exemple, c'est le journaliste qui, après avoir annoncé le thème, oriente les débats en posant une ou deux questions sur le sujet afin d'ouvrir les discussions. C'est le même procédé à « *Grand Forum* », où le présentateur achève l'ouverture de l'émission par la question en débat. À côté de cela, la problématique peut également être indiquée ou rappelée par des périphrases telles que « *c'est quoi...* », « *Que voulez-vous dire par...* », « *Soyez plus clair...* », « *Expliquez-vous...* » ... qui sont des relances permettant aux débatteurs de préciser leur pensée dans un souci d'approfondissement de la réflexion sur les thématiques en débat, ou de faire assumer à l'invité ses propres paroles. Le journaliste distribue donc la parole, et dans certaines émissions étudiées, les journalistes n'ont pas toujours la meilleure technique de distribution de cette parole. Leurs limites sont surtout perceptibles à l'écoute, lorsque l'auditeur est incapable de savoir qui parle parce que le chef d'orchestre de l'émission n'a pas pris la peine de préciser le nom de l'intervenant. Ce sont pourtant les éléments de base de l'animation radio ou de l'échange dans un média où la personne qui parle ne peut être vue. On a le sentiment que le présentateur ignore en quoi consiste son rôle. Il donne l'impression que son rôle se limite à poser des questions d'ordre général sans toujours avoir la capacité de relancer le débat. De plus, le dispositif de prise et de distribution de la parole ne respecte pas les canons en la matière. L'auditeur se demande souvent qui parle, il se questionne aussi sur le

---

[5] Emission de la chaîne de radio « Magic FM » à la fréquence 101.3

titre de l'émission et sur la fréquence. Si l'auditeur connait personnellement un intervenant, il peut deviner, à l'écoute, que celui-ci a pris la parole. De manière générale, l'auditeur peut passer deux heures d'émission sans avoir la réponse à une question primordiale dans le débat : qui parle?

Malgré ces manquements, le journaliste demeure le chef d'orchestre du jeu. Il crée l'urgence et s'en sert pour imposer la censure. Selon ce qu'il attend de l'intervenant, il coupe la parole ou ne laisse pas parler. Ses interventions diffèrent d'une émission à l'autre. À l'émission « *Zappress* »[6], le présentateur joue encore mieux son rôle de censeur. « *Vous n'avez pas la parole...* », «*Je vous retire la parole...* », Dit-il aux intervenants quand il veut faire parler d'autres ou lorsqu'il veut faire taire quelqu'un qui ne s'arrête pas ou qui « dérape » dans ses analyses. À « *Magic Attitude* », son rôle est davantage celui de modérateur. Il conduit les débats, suscite des interrogations, oriente quelquefois les réponses, donne des explications et fait parler les intervenants en posant des questions qui peuvent relancer le débat.

Le présentateur de l'émission « *agit en maître après Dieu de son plateau* » selon Bourdieu[7]. Il est en effet le premier responsable de tout ce qui se passe sur le plateau de son émission. Son rôle dans la construction de l'espace public par le débat radiophonique est assez visible à travers le choix des thèmes qui concernent la société tout entière et qui per-

---

[6] Emission hebdomadaire de la chaîne Radio Tiemeni Siantou, RTS, fréquence 90.5. Elle est émise tous les dimanches à partir de 10 heures.

[7] Bourdieu, Pierre, Sur la télévision....

mettent au maximum de personnes de donner leurs avis sur les sujets débattus. Le journaliste fait appel aux « experts »[8] et à d'autres personnes-ressources, susceptibles d'éclairer l'opinion. Cependant, dans ces émissions, le journaliste a un rôle différent quand il est présentateur ou quand, comme invité, il commente l'actualité. Cette posture lui donne souvent l'illusion qu'il peut refaire le monde par ses commentaires et parvenir à influencer le pouvoir politique.

Il est tout à fait légitime pour le journaliste d'espérer marquer son époque en entrant dans l'histoire comme l'ont été, à leur temps, Bernstein et Woodward[9], les deux journalistes héros du Watergate dont les investigations ont révélé un gros scandale aux États unis d'Amérique en 1974, celui du vol commis dans les bureaux du parti. Ce scandale avait entraîné la démission du président américain Richard Nixon. Au Cameroun la puissance et le rôle du journaliste qui intervient dans les débats médiatiques va croissant et rend, de ce fait, moins important et moins utile le recours aux intellectuels car les journalistes se passent pour des experts de tous les domaines et « *La conséquence est que l'élite journalistique se met à parler de tout, acquérant progressivement un double statut : celui de journaliste et celui de penseur à chaud de la société. C'est ainsi que certains d'entre eux participent même à des émissions où ils sont interviewés par d'autres journalistes. En passant du statut de personne interrogeant*

---

[8] Seul le journaliste présentateur est à même de dire quels sont les critères de sélection de ses « experts ». Dans la plupart des cas, il considère comme expert celui qui a l'habitude de traiter de certains sujets.

[9] Ils ont pu déstabiliser le pouvoir politique légitime d'une démocratie comme l'ont fait

à celui de personne interrogée, ils manifestent leur changement de place dans l'espace public. » (Wolton, Penser la communication , 1997, p. 214).

Wolton remet en cause cette attitude du journaliste qui consiste à informer et à revenir sur les plateaux des chaînes de télévision et les stations de radio pour commenter les informations qu'ils ont données aux auditeurs en se mettant dans la posture de commentateur de l'actualité. Le changement de statut du journaliste au cours d'un débat radiophonique peut également être perçu dans une perspective plus dynamique, celle des mutations du rôle du journaliste dans l'espace public. Un rôle qui ne consiste plus seulement à faire des comptes rendus froids et des reportages sur la base des « choses vues et entendues », mais aussi, à revenir, avec du recul, donner son point de vue sur un fait d'actualité qu'il a couvert, ou pour lequel il aurait quelques connaissances. Il s'agit pour le journaliste d'aller au-delà de l'information et de donner un complément d'information sur le sujet afin de permettre aux différents publics de mieux saisir les contours d'une actualité.

2. Les autres intervenants au débat : le désir d'existence

Diverses catégories d'intervenants prennent part au débat radiophonique. Certains sont choisis par le présentateur dans les différentes couches de la société, d'autres décident de passer à l'antenne pour donner leur point de vue sur le thème du jour. Leurs interventions se font en studio, par SMS et par appels téléphoniques, par des réactions à des foras sur les réseaux sociaux. Quand ils interviennent en studios les participants au débat sont choisis en fonction des critères propres à chaque émission et en fonction des thématiques. Pour une thématique qui porte sur le RDPC[10] le 9 avril 2017, Zappress va annoncer comme invités : Souley Onoholio, journaliste au quotidien *Le Messager*, St Eloi Bidoung, militant RDPC et Directeur de publication[11], Xavier Messe, Coordonnateur des rédactions du groupe L'Anecdote (absent).

Les participants au débat sont généralement les mêmes qui vont d'une radio à l'autre. Le passage dans un débat radiophonique est vu par certains comme « *une chance* » « *vraiment, je suis content, je suis ému d'être là parmi des sommités que j'entends souvent à la radio ou que je vois à la télé* » s'écrie un invité de l'émission *Fenêtre sur la rue, Radio Campus*. Certains considèrent leur passage à la radio comme une certitude de n'être pas entré dans l'oubli : « *Je suis à nouveau-là! Cela faisait longtemps que je n'avais pas été invité sur ce plateau. Je me demandais déjà si j'avais été oublié, mais heureusement vous avez pensé à moi, et je suis là* » dira un autre panéliste de « Zappress »[12]. Ces déclarations d'invités et la présence systématique de certains sur les ondes et les plateaux des radios peuvent être considérées comme le signe qui « *satisfait sans doute une demande (...) de légitimité et au-delà, plus fondamentalement, de reconnaissance* » et de visibilité de ces panélistes. (Aubert & Ha-

---

[10] Rassemblement Démocratique du Peuple Camerounais, le parti présidentiel, au pouvoir depuis 1982.

[11] Le présentateur ne donne pas le nom du journal pour lequel ce panéliste est le directeur de publication

[12] Il est bien évidemment difficile de décliner l'identité de l'intervenant dans la mesure où au moment de prendre la parole le journaliste modérateur de l'émission ne l'a pas présenté.

roche, 2011). On pourrait d'ailleurs faire un parallèle entre le « *Je pense donc je suis* » (René Descartes) et « *J'écoute, je suis écoutée dont je suis* » (Aubert & Haroche, 2011) pour montrer le besoin d'existence des débatteurs.

Dans les émissions de débat radiophonique nous avons diverses catégories d'intervenants, ils sont choisis par le présentateur dans les différentes couches de la société. « *Je choisis les intervenants en fonction des thèmes retenus. Ces thèmes découlent très souvent de l'actualité de la semaine. S'il s'agit par exemple d'un thème qui concerne une administration, je peux faire venir le responsable de la communication ou alors quelqu'un qui a l'habitude des dossiers qui la concerne.* » Explique le présentateur de l'émission « Zappresse » de la chaîne de Radio Tiemeni Siantou (RTS). Pour le cas de « *Magic Attitude* » de la chaîne Magic FM, les intervenants ne sont pas toujours choisis par le présentateur, ce sont plutôt les intervenants qui décident de passer à l'antenne pour donner leur point de vue sur le thème du jour, proposé par le présentateur du programme. Cette émission est interactive toutefois il arrive que le présentateur reçoive les invités en studio pendant les deux heures que dure la diffusion du programme.

Pour ce qui est des débats organisés en studio, les invités sont choisis par le présentateur en vue de susciter la contradiction tout en donnant la possibilité aux panélistes de participer à la construction de l'espace public médiatique. Ces intervenants sont sélectionnés en fonction des critères propres à chaque émission. Chaque présentateur d'émission dit essayer autant que possible d'avoir un panéliste qui ne vient pas du milieu du journalisme et qui serait plutôt enseignant ou chercheur. Ce qui rejoint cette affirmation de Marc Lits : « *le journaliste a délégué à l'intellectuel le rôle de construction de l'opinion, au point que ce dernier va être défini par cette fonction d'intervention publique. Le journaliste, davantage que par le passé, s'est cantonné dans un rôle de témoin, d'observateur.* » (Lits, 2014, p. 261). Bien évidemment cette posture du journaliste a évolué. Aujourd'hui, il est considéré comme « expert-intellectuel » qui parle de tous les sujets et qui prend la parole en toutes circonstances pour donner son opinion sur les faits de société.

En effet, nous dénotons une certaine montée en puissance de la liberté d'expression chez les intervenants des programmes de débat. Si on relève la participation des « *experts et intellectuels* », on relève aussi la présence de « libres penseurs »[13] qui donnent leurs avis sur la gestion de la chose publique. Certains noms reviennent plusieurs fois dans la même radio et le même jour dans des programmes différents. En fonction des faits d'actualité. En effet, il arrive que les mêmes intervenants se retrouvent tour à tour dans les studios de radio et de télévision en un seul jour ou le même week-end. Le présentateur de l'émission « *Magic Attitude* » de la chaîne Magic FM dit à ce sujet : « *vous verrez bien que ce sont les mêmes qui font le tour des émissions. Très souvent ce sont des gens*

---

[13] Ils se font appeler ainsi pour mettre en évidence leur liberté d'expression, et surtout le fait qu'ils ne sont rattachés à aucune chapelle politique par conséquent, leurs propos ne sauraient être empreints d'une quelconque couleur politique.

qui acceptent de donner un peu de leur temps. Sans eux nous ne pourrions pas avoir ces émissions. Nous sommes d'ailleurs souvent menacés de nous retrouver sans intervenant pendant nos émissions. » De fait, le présentateur est parfois obligé de procéder à un remplacement – sans succès - de dernière minute face à l'absence d'un panéliste. De même dans les émissions interactives, certains noms reviennent souvent dans les émissions interactives : « *Siméon Toujours content, Papa Douala, Monsieur Ndo, Desperados, L'autre François...* ». Ces « *libres penseurs* », comme on les définit dans ces émissions, utilisent la tribune des débats radiophoniques comme de véritables courroies de transmission vers une modification des structures sociales et économiques du pays. Chacun se comporte comme si c'est grâce à ses interventions que les dirigeants du pays prendront ou encore ont pu prendre des décisions importantes pour garantir un meilleur fonctionnement de la société camerounaise. Le présentateur de « *Magic Attitude* » explique d'ailleurs qu'il a reçu le coup de fil ainsi que la visite d'un cadre de la présidence de la République du Cameroun après une émission dont l'un des thèmes portait sur le paiement des primes dues à un sélectionneur de l'équipe fanion de football, Les Lions Indomptables. Cette réaction de la présidence de la République du Cameroun serait la preuve que l'émission est suivie et que grâce à elle, « *des choses peuvent bouger* » pense le présentateur. Un second coup de fil des cadres de la présidence de la République lui va lui apprendre que des mesures ont été prises pour résoudre le problème évoqué par son émission. L'attitude du présentateur de « Magic Attitude » est bien compréhensible car le rêve de la plupart des journalistes est sans doute d'arriver à déstabiliser le pouvoir politique légitime d'une démocratie comme l'ont fait K. Berstein et B. Woodward, les deux journalistes héros du Watergate.

La construction de l'opinion individuelle ou de l'opinion collective des auditeurs passe ainsi par la mise en récit des évènements et de l'information à travers les débats auxquels prennent part les journalistes et les autres intervenants. En effet, les médias offrent la même information à un grand nombre de gens, et ils présentent les événements avec leur opinion des faits surtout dans les débats comme ceux que nous étudions. Par ailleurs, la conviction que son intervention peut avoir un impact voulu sur le public ou sur les décideurs peut être un élément déclencheur de la prise de parole.

II. Les acteurs et les réseaux des émissions de débat radiophonique

L'anthropologue Karin Barber oppose les notions de « public » et celle « d'audience ». Pour elle, le « *public » ne peut être bien compris que si les formes de l'adresse, la mise en scène, l'utilisation de l'espace ainsi que les interactions entre les orateurs et les spectateurs sont décrits en détails* ». La notion de public induit donc une certaine mise en scène avec un objectif bien précis. « *L'audience quant à elle suggère l'existence d'un ensemble de personnes qui accordent à l'orateur l'espace et le temps nécessaires pour exprimer verbalement sa compétence créant de facto des relations personnalisées entre acteurs.* » (Barber, 2007)

Les publics des émissions de débat radiophonique sont diversifiés. Sur le panel, on constate qu'en général pour les émissions de débats en studio, le panel est constitué de journalistes qui ont parfois traité le fait d'actualité dans la semaine et des spécialistes de certains domaines (sociologues, médecins, universitaires, etc.). Le débat radiophonique peut être comparé à la palabre africaine qui consistait à de longues discussions permettant d'aboutir à un consensus sous un baobab. Variante africaine du parlement, la palabre est une institution traditionnelle que les systèmes politiques contemporains ignorent malgré son énorme potentiel démocratique. L'arbre à palabre permet en effet de discuter des sujets importants de la société et sans exclusive (De Banegas, Brisset-Foucault, & Cutolo, 2012).

La palabre désigne les assemblées où sont librement débattues de nombreuses questions et où sont prises les décisions importantes concernant la communauté. Il a longtemps été considéré comme le principal système sociopolitique en Afrique précoloniale. Son objectif est de régler les conflits latents ou ouverts apparus dans diverses situations très concrètes. Réunis généralement sous « *l'arbre à palabre* », les participants ont tous droit à la parole et peuvent exposer en public leurs plaintes et demandes, ainsi que celles de leur groupe. Dans l'esprit de l'arbre à palabre, le demandeur a également la possibilité de se faire représenter soit par nom connu, en général un poète, un chanteur, un griot..., soit par un porte-parole, ce qui garantit la neutralité du médiateur. Cette neutralité est aussi requise dans le cadre du débat à la radio.

Le débat radiophonique qui s'inspire du modèle de la palabre africaine aurait pour but de permettre la participation la plus libre et la plus positive possible des citoyens à tous les aspects de la vie nationale. C'est donc un aspect de la démocratisation de l'information qui met celle-ci à la disposition de tout le monde.

De fait, pour Bidima (1997) la palabre africaine est non seulement un échange de la parole mais aussi un drame social, une procédure et des interactions humaines. Elle est mise en scène, mise en ordre et mise en palabre. « L'espace de la palabre marque la transformation de l'étendue en espace. (…) Un lieu ordinaire s'érige ainsi en espace signifiant et se convertit en une arène où s'affrontent des hommes » (Bidima, 1997 : 11). Cette déportation de l'espace de la parole de « l'abââ » (grande maison de l'homme servant de salle de séjour et de prétoire » vers les studios des maisons de radiodiffusion concrétise davantage la liberté de la parole au Cameroun. Cependant, elle est également la marque de la fragilisation du pouvoir traditionnel en Afrique dans la mesure où les affaires autrefois résolues par le chef ou l'autorité patriarcale sont désormais laissées entre les mains des médias et des journalistes. Pourtant comme le dit Bidima (1997), « le lieu de la palabre obéit à la loi du père et indique en lieux la prééminence de l'idéologie patriarcale ».

C'est également la possibilité donnée aux différents publics d'intervenir, de participer à la vie sociopolitique et économique du pays. En effet, le rapport Mac Bride définit la démocratisation comme « *le processus par lequel l'individu devient un partenaire actif et non un simple objet de la communication.* »[14] Dans le débat de plateau ou interactif, les participants à l'échange contribuent en effet à l'orientation et à l'édification de l'opinion sur le sujet évoqué. La libre antenne provoque très souvent chez l'intervenant un sentiment de satisfaction après son passage à l'antenne. Présenter son problème à la communauté peut donner l'impression à l'auditeur ou au débatteur qu'il est résolu ou qu'il aura un début de solution. Par ailleurs, présenter un problème social à l'appréciation du public est l'expression d'une volonté de faire changer les choses de participer à la bonne marche de la cité.

Les débats radiophoniques ont une diversité de publics; les publics actifs sur les ondes, les publics passifs, les publics actifs des réseaux. Chaque débat radiophonique analysé a ses publics actifs. Ceux-ci prennent part au débat par des interventions qui visent à donner un point de vue, à faire une analyse sur le thème ou à suggérer une approche. Bien évidemment, l'objectif est de produire un impact sur l'action publique. Certains publics sont actifs sur les réseaux sociaux, c'est le cas lorsque l'émission a une communauté d'auditeurs et d'intervenants inscrits sur sa page Facebook ou dans un groupe « WhatsApp » qui est généralement créé par le modérateur du débat radiophonique. La dernière catégorie de publics des émissions de débat est celle constituée de personnes totalement passives. Elles écoutent assidument

---

[14] Rapport Mac Bride *La communication aujourd'hui et demain, Nouvelles éditions africaines*, Paris, Unesco, 1980, p.207.

les programmes; cependant elles ne mènent aucune action quelconque en vue de prendre la parole. Ces personnes se recrutent parmi les automobilistes, notamment les chauffeurs de taxi qui écoutent la radio en longueur de journée et qui finissent par se construire une opinion sur la base des affirmations écoutées dans les médias.[15]

1. L'identité sociale et médiatique des acteurs des débats

Elles permettront de définir les profils de ceux qui interviennent et si a priori ils en ont les compétences requises. « *L'identité sociale* » peut se décliner en : identité professionnelle, socio institutionnelle, géoculturelle et personnelle. « *L'identité médiatique* » des invités quant à elle est leur statut médiatique. C'est-à-dire à quel titre parlent-t-ils ? Pourquoi parlent-t-ils, bref leur rôle communicationnel.

L'identité sociale et médiatique des intervenants de « Zappress »

Pour cette étude, nous donnerons « *l'identité sociale* » des intervenants telle que l'a présentée le modérateur des débats. L'identité sociale est la posture qui permet de dire qui parle. À « *Zappress* », le débat concerne principalement les journalistes. Ceci a été clairement indiqué dans le concept de l'émission. Elle avait pour but au départ la revue de l'actualité nationale et internationale faite par les journalistes. Au fil du temps,

---

[15] Lorsqu'un panéliste intervient dans une émission de débat son identité est déclinée de manière systématique il est donc possible de quantifier le nombre de passage dans ces émissions. Par ailleurs, lors de nos échanges avec les présentateurs des émissions ils nous ont dit qu'il existait une catégorie de personnes qui étaient en contact avec eux et qu'intervenaient que directement avec eux ou dans les réseaux sociaux (groupe WhatsApp des émissions notamment).

l'émission a été ouverte aux « *experts et enseignants pour avoir des points de vue différents de ceux des journalistes.* »[16]

« *L'identité médiatique* » quant à elle concerne le rôle communicationnel des intervenants. Il s'agit de savoir à quel titre ils parlent, leur statut médiatique. « *Zappresse* » est une émission créée pour que les journalistes commentent l'actualité de façon hebdomadaire. Aujourd'hui cette émission reçoit aussi bien les journalistes que des « *experts* ».

« *L'identité médiatique* » des journalistes peut être perçue de plusieurs façons. En effet, ils sont d'abord des informateurs. À ce titre, ils choisissent les sujets qui font l'actualité et lors de l'émission, ils commentent eux-mêmes les faits qu'ils ont traités dans l'actualité de la semaine.

Le rôle communicationnel des journalistes est donc au premier sens un rôle de commentateur de l'actualité. Toutefois, il faut avouer qu'en commentant cette actualité, ils en profitent pour informer ou pour faire passer leurs opinions. Pour faire le débat, le présentateur a souvent pris la peine de s'assurer qu'il y aura deux camps dans la discussion. Ainsi, le journaliste de *Le Messager* par exemple donnera la réplique à celui de *L'Action*, organe de presse du parti au pouvoir. L'émission peut également être une tribune offerte aux journalistes afin qu'ils expliquent des faits d'actualité qu'ils n'ont pas eu la possibilité de bien expliquer dans leurs colonnes.

Les membres de la société civile quant à eux interviennent en général quand il faut apporter des éclaircissements sur un

---

[16] Fouda Effa, présentateur «Zappresse», *entretien du 12 avril* 2007

sujet d'actualité qui concerne leur secteur d'activité. Ainsi, on a vu intervenir le coordonnateur et le secrétaire général du syndicat des travailleurs lors du débat portant sur l'annonce de la grève des transporteurs urbains au Cameroun.

Le rôle communicationnel de la société civile dépend de la qualité des intervenants, du secteur d'intervention et du type de problèmes à débattre. D'une façon générale, le rôle peut se déterminer en fonction des débats. Certains interviennent pour expliquer, revendiquer, d'autres pour attirer l'attention des pouvoirs publics sur le sujet débattu, d'autres encore pour faire connaître leurs points de vue et influencer l'opinion publique.

Les universitaires sont souvent appelés «*les experts*» par le présentateur. On comprend à l'écoute de l'émission que leur rôle est beaucoup plus académique. Ils interviennent pour expliquer, éclairer là où il y aurait des zones d'ombre. Le présentateur donne l'impression que l'universitaire est au-dessus des autres intervenants parce qu'il domine le sujet et il possède les aptitudes requises pour parler avec autorité de certains sujets. C'est ainsi qu'on peut noter la présence d'un politologue et d'un ingénieur-financier… Le panel de « *Zappresse* » est donc constitué d'acteurs d'origines diverses dont les rôles communicationnels sont aussi différents.

Les journalistes (12) sont majoritaires dans cette émission. Ils sont suivis des « *experts/universitaires*» (04) et enfin la société civile (03). Deux intervenants ont une identité non précisée. On remarque que l'indication de «*l'identité sociale*» à « *Zappresse* » se porte plus sur « *l'identité professionnelle* », « *l'identité socio-institutionnelle* » et « *l'iden-*

tité personnelle », aucune allusion n'est faite sur «*l'identité géo-culturelle*» des intervenants.

Graphique 1

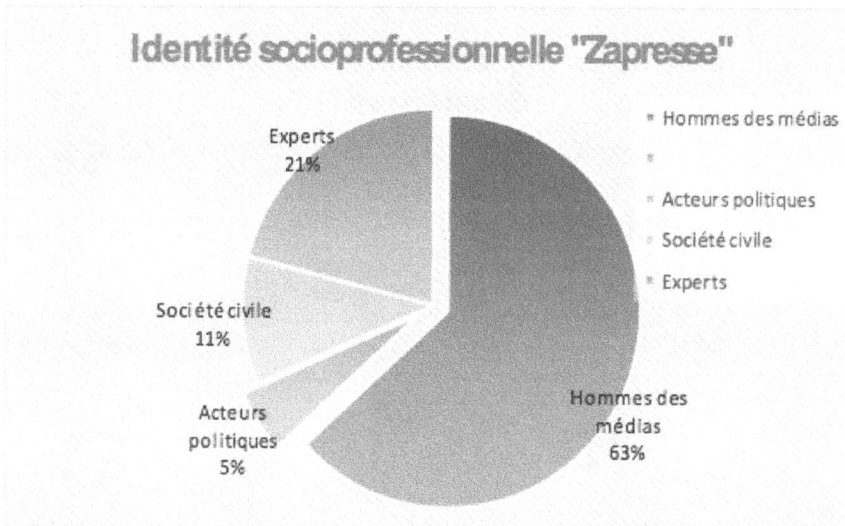

« *L'identité sociale* » *et l'identité médiatique des intervenants de* « *Grand Forum* »

Cette émission n'a pas eu beaucoup d'intervenants au cours de notre période d'étude. Toutefois, on observe que les intervenants sont principalement des membres de la société civile, des hommes politiques, des universitaires/experts et très peu de journalistes. L'analyse de « l'identité sociale » des intervenants permet également de voir si l'émission a des visées éducatives ou pas. Ici on peut dire que « Grand Forum » fait beaucoup plus appel à des spécialistes des domaines débattus dans le but de mieux faire comprendre et de bien expliquer au public certains aspects de la vie sociale qui semblent flous. Le débat est loin d'être contradictoire sauf lors de certaines éditions où on voit la volonté du présentateur à faire un débat contradictoire à travers le choix des intervenants d'appartenance politique différente.

Graphique 2

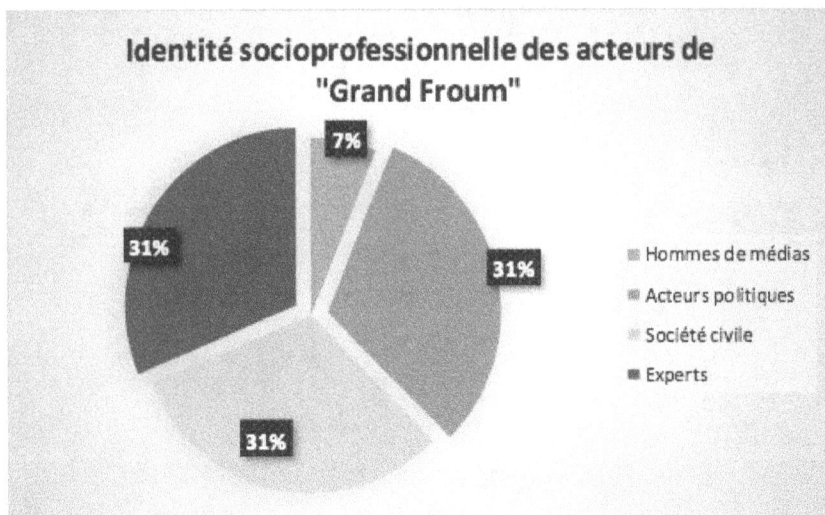

Identité socioprofessionnelle des acteurs de "Grand Froum"

- Hommes de médias
- Acteurs politiques
- Société civile
- Experts

Pour ce qui est de l'identité médiatique, « Grand Forum » pose surtout des problèmes d'ordre social et politique, ce qui explique la forte présence de la société civile sur les plateaux de cette émission. Le rôle communicationnel de la société civile serait de donner des informations sur le sujet débattu, d'expliquer et de donner sa position sur le problème.

Les acteurs politiques quant à eux parlent comme des membres des partis politiques. Ils interviennent dans le débat pour défendre des idéaux de leur parti ou pour expliquer la position du parti sur l'objet du débat. Quant aux experts et universitaires, ils donnent surtout des éclairages sur le sujet en tant que spécialiste du thème débattu. En effet, ils sont choisis en fonction de la thématique du jour. Cette identité médiatique des intervenants permet d'atteindre les objectifs

de l'émission : « aider les Camerounais à comprendre les tenants et les aboutissants d'un sujet, situer les auditeurs sur
un sujet donné en leur expliquant de quoi il est question »[17]

L'identité sociale et médiatique des intervenants d'« Électorat »

Les hommes politiques sont les plus nombreux parmi les invités de cette émission. Ils sont suivis des membres de la société civile, des universitaires et enfin des journalistes. Cette
grande présence des hommes politiques peut s'expliquer par
le fait que, selon le présentateur, l'émission a surtout un but
constructif. Il ne s'agit pas de savoir qui est le meilleur débatteur, qui a remporté le débat mais de voir comment
chaque intervenant participe en donnant son point de vue,
son éclairage sur le thème débattu. Cette «identité médiatique» diffère selon la catégorie des invités. Les journalistes
invités sont surtout des directeurs de publication. Leur participation au débat est souvent une volonté du présentateur
d'avoir un confrère sur le plateau. Certains en profitent pour
promouvoir leur publication.

Les hommes politiques viennent à l'émission pour présenter leur parti politique ou pour se plaindre du régime en place.
Quant aux universitaires, leur rôle communicationnel est le
même dans tous les débats étudiés. Il s'agit de donner des
éclairages sur les sujets débattus. Ils donnent leur avis en qualité d'experts, c'est-à-dire qu'ils parlent d'une voie autorisée.

---

[17] Ghislain Essono, présentateur de «Grand Forum», entretien du 17 avril 2007.

Graphique 3

Identité socioprofessionnelle des intervenants d'Electorat

Experts 25%

Hommes de médias 12%

Acteurs politiques 38%

Société civile 25%

■ Hommes de médias ■ Acteurs politiques ■ Société civile ■ Experts

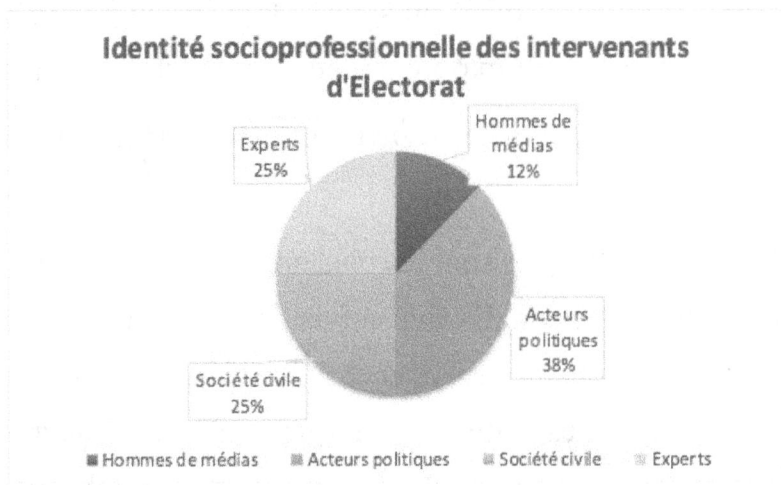

Les acteurs politiques sont plus présents à l'émission, suivis des experts et de la société civile. Les hommes des médias ne sont pas assez sollicités dans ce programme.

« L'identité sociale » et médiatique des intervenants de « Magic Attitude »

« Magic Attitude » est une émission interactive. Les intervenants font des appels par téléphone pour participer à l'émission. Ils ne donnent aucune information sur leur « identité sociale ». Ce que l'auditeur connaît des intervenants c'est leur prénom et le lieu à partir duquel ils appellent le lieu de résidence en général. Ainsi à la question qui parle, on ne pourrait répondre que par le prénom de l'intervenant. Il est donc difficile de donner leur identité sociale car elle n'est pas précisée.

Il est difficile de donner « l'identité médiatique » des intervenants dans la mesure où leur « identité sociale » est inconnue. Les intervenants s'expriment pour donner leur avis sur le sujet ou leur ras-le-bol sur une situation donnée. Ils participent à l'émission parce qu'ils sont Camerounais ou simplement des auditeurs quelconques qui s'intéressent à la vie politique et sociale de leur pays ou du pays dans lequel ils vivent. Tout ce que l'auditeur connaît d'eux c'est leur patronyme et leur prénom pour quelques-uns, leur lieu de résidence également.

2. Analyse récapitulative de l'identité socioprofessionnelle des acteurs des émissions

L'analyse quantitative de l'identité socioprofessionnelle des émissions nous donne de voir des spécificités pour chaque émission. Pour ce qui concerne les intervenants, on se rend compte qu'ils sont soit les « hommes de médias », des « acteurs politiques », les membres de « la société civile » et « les experts ». De manière globale, les journalistes sont les plus sollicités ou tout simplement ceux qui se rendent le plus rapidement disponibles pour prendre part aux émissions. Ils sont suivis des « experts-universitaires », puis des acteurs politiques, et des membres de la société civile. Ceci montre à suffisance la volonté des organisateurs de ces émissions de rendre compte des questions d'actualité en premier. Mais aussi, on note que les animateurs ont le souci de donner la parole aux « experts » de chaque domaine afin de leur permettre d'éclairer l'opinion sur les questions en débat. Les acteurs politiques représentent la 3ème catégorie la plus présente dans les débats à la radio.

Graphique 4

GRAPHIQUE RECAPITULATIF DU NOMBRE DES
INTERVENANTS DANS LES ÉMISSIONS

■ Zap presse   ■ Grand forum   ■ Electorat

31%   37%

32%

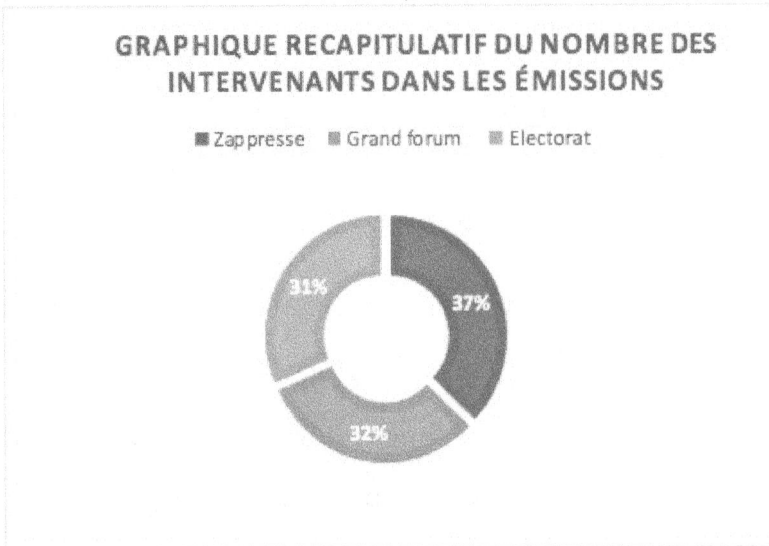

III. Le débat radiophonique, un espace d'émergence d'une société démocratique : analyse de la construction thématique

Le développement du débat radiophonique au Cameroun peut être considéré comme la manifestation d'une crise du lien social qui pousse les individus à créer d'autres réseaux, d'autres espaces de sociabilité. Les débats radiophoniques finissent par se transformer en des réseaux pour les présentateurs et les différents publics actifs. De fait, ces publics mettent sur pied des « fora WhatsApp », des pages « Facebook » et « Twitter », des « Clubs des auditeurs » et créent ainsi un lien entre les différents acteurs et publics qui constituent désormais une communauté, un réseau. Pour la majorité des débats radiophoniques, ce sont les mêmes intervenants et invités qui reviennent dans les différentes émissions quelle que soit la station de radio. L'un des présentateurs explique ce constat par le fait que « ce sont les mêmes qui font le tour des émissions. Car très souvent ce sont des gens qui acceptent de donner un peu de leur temps. ». Ils se font appeler des « libres penseurs » à « Magic FM ». Ces « libres penseurs » utilisent la tribune des débats radiophoniques comme de véritables courroies de transmission vers une modification des structures sociales et économiques du pays mais aussi comme des moyens de sociabilité.

En général, les présentateurs ne connaissent pas physiquement les intervenants qui appellent au téléphone mais il se crée une certaine convivialité et un lien d'appartenance à une même communauté. Seulement ces espaces de sociabilité sont surtout construits autour ou par la gent masculine. Aucune femme ne présente les débats analysés et sur 157 acteurs (intervenants par SMS, appels téléphoniques, et invités en studio) nous avons compté une seule femme : Marie Jeanne Abega, présidente régionale du Mouvement Alternance 2018. Ce constat fait penser que le casting des débats radiophoniques est également une reproduction de la société patriarcale camerounaise et invite à se questionner sur la place de la femme dans les débats radiophoniques. Sans toutefois pousser plus loin ce questionnement, ce sujet n'étant pas l'objet de ce travail, nous pouvons cependant arguer, à la suite des entretiens effectués avec les présentateurs d'émission que l'absence des femmes est due à deux facteurs : elles ne sont pas souvent sollicitées par les présentateurs et celles qui le sont ne se rendent pas toujours disponibles. La quasi-inexistence des femmes dans les émissions de débat ne peut donc être considérée comme un complot masculin. Le débat radiophonique est certes un lieu d'émergence d'un espace de discussion, mais aussi un espace de masculinité, et conservateur au niveau du genre qui reproduit les inégalités de la société camerounaise qui est patriarcale ainsi que la mise en œuvre de la discussion autour de l'arbre à palabre où les femmes n'ont pas toujours accès. Au-delà du désir d'existence et de sociabilité, le débat radiophonique est également un lieu d'émergence d'une parole publique et d'un État de liberté et de démocratie. Certains auteurs font du débat un élément indispensable à la vie politique du pays. Ils pensent que « le changement politique et le débat oral ne saurait être envisagés séparément. » Le débat pourrait donc permettre d'accéder à un changement dans la société.

La construction thématique des débats est également un signe de liberté et d'émergence d'une démocratie en mouvement, d'un espace public radiophonique en construction. Tous les sujets de la vie sociopolitique du pays y sont abordés sans tabous. Les débats radiophoniques reflètent des tensions inhérentes à la démocratie et mettent en exergue les malaises que connait l'État camerounais. Chaque intervenant se comporte comme si c'est grâce à ses interventions que les dirigeants prendront des décisions qui garantissent un meilleur fonctionnement de la société camerounaise. Cette attitude des intervenants fait dire à Reinhold Meyer qu'à travers le débat interactif, « L'opinion publique fait de plus en plus pression pour garantir une participation démocratique aux décisions concernant la diffusion de l'information et éviter ainsi la mainmise d'un pouvoir central sur les médias. »[18]

En procédant à l'analyse de la construction thématique des débats en fonction des chaînes de radio, nous avons des observations assez significatives

1. Le cas de Zappresse

Parmi les thèmes traités dans l'émission « Zappresse », il y en a qui n'ont pas été annoncés en début d'émission mais qui se sont glissés ainsi dans le fil du débat parce qu'ils y sont introduits soit par le présentateur soit par un autre intervenant. Lorsqu'on comptabilise les thèmes débattus dans cette émission, on se rend compte que les débats ont beaucoup porté sur les questions économiques du Cameroun.

Les thèmes débattus à « Zappresse » sont d'une manière générale pris dans l'actualité de la semaine. De ce fait, ils sont souvent constitués d'informations axées sur l'actualité de la semaine. Cependant, il arrive que l'information soit « renouvelée ». Le prétexte pour qu'on en discute étant qu'un journal en a parlé. Le graphique ci-dessous indique que dans l'émission « Zappresse » 9 thèmes économiques ont été débattus tandis que 8 sujets de société ont été débattus et 7 sujets relevant du domaine politique. On remarque donc une neutralisation des thèmes issus de ces émissions. Ce constat montre l'intérêt que les débatteurs et les journalistes portent à chaque aspect de la vie communautaire.

---

[18] Reinhold Meyer, *Démocratie et développement : le rôle des médias en Afrique*, Développement et Coopération, numéro 6, Nov-déc 1994, p.2

Graphique 5

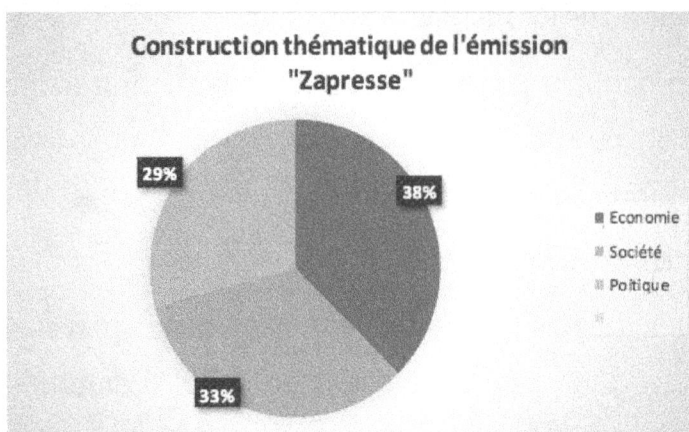

Ce graphique nous enseigne que si la politique a moins intéressé les journalistes à cette période, d'où sa faible présence, c'est du fait du principe de l'agenda setting car, ce sont les médias eux-mêmes qui proposent un agenda à l'actualité. En effet, les thèmes débattus ici sont surtout ceux traités dans les colonnes des journaux.

2. Le cas de « Grand forum »

Dans l'émission « Grand Forum » c'est également les problèmes de société du Cameroun qui ont été les plus débattus. Le tableau ci-dessus montre que les sujets d'ordre social ont été évoqués dans cinq éditions sur neuf. Ils sont suivis des questions politiques deux sur neuf, puis l'économie une fois sur neuf et enfin la culture une fois sur neuf. « Grand forum » est plus porté sur les débats sociaux que sur l'économie ou le politique. S'il est vrai que cette affirmation peut être relativisée, il n'en demeure pas moins que sur la totalité des éditions analysées ce sont les sujets d'ordre social qui ont été les plus discutés. « Grand forum » est une émission de la RTS dont nous avons eu du mal à rassembler les données du fait de son irrégularité pendant la période d'étude. Qu'à cela ne tienne, nous avons voulu l'étudier pour montrer les différences qui existent dans ces émissions. Dans le cas de cette émission de débat radiophonique, nous avons relevé en termes d'occurrences thématiques : 4 thèmes dont 1 dans la rubrique « Société », 1 en économie, 2 en politique.

Dans le cas de cette émission également, les sujets sur la société ont été plus débattus que ceux portant sur les autres thématiques.

Graphique 6

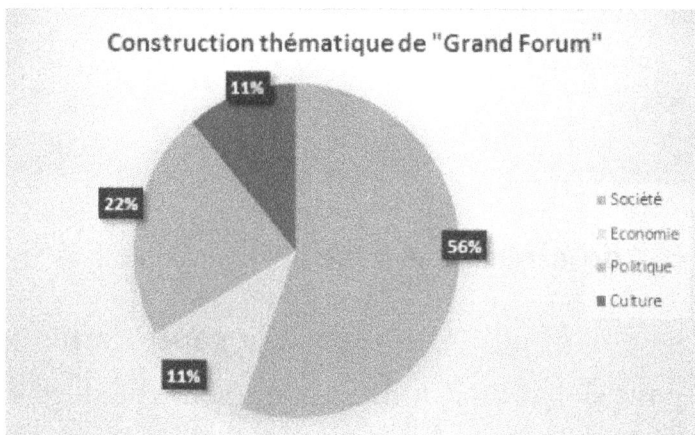

3. Le cas d'Electorat

« Électorat » de la radio urbaine « Magic FM » est une émission au cours de laquelle beaucoup de sujets sont discutés et les débats manquent souvent de construction et d'organisation. Les sujets portant sur la société sont les plus débattus soit dix-sept occurrences sur un total de trente-cinq. Les sujets de société sont suivis par les thèmes portant sur l'économie avec un total de neuf, tandis que la politique a été évoquée huit fois et la culture une fois. Ces résultats démontrent bien quelle est la tendance thématique de cette émission de débat et donnent une idée du profil de ses intervenants.

Graphique 7

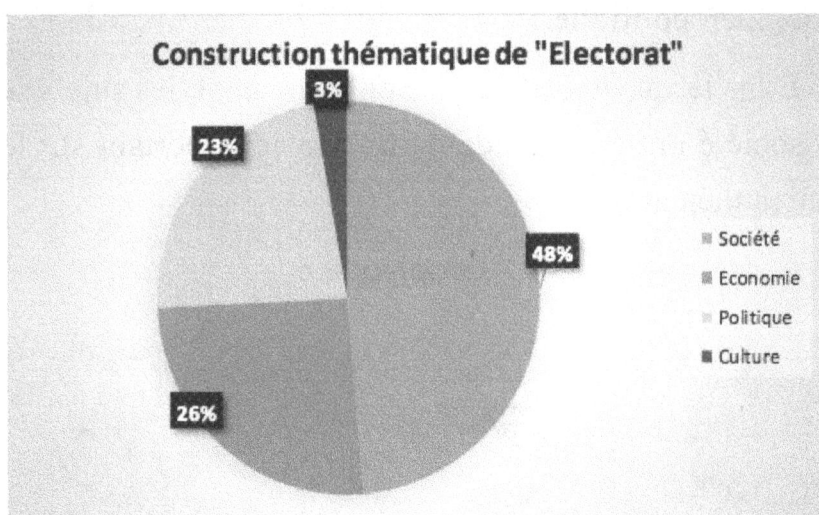

Construction thématique de "Electorat"

3%
23%
48%
26%

- Société
- Economie
- Politique
- Culture

4. Le cas de « Magic Attitude »

L'émission « Magic Attitude » a la particularité de proposer pour débat aux auditeurs un seul thème par jour. Pour ce qui est de l'émission « Magic Attitude » sur la chaîne « Magic FM », nous avons le bilan thématique suivant : Société : 17, économie 2; politique 8. Soit un total de 27 thèmes. Les thèmes qui portent sur la société sont les plus débattus pendant la période d'analyse de « Magic Attitude », soit dix-sept occurrences contre huit en politique, deux en économie comme le montre le graphique ci-dessus. Quant aux thèmes culturels, ils n'ont jamais été évoqués.

Graphique 8

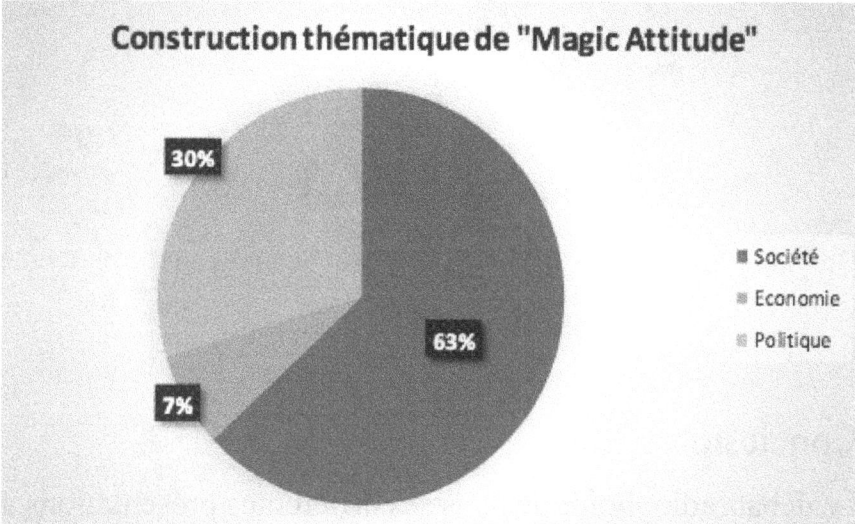

Construction thématique de "Magic Attitude"

- Société
- Economie
- Politique

30%

63%

7%

L'analyse quantitative de la construction médiatique des émissions de débat nous permet de voir quel type de thèmes sont débattus et dans quelles proportions. Nous avons pu remarquer que pour les différentes émissions, selon la période d'étude, on a souvent eu les mêmes débats dans les émissions. Cependant les thèmes portant sur les questions de société ont souvent été les plus débattus de façon générale.

D'une manière générale, les problèmes sociaux ont été les plus débattus dans les émissions. C'est probablement la preuve de l'existence d'un malaise dans la société camerounaise en ce qui concerne les moyens d'existence des populations et les conditions de vie des populations.

Graphique 9

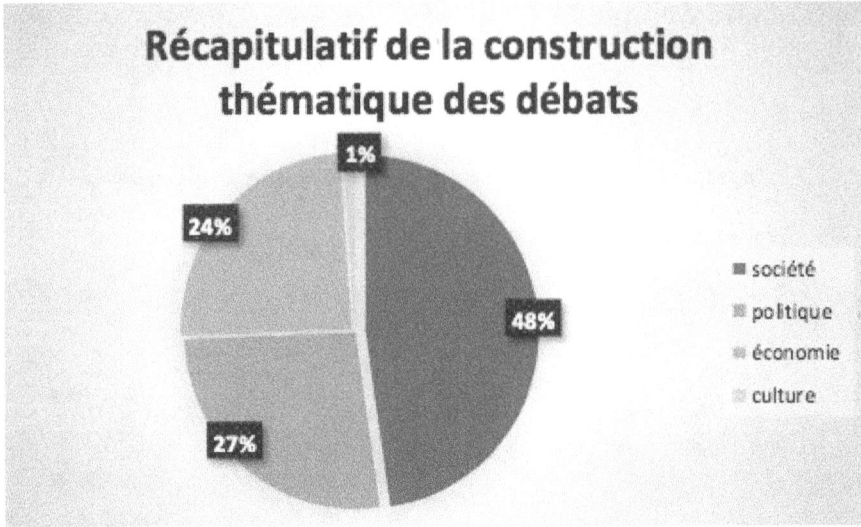

Conclusion

Le débat radiophonique dans ses différentes présentations a donné la légitimité de prendre la parole à de nombreuses personnes dans la société camerounaise et a créé des « leaders d'opinion ». Ces débats sont devenus des manifestations d'une crise du lien social et communautaire qui pousse les gens à bâtir d'autres réseaux et à s'assembler selon d'autres affinités notamment de profession et d'idéologie entre autres. Le rôle du journaliste dans la construction de l'espace public par le débat radiophonique est assez visible à travers le choix des thèmes qui concernent la société tout entière et qui permettent au maximum de personnes de donner leur avis sur les sujets débattus. Le journaliste présentateur fait appel aux experts et à d'autres personnes-ressources, susceptibles d'éclairer l'opinion. Cependant, dans ces émissions, le journaliste a un rôle différent quand il est le présentateur ou quand il est commentateur de l'actualité.

Le développement des émissions de débat radiophonique peut être considéré comme une volonté des organisateurs d'interpeller l'État sur des sujets importants de la cité, non plus comme à l'époque traditionnelle (arbre à palabres), ou alors selon la conception d'Habermas où l'élite seule pouvait prendre la parole, mais dans une perspective évolutive qui intègre toutes les couches sociales quand bien même certains intervenants et présentateur d'émissions n'auraient pas les compétences requises et nécessaires pour y prendre part ou pour les modérer. Les données statistiques de cette recherche mettent bien en évidence l'importance et la place qu'occupent chaque thème et chaque catégorie socioprofessionnelle dans le débat radiophonique au Cameroun. Dans d'autres sociétés africaines, ce sont les « parlements de rue » qui organisent le débat public sur les questions de la vie sociopolitique du pays. C'est le cas du Rwanda et du Kenya où la pratique du débat est davantage inscrite dans la rue que dans un studio radiophonique. De fait, si les intervenants ici s'avéraient moins compétents que pour ce qui est du débat à la radio, alors cela pourrait se comprendre et être toléré. Enfin, la participation au débat, est également saisie comme une volonté, un désir de visibilité des acteurs dans le sens où, être vu, écouté, entendu, c'est exister !

RÉFÉRENCES

ABE, Claude, (2004), *L'espace public entre le proche et le lointain, la construction de la civilité critique au Cameroun*, thèse de doctorat présentée à l'université de Paris 13

AUBERT, N ; HAROCHE, C. (2011) *Les tyrannies de la visibilité. Être visible pour exister ?*, Coll. 'Sociologie clinique', ERES.

BANEGAS, R. (2012). « Espaces publics de la parole et pratiques de la citoyenneté en Afrique.», *Politique africaine* 127 (3), pp. 5-20. doi:10.3917/polaf.127.0005

BERTHO-LAVENIR, Catherine (2000). *La démocratie et les médias au 20ème siècle*, Paris, Armand Colin.

BIDIMA, J-G, (1997), *La Palabre. Une juridiction de la parole*, Coll. 'Le Bien Commun', Paris, Michalon.

BONVILLE (de) Jean et al. (2004). *Nature et transformation du journalisme, théories et recherches empiriques*, Presses de l'université de Laval.

BOURDIEU, P. (2016). *Sur la télévision. Suivi de l'empire du journalisme*. Paris: Raisons d'Agir.

BOURDIEU, P. (1996). « La télévision peut-elle critiquer la télévision ? Analyse d'un passage à l'antenne », *Le Monde diplomatique*, avril.

BRISSET-FOUCAULT Florence (2009) « "Polis Academy". Talk-shows radiophoniques, pluralisme et citoyenneté en Ouganda », *Politique africaine* 2009/1 (N° 113).

CHARAUDEAU, P., LOCHARD, G., & SOULAGES, J.-C. (1996, juin). « La construction thématique du conflit en ex-yougoslavie par les journaux télévisés français (1990-1994) », *Mots*, n°47.

DACHEUX, E. (2000). L'espace public : la théorie confrontée aux pratiques militantes. "Vaincre l'indifférence, le rôle des associations dans l'espace public européen". Récupéré sur Hal.Id Sic_0000265: https://archivesic.ccsd.cnrs.fr/sic_00000265/document

EBOLO, M. D. (1999). « De la "société civile" mythique à la " société civile" impure : entre assujettissement, émancipation et collusion », in Sindjoun, L. (dir.), *La révolution passive au Cameroun : État, Société et Changement*. Dakar, Sénégal: CODESRIA.

LITS, M. (2014). « L'espace public : concepteur fondateur de la communication », *Hermès, La Revue* 70(3). Consulté le 21 janvier 2019, sur www.cairn.info/revue-herme-la-revue-2014-3-page-77.htm

MIEGE, B. (1995). « L'espace public : au-delà de la sphère politique », *Hermès* N° 17-18, pp. 49-62.

MIEGE, B. (2010). *L'espace public contemporain. Approche info-communicationnelle*, Presses universitaires de Grenoble, coll. 'Communication Médias Societé'.

MILLET Gilbert (1981). *Savoir parler en public, la stratégie du verbe*, Coll. 'Sciences de l'organisation publique et privée', Bordas, Paris.

MEYER REINHOLD (1994). « Démocratie et développement : le rôle des médias en Afrique » in *Développement et Coopération*, N° 6, Nov-déc.

NGA NDONGO, Valentin (1993). *Les médias au Cameroun : Mythes et délires d'une société en crise,* Paris, l'Harmattan

RAPPORT MAC BRIDE (1980). *La communication aujourd'hui et demain*, Nouvelles éditions africaines, Paris, Unesco.

SCHUDSON, Michael, (1995), *Le pouvoir des médias : journalisme et démocratie,* Cambridge, Harvard University Press.

RÉINVENTER LA DOMINATION À PARTIR DE LA SCÉNOGRAPHIE POLITIQUE

UNE ANALYSE SOCIOPOLITIQUE DES SORTIES PUBLIQUES DU CHEF DE L'ÉTAT CAMEROUNAIS

Armand Serge Mbienkeu

Département de sociologie, Université de Yaoundé 1

Résumé - Il existe une chorégraphie spécialisée du pouvoir. Celle-ci est formelle, codifiée, rituelle, règlementée et concourt essentiellement à établir la légitimité des gouvernants en suscitant adhésion et conviction. Chez Balandier, Bourdieu comme chez Goffman, on parle de théâtralité comme d'un procédé de mise en forme du pouvoir affectant l'ordre sociopolitique sous fond d'aliénation des masses. Cela pose un problème dans la spectacularisation du politique et conduit à repenser une philosophie des apparences dans la « figuration institutionnelle ». Quelle part la scénographie politique prend-elle dans le jeu de la domination ? En d'autres termes, quelle place l'action de gouverner réserve-t-elle à la dramaturgie politique ? A partir de l'exemple des sorties publiques présidentielles du chef de l'Etat camerounais, nous voudrions nous interroger sur les stratégies dramaturgiques qui tendent à légitimer la domination du haut tout en suggérant les idées d'unité, de paix, du progrès, de cohésion et d'intégration nationales. Le modèle théorique privilégié dans l'élaboration de cet argumentaire est la représentation dramaturgique de Goffman et notre approche est qualitative. Comme techniques de collecte des données, nous avons mobilisé l'observation directe, l'analyse documentaire et l'entretien semi-directif réalisé auprès de 44 individus ayant au moins une fois été témoins des sorties publiques présidentielles.

Mots clés : scénographie politique, logique gouvernante, figuration institutionnelle, sorties publiques présidentielles, légitimité

Abstract - *There is a specialized choreography of power. This is formal codified, ritual, regulated, and essentially helps to establish the legitimacy of the rulers by eliciting support and conviction. At Balandier, Bourdieu and Goffman, theatricality refers to a process of power's shaping, which affects the sociopolitical order in the context of the alienation of the masses. This implies a problem in the spectacularization of politics and leads to a rethinking of a philosophy of appearances in "institutional figuration".*

What part does the political scenography take in the game of domination? In other words, what place does the action of governing have in political dramaturgy? From the example of the Cameroonian head of state's presidential public outings, we would like to ask ourselves about the dramaturgical strategies that tend to legitimize the domination of the high while suggesting ideas of national unity, peace, progress, cohesion and integration. The theoretical model choose in the elaboration of this argument is the dramaturgical representation of Goffman and our approach is qualitative. By three different designs - direct observation, documentary analysis and semi-directional interview -, the data was collected from 44 individuals who had at least once witnessed the presidential public outings.

Key words: political scenography, political spectacularization, institutional figuration, presidential public outings, legitimacy.

Introduction

Louis XIV, en son temps, abordant de façon générale les rituels politiques du protocole d'Etat, estimait qu'il ne s'agissait pas que de simples « affaires de cérémonies ». Il pensait qu'à défaut de pouvoir pénétrer le fond des choses pour en saisir toute la mystique, les peuples administrés fondent leurs jugements sur ce qu'ils voient au dehors – à l'extérieur – dans le monde visible des apparences. Ceci explique pourquoi en politique l'image est fondamentale. L'industrie de l'image y a fait son lit. Dans les sociétés à fortes divisions du travail, d'innombrables spécialités en politique sont consacrées à l'image. Ce que l'on cherche, ce sont des effets psychologisants pouvant servir à faire basculer les côtes de popularité. Il va de soi que toutes les images en politique ne sont pas bonnes, productrices de légitimité. Goffman (1973) parle de représentation frauduleuse lorsque le public n'y adhère pas. Pourquoi ? Parce qu'il y a rupture entre la représentation et les convictions socialement partagées. Un dirigeant qu'on craint par exemple plus qu'on aime, selon la philosophie de Machiavel, n'a pas su tirer parti du jeu de la figuration comme d'un capital de légitimité à sa portée.

I. Essai de problématisation de la mise en scène du pouvoir

Avec la presse critique, la domination de la pensée unique fut contestée et le peuple prit une part conséquente de responsabilité dans la gestion des affaires de la cité (Mercier, 2006). Avec le libéralisme, prétexte fut trouvé à la surexploitation, la surexposition et la surreprésentation de la figure présidentielle. En effet, la libéralisation politique qui actualise le problème de la légitimité démocratique pose que l'acteur politique, et notamment le « *mandaté* », doit proposer une performance pour convaincre et susciter l'adhésion (Goffman, 1973). Sans se réduire substantiellement à la théâtralité, cette performance comporte un volet qui concourt à faire voir pour faire croire. Certes, les fiançailles entre la dramaturgie et la politique ne datent pas des noces des années 1990. Les royautés traditionnelles de droit divin ont constamment fait recours à la dramaturgie dans leur tentative d'assimiler l'ordre social à l'ordre naturel. Toutefois, l'avènement du pluralisme, même si elle mit en déroute la religiosité politique et le culte de la personnalité, ne portera guère l'estocade aux figurations institutionnelles dites « pontificales » dans les arcanes du pouvoir. Bien au contraire, la conjoncture concurrentielle fera de la mise en scène politique une manifestation évidente de l'art de gouverner en démocratie (Abélès, 1990).

Aussi, privilège est donné aux « *fabrications* » dont l'aspect sensationnel est immédiat (Habermas, 1978). Et dans cette immédiateté, les vrais débats sont vidés de leur substance et chaque évènement est noté sur sa dimension théâtrale. Les tractations de la scène politique, amplifiées par le cannibalisme cybernétique des espaces dématérialisés d'énonciation, procèdent d'une envie irréductible de faire le buzz. Comme le signe Mercier (2006 : 14), « *l'exalté, l'enflammé, le théâtral, a toutes les chances de retenir davan-*

tage l'attention [...] », puisque dans un monde où tout va vite, où le futile et le nihilisme sont à la mode de l'éthique, seul le *tape-à-l'œil* est digne de plébiscite. C'est donc une « *démocratie de théâtre* » (Toras, 1990) à laquelle on assiste. Elle correspond à cette idéologie du visuel dont a parlé Gingras (2003), qui pourrait procéder, en partie et au Cameroun, de cette série d'interrogations :

> Les innombrables portraits de l'autocrate ne sont-ils pas affichés dans les demeures privées et les lieux de l'intimité comme dans les endroits publics et sur les places officielles ? Ne peut-on lire, chaque matin, le chapelet de ses pensées à la « une » du « grand quotidien national » d'information ? Des heures avant chacun de ses passages sur l'avenue principale de la capitale, n'est-il pas de coutume que les forces de police et de gendarmerie bloquent la circulation, ferment les boutiques le long du trajet qu'il doit emprunter, paralysant ainsi toute activité et ramenant l'autocrate dans les lieux même du quotidien, là où les corps ordinaires se meuvent ? Certains jours de fête nationale, ne le voit-on pas assis à la tribune présidentielle, pendant que le « peuple » défile sous le soleil avec des pancartes et des uniformes du parti, avant que, le soir, les « invités » ne courent à la réception au palais, pour manger, boire et rire en sa compagnie ? Mbembe (1996 : 154)

1. La totalité présidentielle en contexte camerounais

La figure présidentielle comme un phénomène inexorable expliquant toutes les réalités au Cameroun, surgissant sans cesse dans les milieux sociaux comme un fait tant banal qu'ayant la plus haute importance, fonde ce que nous qualifions de « *totalité présidentielle* ». Comme sujet fantasmé, expression symbolisée, image picturale ou corporéité nommable, ladite figure s'invite incessamment tant dans l'espace public que dans le domaine privé où elle s'immisce dans l'interaction sociale, passionne et dépassionne les commentaires des uns et des autres sur le pouvoir et, comme un sujet banal, meuble l'ennui des heures dans les taxis, les marchés, les débits de boisson, les maisons, les échoppes, pour ainsi dire *tuer le temps* (Abe, 2011). Dans les médias, le nom « Paul Biya » et ses images culminent sur fond de hantise et d'obsession ; le chef de l'État devient le fait acoustique, cathodique et romantique central, comme un suprahomme dont l'ésotérisme est l'objet de décryptages populaires, dont la mystique est sujette à des tentatives de dévoilement et dont le mythe impérissable est mis à l'épreuve d'une compréhension sans fin (Abélès, 1990). Dans cet excès de *fabulosité*, le président de la République, « *le prince* » de Machiavel (1962), est à cheval entre plusieurs entités sociologiques où son statut constitutionnel glisse facilement dans des considérations providentielles qui le rendent responsable de tout et de rien à la fois : c'est le paradigme du plein et du vide présidentiel.

L'ouverture démocratique de la société camerounaise des années 1990 qui, selon Charaudeau (2005 :18), introduisit un « *gouvernement de la parole* », aurait pourtant pu laisser présager l'avènement imminent d'une impopularité et d'un désenchantement. Car l'élu ne s'exprime qu'au nom de ses électeurs, le rôle présidentiel devenant assimilable à celui de marionnette du peuple. Aussi, aurait-on laissé croire à la fin de la prééminence individuelle au profit d'une présence « transfuge » qui prendrait toujours le peuple à caution à chaque saillie. Aurait-on cru naïvement à la fin de la totalité présidentielle en tant que phénomène visuel et phénomène sonore servis en permanence ?

Paradoxalement, l'éclatement du *verbe* et la « *libéralisation des sources de la vérité et des sites de la parole légitime [...]* » (Leka, 2013 : 8), qui symbolisa théoriquement le déplacement du pouvoir du centre (les gouvernants) vers la périphérie (peuple), amplifiera l'effet de présence du prince au point où le pluralisme se précisera davantage comme un espace privilégié de spectacularisation du politique.

2. L'échec patent d'une démonopolisation

En prenant le risque lexical d'appeler une « démocratie africaine », c'est bien reconnaitre les étrangetés que les milieux africains s'autorisent pour distordre les règles de jeu auxquelles ils se sont soumis volontairement ou pas. L'une de ces étrangetés touche aux imaginaires constituants du pouvoir qui y régente l'activité sociale, lesquels se construisent généralement à partir de l'expérience de la violence à force de centralisation et de monopolisation. Ce n'est un secret pour personne que le déficit d'alternance politique fait de cette zone du globe un champ fertile de coups d'États potentiels. Ainsi, cette courte réflexion s'interroge aussi sur les mécanismes de verrou qui empêchent le basculement des pouvoirs postcoloniaux du modèle de l'austérité vers un modèle de sympathie populaire, gage de crédit et de productivité.

Le choix porté sur l'aspect scénographique de la politique dans son rapport à la domination, à l'œuvre dans les sorties publiques présidentielles, en contexte spécifique camerounais, procède de cette aliénation sociale dans laquelle la figure du chef de l'État sert de texte et de prétexte à toute forme de dissertation sur le pouvoir politique dans la société. Comme partout ailleurs, la surexposition de la figure du chef de l'État dans l'expression sociale relève des formes multiples de questionnements sur le rôle présidentiel. En tant qu'activité de (re)production politique, de sa mise en scène, chaque sortie publique présidentielle exhibe l'idéal républicain de la classe dirigeante, masque et démasque un corpus idéologique qui peint en filigrane, au-delà des « *choses dites* » institutionnellement (Bourdieu, 1987), la véritable vision sociale des gouvernants. Au moyen de l'étude de ces excursions politiques dans leurs chorégraphies institutionnelles, il est possible d'explorer la face cachée de la *chose politique*. A fortiori, toute figuration cache et dévoile une part de la réalité qui, en retour, cache et dévoile une part de secret et vis-versa. Voilà en quoi s'opère l'indivisibilité du spectacle et de la politique (Balandier, 2006).

II. Exercer dramaturgiquement le pouvoir : une donnée politique incontournable

Le pouvoir basé sur la seule force, ou sur la violence non domestiquée ne suffit pas (Bourdieu, 1982). C'est un pouvoir fragile qui fait l'objet de menaces par la reconfiguration des forces. Le pouvoir présenté sous l'unique aiguillage de la raison peine car la rationalité est très souvent élitiste. De fait, ni l'autoritarisme sous une forme radicalisée, ni même la rhétorique ne peut, isolément, sans se rattacher aux exigences de la politique-spectacle, pérenniser le pouvoir. Ce dernier n'étant, bien entendu, conservé que par la transposition, par la production d'images, par la manipulation de symboles et leur organisation dans un cadre cérémoniel (Balandier, 2006). L'enjeu, à cet effet, serait de trouver des niches de légitimation susceptibles d'éveiller un capital sympathique suffisant pour se garantir une base électorale. En effet, la politique-spectacle, lorsqu'elle est exploitée de manière appropriée, se présente comme une ressource pouvant générer des imaginaires sociaux confortatifs indispensables à l'établissement de l'ordre dans la cité.

S'il peut être admis dans l'opinion camerounaise que « *Paul Biya, même aujourd'hui, ne communique pas assez* », il ne peut être nié que depuis le décret N°2011/412 DU 09 décembre 2011 portant réorganisation de la présidence de la République, la communication présidentielle s'est vu insuffler une nouvelle dynamique. Elle a concrètement consisté en l'actualisation de tous les types de médias :

> [...] médias graphiques ou imprimés (Cameroon Tribune notamment mais aussi d'autres journaux nationaux et internationaux), phoniques ou sonores (CTRV, France 24 entre autres), iconiques, plastiques, kinésiques, conviviaux, multimédia. Concrètement, des médias tels que les sites Web, les réseaux sociaux (Facebook, Twitter...), la CRTV (Radio et télévision), Cameroon Tribune, France 24, « Le temps des Réalisations », des banderoles, des livres, la marche, la gestuelle, les défilés, les ordonnances et décrets, les spectacles... sont mis à contribution. (Le Messager n° 3716 du mardi 26 Août 2014 p.7)

Particulièrement, la préparation du bulletin mensuel bilingue d'informations *Le temps des réalisations* (9 juillet 2012), l'activation du site de la présidence de la République (en 2012) et des comptes Facebook et Twitter du président de la République, le redimensionnement du livre *Discours et Interviews*, sont aussi autant d'opérations qui peuvent être enregistrées au compte de la politique spectacle. Il peut alors être dit, sans risque d'indiscipline verbale, que la communication présidentielle[19] d'aujourd'hui est nettement plus dense que celle d'hier. Il faut également comprendre que cette communication ne se limite pas aux prestations oratoires du prince évaluées à 230 entre 1982 et 1992 par François Marc Modzom (*Le Messager* n° 3716 du mardi 26 Août 2014 p.7) contre 277 à l'actif d'AHIDJO pendant les 10 premières années de son pouvoir. De fait, il faut nécessairement faire le distinguo entre la communication du président de la République (de l'homme) et celle de la présidence de la République (de toute l'institution) car, si le chef de l'État intervient toujours, à quelques exceptions près (notamment ses rares interviews), dans ses cadres ritualisés et traditionnels de prise de la parole, la présidence de la République quant à elle s'est arrimée aux moyens modernes de diffusion de l'information. La communication présidentielle recouvre donc une extraordinaire technologie des médias concourant non seulement à la diffusion de l'information mais aussi à la publicisation ou au markéting politique. Le tout, évidemment, participe des stratégies de (re)légitimation du pouvoir

---

[19] Quelques fois, pour assurer sa campagne, Paul Biya a fait appel à des communicants étrangers tels que Patricia Balme, Stéphane Fouks

politique car, comme souligne Rangeon (2000 : 99), « *la communication politique serait la manière moderne de faire de la politique, les réfractaires se voyant qualifiés de rétrogrades* ». Voilà donc en quoi consiste explicitement le paradigme de la proximité et de la distanciation du président Biya, une sorte de compromis, peut-être, entre les exigences modernes de la communication politique et sa propension à « *la pudeur* », à « *la réserve et même au secret* » attachée à son ancienne vie de « *séminariste* » (Le Messager n° 3716 du mardi 26 Août 2014 p.7). Que nous apprennent en clair les sorties publiques présidentielles ?

III. Typologie des sorties publiques du président de la République

Tenter une typologie des sorties publiques présidentielles n'est pas une activité facile. C'est un exercice qui exige une certaine vigilance car, inventorier le nombre des sorties publiques présidentielles depuis les années 1990 est non seulement un projet titanesque mais, fastidieux[20] aussi. Il n'est pas

---

[20] Tout au long de cette étude, il y a eu une envie forte, frénétique, obstinée et permanente, de dresser une liste exhaustive, quantifiable, des sorties du PR de 1990 à 2014, à la manière du journaliste de la CRTV François Marc MODZOM qui, selon le n°3716 du quotidien Mutations du mardi 26 Août 2014 page 7, est parvenu à dénombrer 230 prestations oratoires publiques du président BIYA, entre 1982 et 1992, réparties en deux ensembles : les allocutions (191) ; les interviews et les conférences de presse (35). En comparaison, Amadou AHIDJO avait effectué 277 prestations oratoires publiques pendant les dix premières années de son pouvoir. Hélas, cette envie évoquée plus haut n'a pas pu se satisfaire dans le cadre de ce travail. Les investigations entreprises à la CRTV (Mballa 2), à la maison de la radio, au Cabinet Civil, au MINREX, au palais des Congrès, au MINCOM, au MINATD, à la SOPECAM et aux archives nationales, ont relevé un problème sérieux d'archivage de données dans

aisé, en effet, de mener une étude sur le chef de l'État à chacune de ses sorties, les contraintes sécuritaires soumettant « l'environnement présidentiel » à une régulation exceptionnelle. Pourtant, cette typologie présente une importance décisive puisque, bien que s'inscrivant dans des contextes spécifiques selon la chronologie, chaque sortie de même nature se fait dans un cadre cérémoniel prédéterminé, offrant un séquençage répétitif d'opérations et requérant une forme itérative de rhétorique. L'effort visant à typer les sorties publiques présidentielles dans le cadre de ce travail ne se justifie que dans le postulat d'une homologie entre les sorties de même nature. Ces dernières, le plus souvent, font appel aux mêmes technicités, aux mêmes architectures, aux mêmes rituels, et portent le même modèle de langage, autorisent les mêmes corpus symboliques. Il est vain, par conséquent, de procéder à un recensement exhaustif de toutes ces sorties dans ce domaine d'étude, la qualité étant ici plus intelligible que la quantité ; une sélection de critères servant à la construction de leurs ressemblances et dissemblances serait davantage pertinente. Cela dit, les sorties de différentes natures peuvent partager une texture commune, des particula-

---

l'administration camerounaise. Il a semblé qu'aucune base de données, soigneusement établies, ne répertorie les sorties du chef de l'État dans leur exhaustivité. Ailleurs, une peur chronique s'installe dès qu'un sujet ou une information touche au président de la République dans l'administration. La méfiance qu'inspire le chercheur aux *hommes de décision* est une réalité presque palpable sur le terrain, comme si la science, au-delà de sa vocation suprême à servir au développement, existait pour catapulter des petites haines. Encore plus lorsqu'il s'agit de la sociologie qui, comme nous l'explique Bourdieu (1984), importune et dérange. Nonobstant ces difficultés, nous poursuivons nos investigations.

rités semblables, des enjeux analogues. Les schémas illustrés dans cette partie de l'étude ne peuvent donc pas être emprisonnés dans des intervalles clos comme des prototypes dont la rigidité structurelle se romprait au-delà de leurs caractéristiques de base. Au contraire, ces schémas soutiennent que, d'une sortie à une autre, quelle qu'en soit la nature, les mêmes fins s'homogénéisent, les mêmes contraintes s'activent, les mêmes questions interpellent. La diversité apparente de la nature des sorties publiques présidentielles est très souvent est trompeuse. Dans quelques cas, la question de la légitimité en est l'objet fondateur. Cette question, inaltérable, est une constance dont l'enjeu est pesé, mesuré, jugé à chaque fois. Elle est un fil directeur, un point d'ancrage dans le sillage duquel toutes les sorties publiques présidentielles s'incrustent (Abélès, 1990). Ces sorties possèdent donc un caractère hybride ; elles sont diverses et variées mais tendent chacune à produire le même objet : la légitimité. Férréol et *al.* rapportent ce qui suit sur la notion de typologie :

> La construction de catégorisations est perçue, par la plupart des auteurs, comme un effort d'abstraction autorisant des mises en ordre ou des comparaisons. [...] En effet, en sociologie, cette approche pose des problèmes complexes. La différence entre sciences de la nature et sciences sociales ne tient pas d'abord au degré d'exactitude et de précision des concepts, mais surtout aux modes d'appréhension de la réalité : l'analyse extérieure des données doit en effet s'enrichir de leur compréhension intérieure. La sélection des critères significatifs, pour aboutir à une représentation formelle cohérente, rendant compte des liaisons entre traits caractéristiques, s'avère particulièrement délicate dans les disciplines herméneutiques où les réalités présentent un degré plus élevé de singularité. (1991 : 215-216)

1. Les sorties officielles

Les populations camerounaises ont une connaissance restreinte des sorties officielles du président de la République. Interrogées sur la question, elles ne parviennent qu'à citer les sorties publiques intégrant le déplacement du cortège présidentiel, omettant de la sorte toutes celles qui ne requièrent pas de voyage, pour ainsi dire, comme les audiences au palais de l'unité ou les traditionnels messages du chef de l'État à l'endroit des camerounais. La réponse la plus souvent entendue à ce sujet est sous la forme suivante : « *il en existe plusieurs, mais le plus souvent, lorsqu'on voit la DSP avec les gyrophares, on sait que c'est une sortie publique présidentielle* » (Entretiens du 23/07/14). Pour certains, il s'agit de « *missions officielles du chef de l'État* », pour d'autres, « *des déplacements officiels à l'étranger* ». Quoi qu'il en soit, sur le terrain, un caractère commun permet d'identifier toutes ces sorties officielles : la présence couplée des membres de la police, de la GP et de la DSP, et la contrainte que ceux-ci exercent sur les populations. La perception populaire des sorties publiques présidentielles rend compte d'un certain traumatise. Par sorties officielles, certains individus ne distinguent que le cliché froid et draconien de l'autorité que figurent ici les forces de l'ordre. Ils manquent par là une occasion opportune de se souvenir d'une autre gamme beaucoup moins raide desdites sorties et de quelques aspects positifs y afférents.

Rappelons que par sorties officielles, dans ce travail, il est entendu toutes sorties publiques déclarées par le gouvernement et mettant en œuvre des formalités requises et/ou protocolaires à cet effet. Ces sorties obéissent à des règles de déroulements classiques et codifiées, mobilisent des ressources publiques de l'État, de même qu'elles font l'objet d'une communication stratégiquement organisée par les structures étatiques. Elles peuvent s'opérer à l'intérieur du triangle national comme à l'étranger.

Les sorties de souveraineté

La célébration tous les ans de la fête de l'unité nationale est l'un des rares évènements où le pouvoir se donne à voir en public des heures durant et l'un des rares évènements où la figure centrale de l'autorité s'offre, pour ainsi dire, à la curiosité populaire. C'est une consécration politique qui marque un temps fort de surexcitation sociale. Au fil du temps, ces sorties se sont acheminées vers un déroulement classique au point qu'aujourd'hui, hormis quelques variations sporadiques, elles épousent encore la forme séculaire d'il y a près d'un demi-siècle (1972) sous l'ère Ahidjo. Elles s'articulent autour d'un enchainement de rites propres à la liturgie républicaine. La cérémonie du défilé du 20 mai est, inexorablement, un canal d'expression de la souveraineté nationale et d'affirmation des crédos de « *paix* » « *d'unité et de cohésion nationales* ». Il est aussi, pareillement, une occasion d'affirmer une hiérarchie qui distingue le *haut* et le *bas* (Abe, 2008 : 24) et une démonstration de l'autorité dont jouit le chef de l'État. De cette autorité découle l'esthétique magistrale qui habille sa magnificence et dont la fonction dramaturgique est de premier ordre. En effet, le cérémoniel du défilé du 20 mai peint un tableau flamboyant du pouvoir politique sur lequel le prince est un être mi-humain, mi-divin. Aucun humain n'est plus grand que lui, aucun être n'en est plus fort, plus puissant. Son pouvoir est supérieur, inoxydable et éclatant.

Les sorties de communion

Ce type de sorties exploite la mémoire collective du peuple. Il fonde sa légitimité sur une ou plusieurs circonstances historiques ayant profondément marqué une collectivité sur un espace géographique déterminé. Il va déraciner de vieux souvenirs dans les bas-fonds de la conscience collective pour leur donner une dimension atemporelle. Il opère une sorte de fouille archéologique dans le passé et construit un capital symbolique commun. Ici, les dirigeants et le peuple sont appelés à communier autour d'une histoire dont la trace symbolique, dotée d'un sens élevé, est un objet de ferveur et de patriotisme. Bien que le défilé du 20 mai soit caractéristique d'une telle typologie, dans ces critères figurent les cinquantenaires des indépendances et de la réunification, de même que la réception offerte par le couple présidentiel au palais de l'unité au soir du 20 mai. Ces sorties sont très dramatisées et explorent le plus souvent un passé commun dont le politique se sert pour s'attribuer des faits d'armes dont il n'est guère le maitre d'œuvre.

Les sorties de commisération et de philanthropie

Ce sont des sorties qui exaltent le caractère humanitaire du prince. Elles le figurent comme un homme philanthrope à l'égard de ceux qui souffrent et qui sont frappés par le malheur. Comme une sorte étrange d'ange gardien qui ne se manifeste que lorsque le malheur a déjà frappé, celui-ci s'emploie à améliorer le sort matériel et psychologique des hommes. Son intervention est thérapeutique, son assistance est une véritable chirurgie sociale. C'est l'occasion pour lui de faire preuve de magnanimité en offrant des dons divers et des promesses visant à la réparation des dommages matériels engendrés par les catastrophes. La catastrophe du lac Nyos en août 1986[21], l'incendie de Nsam en février 1998[22], les crashs d'avion dont celui de Mbanga Mpongo[23] de 2007, les inondations dans le Grand Nord de septembre 2012[24] et récemment les attaques de la secte Boko Haram etc. ont permis de mettre en évidence les traits sus cités.

Les sorties de tribunalisation

Les sorties de tribunalisation sont des sites de rhétoriques politiques qui rationalisent la manipulation. Elles sont des espaces où toutes les formes discursives (description, argumentation,

---

[21] Le 21 aout 1986, à 21h30, le Lac Nyos dégageait du gaz carbonique et causait la mort de 1746 personnes et de 4 000 têtes de bétail. C'est l'une des plus grandes catastrophes naturelles du Cameroun.

[22] En février 1998, deux wagons-citernes d'un convoi pétrolier ont explosé, tuant au moins 220 personnes et en blessant 63 autres au quartier Nsam de Yaoundé.

[23] En mai 2007, près de Douala, un avion de Kenya Airways s'est écrasé quelques secondes après son décollage. L'accident avait tué les 114 passagers et membres d'équipage, dont 34 étaient camerounais et neuf étaient de nationalité kenyane.

[24] La rupture d'une digue a engendré des inondations causant 12 morts, une personne disparue, 6637 ménages sinistrées et près de 27 000 personnes sans-abris dans la région de l'extrême Nord , notamment dans les villes de Garoua et de Lagdo ; dans la région du Nord, aucune perte en vie humaine n'a été signalée selon le ministre de la communication Issa Tchiroma, mais plusieurs habitations et cultures sont détruites, de nombreux troupeaux de bétails abandonnés, 633 familles affectées, sept villages évacués et 6500 personnes déplacées.

explication, narration, démonstration) sont utilisées dans les contextes favorables et en proportions profitables pour influencer l'auditoire. Le discours politique agit sur l'auditoire non seulement par l'intermédiaire de la construction logique, par l'intermédiaire des raisonnements appropriés (déductifs, inductifs, par analogie…), mais aussi par l'intermédiaire des procédures qui ont en vue la sensibilité du récepteur.

Les sorties de défiance

Il s'agit des sorties qui théâtralisent une scène de rivalité entre le politique et le corps social. Elles interviennent suite à des mouvements de contestation ou de revendications qui ébranlent la société. Tout comme le défiant craint d'être trompé, le prince craint de voir son pouvoir lui filer entre les doigts. Ces sorties sont des fronts où le discours politique se fait de plus en plus incisif, où les protestataires contre le système se transforment en des « apprentis sorciers », en des « opposants irresponsables et sans programme politique ». Ainsi, le « Cameroun, c'est le Cameroun » et « tant que Yaoundé vit, le Cameroun respire ». Un recours évocateur à la violence symbolique et verbale pour inhiber toutes propensions à la subversion et terrifier les adversaires politiques.

Les sorties de grandeur et de gloire

Les cérémonies de vœux de nouvel an au chef de l'État sont des occasions qui marquent sa gloire et sa grandeur. Elles soulignent la prééminence de son rôle. Au milieu de tout le corps social, elles réaffirment sa majesté souveraine. Dans une solennité méticuleuse, elles distinguent sa personne parmi un nombre pléthorique de personnes. Elles élèvent son autorité au-dessus de toutes les autres autorités présentes. Le chef de l'État est ainsi le seul commandant de bord de l'appareil gouvernemental, la première figure de l'État devant qui les autres figures s'inclinent. Aussi, les sorties relatives à l'accréditation des ambassadeurs réfèrent également à cette typologie, de même que les sorties relatives aux manifestations sportives.

Les sorties suggérant le développement ou la performance politique

Il s'agit des cérémonies de pose de la première pierre et des cérémonies d'inauguration. Les sorties relatives à la rétrocession de la péninsule de Bakassi (palais de l'unité, Août 2008) à la réception des ex-otages français et italiens (palais de l'unité, avril 2013), au comice agro-pastoral d'Ebolowa[25] le 17 janvier 2011 peuvent s'illustrer dans cette classification. Ces sorties véhiculent l'idée du progrès, de la transformation, de la renaissance, de l'exploit, de la maturité etc. Elles concourent à la construction d'une idéologie de l'efficacité.

Les sorties parlementaires

Les audiences au palais de l'unité, les visites officielles des chefs d'État étrangers au Cameroun, les sommets de Yaoundé (sommet des chefs d'État et de gouvernement de

---

[25] Le comice agropastoral d'Ebolowa dans la région du Sud devait augurer d'après de chef de l'État « *le début de la relance de notre politique agricole* ». Il a pour cela promis qu'un effort financier exceptionnel sera fait par l'État au bénéfice de l'agriculture, de l'élevage et de la pêche au cours des prochaines années.

la CEEAC, de la CEDEAO et de la CGG sur la sûreté et la sécurité maritimes dans le Golfe de Guinée, sommet de la CEMAC, par exemple), les grandes conférences (Africa 21, conférences de la francophonie, du Commonwealth), les assemblées générales (l'Assemblée générale triennale de l'Union panafricaine des Avocats (UPA) tenue à Yaoundé par exemple) les conseils ministériels sont autant de sorties caractéristiques de cette typologie. Ce sont des sorties d'intenses échanges, des espaces de consécration politique. Elles se démarquent par les débats, les entretiens, les discussions, les négociations plus ou moins fructueux.

2. Les sorties non officielles

Dans l'imaginaire de la plupart des personnes interrogées dans le cadre de cette étude, les sorties non officielles sont bel et bien du domaine des sorties publiques. Pourtant, si elles leur reconnaissent quelques caractéristiques fusionnelles avec les premières, s'agissant de privations de leurs libertés, elles peinent à les identifier clairement. Cet état de fait n'est en rien anodin : la perception populaire des sorties non officielles rend également compte d'un traumatisme. Le rapport direct, établi par les individus, entre ce grand ensemble de sorties et les entraves aux libertés est édifiant. Ce rapport est constitutif, au Cameroun, de la connexité des sphères officielle et officieuse, au point où l'amalgame entre le domaine publique (au sens qui relève des pouvoirs publics de l'État) et le domaine privé est en permanence entretenu (Zambo, 2003).

Rappelons qu'en raison de l'inexistence de cette ligne de démarcation entre le relief officiel et officieux au Cameroun, pour cette étude, les sorties non officielles, bien qu'étant clairement identifiées, peinent à se définir sans équivoque. Très souvent, elles font l'objet d'un communiqué public du Cabinet Civil et comportent une suite officielle d'une dizaine de membres de la présidence. Il s'agit donc de la construction d'une logique de prévalence de l'officiel dans l'officieux. C'est pourquoi cette étude, de manière vulnérable, pose qu'une sortie officieuse, pourrait se définir comme une sortie dont la justification première ne concourt pas fondamentalement aux intérêts de la nation, bien qu'émanant du gouvernement et requérant quelque fois des ressources publiques de l'État, bien que nécessitant les formalités techniques et/ou protocolaires obéissant à des règles strictement codifiées.

Les sorties non officielles à l'intérieur du triangle national

- Les sorties de propagande

Ce sont des sorties consacrées à la promotion du parti. En effet, comme le souligne Bréchon, « *les partis politiques sont des lieux de production idéologique* » (1999 : 53). Les sorties de propagande affèrent au RDPC. Ce sont des entreprises politiques qui s'inscrivent dans la téléologie de la séduction. Elles visent à créer du consentement, de l'allégeance, de l'obligation ; à acquérir des soutiens ou à conclure des alliances utiles. Elles recherchent en permanence le chemin de la légitimité démocratique et le droit d'être écouté. Elles bénéficient d'une couverture médiatique totale qui répond, de façon rigoureuse, aux exigences du markéting politique. C'est une communication stratégique dans laquelle le prince, en stigmatisant ses adversaires politiques dans une taxinomie vampirisant, s'approprie le droit naturel de gouverner. Ces sorties concernent aussi bien les sorties relatives aux campagnes électorales présidentielles à travers le pays (1992, 1997, 2004, 2011), aux congrès ordinaires et extraordinaires du RPDC, aux anniversaires du 6 novembre (date de l'accession de Paul Biya à la magistrature suprême).

- Les sorties de cognation et d'inspiration

Les sorties de cognation et d'inspiration sont celles relatives aux descentes du chef de l'État dans son village natal Mvomeka'a dans le Sud du Cameroun. Elles affirment sa filiation, expriment son attachement à sa terre natale, aux valeurs, aux traditions de sa communauté d'origine. Elles sont des évènements culturels considérables qui relèvent d'une anthropologie remarquable du peuple Bulu en général, et des Bulu résidant au village Mvomeka'a en particulier. Elles peuvent revendiquer une appartenance à l'industrie de la fraternité et de la communauté. Elles expriment des valeurs coutumières et participent au rayonnement du grand peuple Yezum.

- Les sorties de détente

Elles sont de l'ordre de la relaxation ou de la décontraction. Ce sont les quelques sporadiques escales du PR dans la ville de Yaoundé (visite du bois Saint Anastasie aux cotés de sa famille en 2012). Elles prennent aussi en compte sa présence lors de quelques rassemblements familiaux comme ceux qui se tiennent à l'occasion des réveillons au palais de l'unité (réveillon dont les images sont quelque fois publiées par la présidence de la République). Ces sorties, bien que privées, donnent à voir le pouvoir sous un autre jour. Elles ont pour effet de tempérer l'aspect déshumanisant du pouvoir politique pour le ramener à un bord plus sympathique. Le prince apparait ici comme monsieur « *tout-le-monde* ».

Les sorties non officielles à l'étranger

Les sorties non officielles concernent les sorties de claustration. Il est difficile de dire quelque chose sur cette catégorie de sorties sinon qu'elles appartiennent au registre du plein isolement. Elles font quelquefois l'objet des propos spéculatifs du genre : « *le président serait mort* » ou « *le président est dans un état de santé critique* ».

III. Description synthétique des sorties publiques présidentielles et économie des imaginaires sociaux

Rendant compte d'une visite officielle de Paul Biya dans la ville de Douala à l'occasion de la cérémonie de pose de la première pierre de construction du second pont sur le Wouri et l'inauguration de l'usine de production de gaz naturel de Ndogpassi[26], La Nouvelle Expression écrira :

> Dans toutes les artères qu'empruntera probablement le cortège ce jour et demain, sont postés, et des soldats, et des camions de guerre, sous les regards médusés de la population. A la résidence présidentielle à Bonanjo, cet arsenal est frappant. A son entrée ce mercredi 13 novembre 2013, un camion de la garde présidentielle est garé. Des soldats sillonnent les parages, rabrouant toutes les personnes visiblement étrangères. Au sommet des arbres comme sur les terrasses de ladite rési-

---

[26] Le 14 et le 15 novembre 2013 respectivement

dence, sont perchés des hommes en treillis et lourdement armés. Un peu plus loin, précisément à la 2ième légion de gendarmerie du Littoral, deux camions antiémeutes en provenance de Yaoundé en renfort sont garés. A l'esplanade de la brigade Ier de Deïdo, point focal de la cérémonie de pose de la première pierre, les éléments du BIR ont élu domicile depuis quelques jours. Ils y ont été rejoints par d'autres corps de l'armée camerounaise. Près de 20 Coasters et plus de 20 camions militaires, tous pleins ont débarqué à Douala. Une gigantesque parade de ceux-ci hier a d'ailleurs permis à la population de savoir sur quel pied danser ce jour. (Publié sur le site de La Nouvelle expression le 14 novembre 2013, www.lanouvelleexpression.org, consulté le 07/03/2014 à 11 :10)

Diasporanews, une cyberpresse locale, aborde un autre pan de cette même visite :

Les trous qui pourrissaient la circulation sur la chaussée ont subitement disparus. L'éclairage n'était pas en reste. Pourtant, malgré de nombreuses plaintes des populations, les autorités de la ville faisaient la sourde oreille. Mais dès l'annonce de la visite du Chef de L'Etat, tout est rentré dans l'ordre. Et pour l'apothéose, des centaines de millions de francs CFA seront ainsi dilapidés pour la construction de la tribune d'honneur sur les berges du Wouri. Un terrible gâchis quand on sait que la population en elle-même broie du noir dans le chômage. Sous d'autres cieux, une telle cérémonie n'aurait nécessité autant de fonds. Pourquoi construire une tribune assez coûteuse pour une cérémonie de quelques heures et la détruire après ? Cet argent ainsi investi dans le vide et l'absurdité n'aurait-il pas mieux servit à une cause plus noble ? (Publié le jeudi 21 novembre 2013 06:37, consulté le 07/03/2014 à 11 :10)

Les sorties publiques du PR, à l'extérieur du palais de l'unité, se réalisent sous un ensemble de traits distinctifs qui forment, de manière générale, le mode opératoire de l'institution présidentielle.

1. Le dispositif sécuritaire : de l'ostentation, de la contrainte et de la logique du *bigmanisme*

L'ostentation et la contrainte[27] sont des traits que le grand public de Yaoundé connait aux sorties publiques présidentielles. Comme le note Mercier, « *certaines représentations exigent un déploiement dramaturgique de plus grande envergure* »[28]. L'impressionnante mobilisation des ressources sécuritaires de l'État ne laisse planer aucun doute quant à savoir à quel bord loge la force. Une extravagance quasi ubuesque métamorphosant le mandaté en *bigman,* nanti d'un pouvoir qu'il ne semble pas avoir obtenu par délégation[29].

[27] A ce sujet, il est arrivé qu'au cours de nos recherches, comme si comparaison était raison, l'on nous oppose l'argument américain pour justifier en retour les clichés de la scénographie camerounaise. Levons si possible l'équivoque. Nos investigations sur le sujet nous ont conduit à élucider les faits suivants : les USA ont connu quatre assassinats présidentiels lors des sorties publiques présidentielles et de nombreuses autres tentatives échouées ; les menaces de mort sur la personne du président américain sont estimées à une trentaine par jour dont le caractère non fantaisiste peut être relevé ; le président américain est présenté comme l'homme le plus puissant au monde et la politique étrangère américaine expose ses dirigeants en permanence ; les USA constituent la première puissance mondiale. Au Cameroun par contre, reste à justifier les raisons de cette contrainte dont les populations n'ont de cesse de décrier la rusticité ; reste à justifier l'obésité de ce déploiement sécuritaire où la GP, la DSP, l'EMP, la DGRE, la DGSN, le SED s'y mêlent dans un jeu de nomenclature à n'en plus finir.

[28] Mercier, E., *La performance dramaturgique de l'acteur politique,* mémoire de maitrise en lettres, Université du Québec, 2008, p.36

[29] Le bigmanisme apparait aussi dans le nombre d'appareils roulant qui forment le cortège présidentiel. Certaines sources font état de près d'une cinquantaine de véhicules, d'autres parlent d'une trentaine. Toutefois, d'après l'observation directe diligentée au long de ce travail[29], l'on a pu observer 32 véhicules et 16 motards dont 5, à l'avant du cortège, dessinent un triangle ; 3 sont postés à l'arrière et 4 roulent de part et d'autre de la limousine blindée. De plus, d'autres motards patrouillent dans les

Ils disposent les automitrailleuses au niveau de tous les carrefours par lesquels passera le cortège présidentiel, du palais d'Etoudi jusqu'à l'aéroport de Nsimalen. Ils sont équipés d'engins de guerre et d'autres artilleries lourdes. Ils sont là pour inspirer la peur et dissuader les mauvais esprits. Des snipers sont postés sur tous les immeubles et arbres stratégiques le long du chemin. Ces gars-là ne pardonnent pas. Ils surveillent les moindres gestes, confisquent les appareils photo des audacieux qui osent filmer le cortège. [...] Quand je sais que le président va passer, si je ne suis pas encore en ville, moi je préfère rester chez moi car le climat est dangereux et on ne sait jamais ce qui peut se produire. La journée était fichue de toute façon.[30]

Ce scénario de l'obsession sécuritaire[31], qui participe de la construction fantasmée de l'invincibilité présidentielle, s'accouple parfaitement à celui de l'ostentation du pouvoir politique. Elle participe de la représentation dramaturgique du pouvoir politique, non plus sous fond de dissuasion, par devers toute velléités de subversion, mais également sur fond de triomphe, d'autoglorification, de magnificence. La dramaturgie politique à Yaoundé procède de cette « starification »[32] du cortège présidentiel, de cette « *noblesse d'État* ». Cependant,

---

rues, vont et viennent, éclairant le chemin.

[30] Entretien du 23/07/2014

[31] Certaines analyses soutiennent que cette obsession sécuritaire s'est surtout exacerbée avec la crise successorale qui conduisit au putsch manqué du 6 et 7 avril 1984. Pour Socpa (2003), ce putsch fut l'évènement majeur qui justifia l'enfermement de Biya dans une coquille ethnique, l'éloignant ainsi de son peuple. Pour Pigeaud (2011), Biya s'est retranché dans sa forteresse en 1984, se rendant quasiment invisible pour ses concitoyens et ses propres collaborateurs

[32] Voir Heungoup Ngangtcho, H., M., *Le Bir et la GP dans la politique de défense et de sécurité du Cameroun. Socioanalyse du rôle présidentiel, des concepts stratégiques et d'emploi des forces*, UCAC, mémoire de master en gouvernance et politiques publiques, 2011

cette dramaturgie n'exploite pas que des ressources militaires.

2. Mobilisation du personnel civil : la construction de la liesse populaire

Les principaux axes de passage du cortège présidentiel sont les suivants : rond-point Bastos, carrefour Tsinga, nouvelle route Bastos, carrefour Warda, boulevard du 20 mai, Mvogbi, Carrefour Mvan, Tropicana, Odja, Nsimalen, aéroport. Durant le long de ce périple solennel, la foule curieuse, très souvent massée sur le trottoir et encadrée par les forces de sécurité présidentielle se met à applaudir quelquefois. N'est-ce pas là le signe d'une légitimité ?

Bien que certains individus expriment réellement par ce geste plébiscitaire la foi politique qu'ils ont à l'égard du PR, les investigations menées sur le terrain permettent néanmoins de confirmer l'hypothèse d'une construction de la liesse populaire dont les ingénieurs de projet sont les élites politiques. En effet, « *moyennant une rétribution financière, voire alimentaire* », ceux-ci « *mobilisent les foules et leur demandent d'acclamer le chef de l'État au moment de son passage* »[33]. Une politique du ventre[34] exécutée en brandissant systématiquement les portraits du chef de l'État, les pancartes et les banderoles dévoilant les sections du parti à l'œuvre du spectacle et les messages honorifiques à l'adresse de qui de droit, ainsi que l'exhibition fanfaronne des tenues du parti RDPC[35].

[33] Entretien du 18/09/2014.

[34] Voir Bayart, J-F., *L'Etat en Afrique. La politique du ventre*, Paris, Fayard, 1989

[35] Il est frappant de noter que l'image de Paul Biya est représentée sur toutes les tenues du parti RPDC (dont il est le président national) qu'ar-

Ces sorties procèdent de la fabrication « *d'une atmosphère de liesse, où les cris et autres exclamations disputent à la danse et à l'abandon du corps [...]* ». Ce sont des processus « *d'agrégation civique* » dont l'issue concourt aussi bien à la consolidation ou au réveil du sentiment d'appartenance nationale qu'aux « *comportements de dégoût* »[36].

3. Le cortège présidentiel et la litanie des entraves aux libertés

- Le phénomène des routes barrées

Des policiers établissent alors des barrières de sécurité et détournent la circulation vers des voies moins solennelles. L'accès à certains lieux est impossible en auto, toute indiscipline se payant au prix fort. Morts d'hommes suites aux tirs d'hommes en tenue[37], rafles, violences physiques et verbales, confiscations et destructions des biens, menaces, filtrage des populations à l'instar des badauds et des mendiants sont autant de sévices enregistrés au compte de leur déploiement.

Le phénomène des routes barrées engendre des embouteillages interminables dans la ville. Toute une circulation qui se grippe, se sclérose jusqu'aux plus petites artères des quartiers pendant près de 2 heures. Une situation qui fait dire

---

borent les militants lors de la majorité des spectacularisations du pouvoir comme si ledit parti y puisait là l'essentiel de sa pertinence.

[36] Lire Lafargue, J., « La rue africaine en mouvement : politique et action collective », in *Polique africaine*, n°63 Octobre 1996, pp.24-38

[37] Il a été rapporté qu'un moto-taximan a été tué par un agent de la GP à Melen lors du passage du cortège de la première dame lorsque, obstinément, il s'est engagé sur sa moto pour traverser la route alors que cela avait été interdit. De même, des piétons ont été tués au niveau de la Poste Centrale, à l'approche du cortège présidentiel, pour les mêmes raisons.

à un taximan ce qui suit : « *qui n'a jamais connu le phéno-mène des embouteillages au moment du passage de Paul Biya, n'a jamais ressenti le mépris des autorités à l'égard des populations* »[38].

Les contraintes liées à la fermeture de certaines routes ou à la marche à pied sont associées à la présence dissuasive des forces de sécurité présidentielle ; il y a également, par-dessus tout, une économie qui tourne au ralenti et des rap-ports de socialité qui peuvent se dénaturer. L'économie informelle s'enlise, le rapport de l'individu à la rue en est quelque peu affecté dans la mesure où celle-ci, restreignant la mobilité des individus, impose de nouvelles règles. Ainsi que le souligne Sansot (1988 : 331), « [...] *sans la rue, dit-on, une ville est morte. Entendons qu'elle ne sort pas d'elle-même ; qu'elle ne met pas au jour, ce qu'elle comporte de l'expression, sans laquelle les choses ne peuvent être dites exister* ». Cette dernière, obstruée à certains endroits, cesse d'interconnecter des petits mondes étanches. Elle se trans-forme instantanément en des allées de pénitence pour quelques individus contraints à de marches tenaces.

- Le phénomène de fermeture des magasins, des mai-sons et des parkings sur l'axe présidentiel

Quelques heures avant le passage du cortège, les forces de sé-curité présidentielle veillent à ce que tous les magasins, mai-sons et parkings de part et d'autre de l'axe présidentiel soient fermés. Comme le souligne un propriétaire de magasin,

Il arrive que nous restions bloqués pendant 2 à 3 heures à

---

[38] Entretien du 10/08/2010

l'intérieur du magasin. Nous n'avons l'autorisation de rouvrir à peu près trente minutes après qu'il soit passé. C'est dire que s'il arrive qu'un client tombe devant nous, on ne pourra même pas le conduire à l'hôpital. Si on t'appelle que ta maison brûle, ou qu'un de tes proches vient de décéder, tu ne pourras en gros rien faire. On n'a même pas le droit de garer nos véhicules. […] Oui, certains disent qu'il roule à vive allure afin de ne pas trop ralentir les activités. Pour ma part, je ne le pense pas du tout. Je crois plutôt qu'il veut juste compliquer la tâche au sniper qui essaierait de le débusquer. S'il est vraiment plein de bonnes dispositions à notre égard, qu'il prenne son hélicoptère. Vous vous imaginez un pareil phénomène dans les démocraties modernes comme la France ? On voit Hollande circuler comme tout le monde à la télé […].[39]

Encore une fois, c'est l'économie qui en pâtit. La mobilité urbaine retentit avec des populations séquestrées à l'intérieur des maisons et magasins, interdites du dehors pendant des heures durant. Une pratique de l'étouffement et du confinement que semblent ne pas comprendre les foules.

- Le phénomène des communications brouillées

Certaines sources rapportent que lorsque le PR passe, les communications (internet et la téléphonie) ne sont accessibles que difficilement aux endroits de son passage. Ainsi, *« ils doivent avoir les brouilleurs d'onde (les forces de sécurité présidentielle). A chaque fois qu'il passe (le chef de l'État), la connexion internet devient lente, voire impossible. Le réseau de téléphonie est HS. Il faut insister longuement pour avoir quelqu'un au bout du fil. Seuls leurs talkies-wal-*

---

[39] Entretien du 22/07/2014

kies fonctionnent parfaitement »[40]. Le monopole de la représentation légitime s'exprime ainsi à travers cette occupation intégrale de l'espace public que rien, même pas un coup fil, ne devrait troubler dans son déroulement.

IV. Les modes d'actions populaires : esquisse d'une technologie de la subversion

Malgré le « viol des foules » par des excès psychologisants, les populations développent des attitudes de défiance ou de désaffection de ces pratiques des autorités qui peuvent être lues au niveau des communications interpersonnelles qu'elles animent entre elles. Le « *ras-le-bol* » est exprimé. Certains poussent le bouchon vers l'humour corrosif et traitent le prince de « *vieux fou* ». La société cyberpresse camerfeeling.net publiait le 21 février 2010 :

> Vendredi 12 février dernier déjà, un incident plutôt rare est survenu sur le parcours du président de la République, alors qu'il quittait la ville de Yaoundé pour Mvomeka. Au rond-point des services du Premier ministre, un conducteur de moto a franchi le premier cordon de sécurité, dévalant une pente raide depuis le carrefour dit pharmacie du Soleil. Dans son élan, il a bousculé les policiers qui tentaient en vain de lui barrer la voie, avant de foncer tout droit vers le cortège du chef de l'État. Le conducteur de la moto, selon les témoins, a laissé passer les voitures qui ouvrent le cortège. Et, à la stupéfaction générale, il a roulé sur une distance de 150m devant la voiture occupée par le président de la République. Les témoins rapportent que les agents de la sécurité présidentielle, pris de court, ont sorti leurs armes à feu, sans tirer toutefois. Indifférent aux menaces, le conducteur de la moto a poursuivi son manège, en lançant de grands signes de défi à l'impressionnant dispositif de

---

[40] Entretien du 23/07/2014

sécurité sur l'itinéraire, constitué des éléments de la police, de la garde présidentielle et de la sécurité présidentielle. Comme satisfait de son exploit, le conducteur de la moto a ensuite bifurqué au niveau de la tribune présidentielle au boulevard du 20 mai, tentant ainsi une retraite par la ruelle qui passe devant le Night-Club Arizona situé derrière le boulevard du 20 mai. Mais il n'ira pas bien loin, rattrapé devant l'hôtel Merina par les véhicules qui l'ont pris en chasse. Il a été fouillé puis conduit au commissariat central n°1 de Yaoundé alors que le cortège poursuivait son chemin. Cet incident s'était produit la veille du 77ème anniversaire du chef de l'État qui, dit-on, quittait d'ailleurs la ville de Yaoundé pour son village Mvomeka afin de célébrer cet évènement en toute intimité avec sa famille.

Le leitmotiv « *Vive moi-même et Vide le Cameroun* » de l'artiste humoriste Mechekan l'Africain dans son célèbre sketch « *Le fantôme vous parle* », une parodie d'un discours du président de la République, écrite après la rumeur évoquant sa mort en 2004, est machinalement reprise par des employés d'une grande surface de la place. Dans le sketch, l'humoriste se fait passer pour le Prince et explique aux Camerounais :

> Sur le plan social, il est vraiment insupportable de vivre dans notre pays. Vous avez développé des moyens de grand banditisme au centre-ville de la capitale politique. [...] Vous abattez nuit et jour de nobles citoyens. Quand moi-même je passe là-bas, je double la garde parce que j'ai bien peur [...] Je tiens à vous rappeler, liberté d'expression ne veut pas dire anarchie. J'ai entendu qu'il y a des Camerounais qui ont essayé d'ouvrir leur bouche pour dire "Paul Biya, la malchance du Cameroun". Je tiens aussi à vous dire que moi-même je le répète : les Camerounais, la malchance de Paul Biya.[41]

Ailleurs, la chanson notoire « Lettre au Président » du rappeur engagé Valsero est mimée en chœur par un groupe

---

[41] Extrait d'une bande audio commercialisée de l'artiste

de jeunes dans le même supermarché :

> « Ce pays tue les jeunes, les vieux ne lâchent pas prise
>
> Cinquante ans de pouvoir et après ça, ils ne lâchent pas prise
>
> La jeunesse crève à petit feu tandis que les vieux derrière la forteresse se saoulent à l'eau de feu
>
> Ce pays est comme une bombe et pour les jeunes un tombeau
>
> Faites attention, quand ça va péter y aura que des lambeaux
>
> Alors les vieux faites de la place, faut passer le flambeau » (paroles tirées du site www.culturemboa.cm)

Toute une « grammaire de la subversion » comprenant des qualificatifs comme « l'homme lion », « le père », « vampire », « le fantôme », « vieux fou » etc. est revisitée clandestinement dans une dynamique d'interpellation des autorités. Ici, la subversion se dérobe à la surveillance des forces de l'ordre et emprunte des sentiers de la discrétion. Des commentaires se passionnent, d'autres se dépassionnent à coups d'essoufflement et de lassitude. Sur le visage de quelques individus se dessinent des expressions étranges de désolation. Certains piaffent de colère. D'autres, résignés, se troublent d'indifférence. Des occidentaux présents ne comprennent pas ce qui se passe et assistent, choqués et sans mot dire, au déroulement du spectacle. Ainsi, le citoyen réagit par le recours aux procédés de la subversion. Il s'agit, dans *Anthropologie de la colère* de Monga (1994 : 102), d'« *une conceptualisation de l'indiscipline comme mode de résistance populaire* » dérivée de « *trente années d'autoritarisme* ». En effet, pour cet auteur,

Pour survivre, résister, échapper à des règles et des lois jugées scélérates, les peuples ont dû déployer des trésors d'imagination. La vie n'étant qu'un long combat contre l'État, l'imaginaire collectif s'est progressivement formé à défier sournoisement tout ce qui symbolisait l'autorité publique. (*Idem.*)

Conclusion

La part que la scénographie politique prend dans le jeu de la domination est essentielle et se fragilise avec la suscitation des imaginaires politiques négatifs. On peut constater que lorsque les figurations institutionnelles qui président à la logique gouvernante n'arrivent pas à engendrer des imaginaires confortatifs, la violence politique est présente dans toutes les articulations visibles du pouvoir. A la réalité, au fond, les ressources politiques des pouvoirs postcoloniaux en Afrique noire sont restées les mêmes qu'auparavant, de façon générale. La même autocratie est mobilisée, la même violence et les mêmes dérives. Le travail de régénération, d'innovation est, à proprement parler, quasi absent. Pourtant, comme le remarque Balandier, « *le pouvoir ne peut s'exercer sur des personnes et sur les choses que s'il recourt, autant qu'à la contrainte légitimée, aux moyens symboliques et à l'imaginaire* » (1985 : 88).

RÉFÉRENCES

ABELES, M., *Anthropologie de l'État*, Paris, Armand Colin, 1990

ABELES, M., « Mises en scène et rituels politiques : Une approche critique », Paris, Hermès, 1990, pp 241-259, article disponible en ligne sur le site http//ha.archives-ouvertes.fr//hal.00493561/fr/

ALTHUSSER, L., « Idéologie et appareils idéologiques d'État. (Notes pour une recherche). » Article originalement publié dans la revue *La Pensée*, N° 151, juin 1970. In *ouvrage de Louis Althusser, POSITIONS (1964-1975)*, Paris, Les Éditions sociales, 1976, pp. 67-125

BALANDIER, G., *Le Détour. Pouvoir et modernité*, Paris, Fayard, 1985

BALANDIER, G., *Le pouvoir sur scènes*, Fayard, Paris, édition 2006

BAYART, J-F., *L'État en Afrique. La politique du ventre*, Paris, Fayard, 1989

BONNAFOUS, S., « La dégénérescence du discours politique », un « lien commun » de l'Antiquité et de la fin du vingtième siècle ? », in BONNAFOUS S., CHIRON P. et al., éds., *Argumentation et discours politique, l'Antiquité grecque et latine, Révolution française, Monde contemporain*, Actes du colloque international de Cerisy-la-Salle, Rennes, PUR, 2003, pp. 249-257

BOURDIEU, P., « La représentation politique. Éléments pour une théorie du champ politique », Actes de la Recherche en Sciences Sociales, 1981, pp.36-37

BOURDIEU, P. et BOTLANSKI, L., « La production de l'idéologie dominante », Actes de la recherche en sciences sociales, volume 2, numéro 2.2-3, 1976, pp3-73

BRAUD, P., *Sociologie politique*, Paris, Seuil, 2001

D'ALMEIDA, F., *La manipulation*, Paris, PUF, 2003

EYINGA, A., *Introduction à la politique camerounaise*, Paris, L'Harmattan, 1984

GOFFMAN, E., *La mise en scène de la vie quotidienne : la présentation de soi*, Paris, les Éditions de Minuit, 1973

HEUNGOUP NGANGTCHO, H., M., *Le BIR et la GP dans la politique de défense et de sécurité du Cameroun. Socioanalyse du rôle présidentiel, des concepts stratégiques et d'emploi des forces*, Université Catholique d'Afrique Centrale – Mémoire de master en gouvernance et politiques publiques, 2011

KEGNE FODOUOP ET METTON, *Économie informelle et développement dans les pays du sud à l'ère de la mondialisation*, Yaoundé, PUY, coll. Union géographique internationale, 2000

LAFARGUE, J., « La rue africaine en mouvement : politique et action collective », in *Politique africaine*, no 63 Octobre 1996, pp. 24-38

LE BON, G., *La psychologie des foules*, Paris, PUF 1963

LEKA ESSOMBA, A., « Le statut du 20 mai dans la mémoire camerounaise : Critique politique d'une légende nationale et perspective de réhabilitation de l'ancestral projet de fraternité et d'autogouvernement », in Joseph FUMTIM (dir.), *Cameroun mon pays*, Yaoundé, Ifrikiya, 2008, pp.111-131

MARTUCELLI, D., *Sociologies de la modernité. L'itinéraire du xxe siècle*. Paris, Gallimard, 1999

MBEMBE, A., *Les jeunes et l'ordre politique en Afrique noire*, Paris, L'Harmattan, 1985

MBEMBE, A., « la chose et ses doubles dans la caricature camerounaise », *Cahiers d'Études africaines,* vol 36, n° 14, 1996, pp.143-170

MERCIER, E., *La performance dramaturgique de l'acteur politique*, mémoire de maitrise en lettres, Université du Québec, septembre 2006

MONGA, C., *Anthropologie de la colère. Société civile et démocratie en Afrique noire*, Paris, L'Harmattan, 1994.

NGA NDONGO, V., *Plaidoyer pour une sociologie africaine*, Yaoundé, PUY, 2003

PIGEAUD, F., *Au Cameroun de Paul Biya*, Paris, Karthala, 2011

SANSOT, P., *Poétique de la ville*, Paris, Kinsklinch, 1988

SOCPA, A., *Démocratisation et autochtonie au Cameroun : trajectoires régionales différentes*, LIT Verlag Berlin-Hamburg-Münster, 2003

TCHAKHOTINE, S., *Le viol des foules par la propagande politique*, Paris, Gallimard, 1952

ZAMBO BELINGA, J-M., « Quête de notabilité sociale, rémanence autoritaire et démocratisation au Cameroun », Cahier d'Études Africaines, N°171, Paris, 2003-12-02, pp. 573-589

POST-SCRIPTUM

LES UNIVERS PARALLÈLES

Lionel Manga

Écrivain et critique d'art. Douala, Cameroun

Résumé - Est-ce que notre présence au monde en tant qu'Altriciels s'accomplit entièrement à travers la gamme d'investissements disponibles dans le contexte post-colonial, de l'assiduité religieuse aux obligations sociales de tous ordres, en passant par l'itinérance sexuelle, l'intempérance éthylique, le jogging et la java-n'a-pas-d'âge, etc ? Avec cette interrogation à l'esprit et à partir du cas de Douala, nous allons voir ce que l'Art peut faire à la Ville et vice versa, et en quoi cette dimension esthétique de la présence au monde est précieuse pour l'épanouissement de nos facultés mentales.

Mots-clés : Urbanité - Arts plastiques - Douala - Fabrique - Subversion

Résumé - *Is our presence in the world as Altriciel fully accomplished through the range of investments available in the post-colonial context, from religious attendance to social obligations of all kinds, including sexual roaming, ethylic intemperance, jogging and the java-has-no-age, etc.? With this question in mind and from the case of Douala, we will see what Art can do to the City and vice versa, and how this aesthetic dimension of presence in the world is precious for the development of our mental abilities.*

Keywords : Urbanity - Plastic Arts - Douala - Fabric - Subversion -

Sous toutes les latitudes de la planète, une vaste gamme de vestiges archéologiques témoignent de ce que l'odyssée altricielle sur Terre depuis l'avènement d'*homo sapiens sapiens* s'accompagne d'une expérience symbolique. Si l'exemple le plus médiatisé/connu reste à ce jour la grotte de Chauvet en France, les peintures pariétales du Sahara, dans le Hoggar et le Tibesti, en font tout aussi bien état. Un site en Indonésie, sur l'île de Sulawesi, a même révélé en 2014 une empreinte de main datant de 40 000 ans BP. Quelque vingt mille ans donc après l'acquisition du langage articulé, autant dire que la représentation nous vient de loin, geste de distanciation dit artistique aujourd'hui. Considérant qu'envisager l'oblitération d'une surface vierge tient d'une démarche cognitive et réflexive à tous égards, qu'avaient alors à l'esprit ces lointains devanciers en laissant sur les parois rocheuses les empreintes en négatif de leurs mains ? Par quel raisonnement ce projet préfigurant la technique du pochoir a pris forme jusqu'à être exécuté/réalisé ? Quel sentiment leur procurait le résultat obtenu et qu'éveillait celui-ci en eux ? Qui avait accès à ces œuvres séminales ouvrant pour le coup sur une réalité qu'on peut en toute objectivité dire parallèle, l'imaginaire ?

De savoir que ces questions cruciales pourtant demeureront à jamais sans réponse n'empêche pas, bien au contraire, de se les poser néanmoins, comme un physicien mène une expérience de pensée. Plonger la tête la première dans une aporie de cette amplitude et profondeur stimule l'imagination créatrice autant que l'exercice permet de clarifier la perspective dans le champ considéré, en revisitant pour soi à nouveaux frais la saga multi-millénaire de la sensibilité, du plus haut de l'amont jusqu'à ces jours postcoloniaux d'engouement frénétique pour/autour de la création artistique africaine contemporaine admise/cooptée sous le Préau[1] et au sein de laquelle le Cameroun se trouve particulièrement bien représenté par les Barthélémy Toguo, Pascal Marthine Tayou, Billy Bitjoka, entre autres et gros calibre consacrés chacun dans son couloir d'expression, qui jouent dans cette cour des grands où se faufile depuis quelque temps le jeune Boris Nzebo : de Village, populeux périmètre du polygone urbain de Douala où il vit, à la City londonienne où son travail est désormais exposé et admiré, la valeur vénale n'a point attendu le nombre des années et ses pairs le regardent avec envie, tant à cette visibilité rémunératrice justifiant *a posteriori* leur choix de vie les uns et les autres aspirent dans la solitude de l'atelier.

Sous la houlette de l'énoncé « Urbanité et arts plastiques au Cameroun », la dissertation subséquente se déploie à partir d'un constat critique : nous avons perdu en sensibilité dans le sillage de la disruption coloniale. Pierre angulaire de la constitution et la construction d'un Soi aussi plein et dense que possible, pas trop troué, où est donc passée de nos jours cette part d'être s'épuisant autrefois dans des investissements symboliques ad-hoc ? L'assiduité religieuse y suffit-elle ? L'intempérance éthylique ? L'itinérance sexuelle ? Les

---

[1] J'entends par ce vocable l'ensemble des lieux & évènements dédiés sur la planète, et en particulier dans l'hémisphère nord, à la création artistique

mondanités ? Les convergences périodiques et fortuites de l'esprit de famille ? Et si cette perte du sens esthétique était l'aspect le plus affligeant *in fine* de la visqueuse incurie culturelle dans laquelle notre âge post-ancestral patauge ? Dans le circuit de l'économie libidinale, rien ne se perd et tout se transforme. De la première exposition en 1966 du tenace doyen Koko Komégné à celle du désinvolte Jean David Nkot récemment au centre d'art contemporain Doual'Art, en passant par un Rostand Pokam, Hervé Yamguen ou une Justine Gaga, plus d'un long demi-siècle d'Histoire se sera écoulé cahin-caha et tant bien que mal une scène des arts plastiques existe au Cameroun. Encore faut-il que le travail de ces artistes soit davantage reconnu, localement valorisé, mais là force est de reconnaître que tout reste à faire du plancher au plafond : quelle médiation entreprendre pour désactiver/renverser l'indifférence persistante envers ces "univers parallèles" et déclencher l'intérêt des cohortes citadines solvables, engluées dans la trivialité consumériste autant que l'élite sans souci pécuniaire ?

À ce gap n'est vraisemblablement pas étranger le fait que de ce côté du monde, Dieu occupe encore la place métaphysique que le Déicide lui a retirée/récusée dans cette Europe lançant au 18ème siècle la révolution des Lumières, la Raison à l'assaut de l'édifice de la Foi, et que l'artiste a prise au fil des époques, son geste étant élevé parmi toutes les habiletés altricielles au rang le plus insigne par la civilisation matérialiste qui bat pavillon culte de l'Ego et du Génie. L'adulation a évincé l'adoration. Y aurait-il alors sous ce « *C'est pour vous là-bas...* » laconique du quidam de base bottant en touche l'invitation à un vernissage, comme de la résistance non dite dans l'air à une injonction sur le goût et l'expérience symbolique, parce que venant trop d'ailleurs avec une grammaire des formes déconnectée du lieu de l'énonciation et des codes déconcertants ? Ce n'est pas le tout que doter une ville d'œuvres d'art labellisé public, encore faut-il surtout et d'abord que les supposés destinataires s'y reconnaissent au prisme de leurs expériences urbaines respectives. Et là commence le domaine sensible de la mémoire collective, si compliquée au Cameroun, à la croisée des individuelles, entre les mutismes et l'amnésie. Faire ville par-delà des appartenances primordiales ne va pas toujours de soi, si l'on entend par le vocable « urbanité » un espace d'intersections dans cette hétérotopie et ouvrant sur des conversations civiles. Les artistes peuvent-ils y contribuer ? Ne leur en demandons-nous pas trop ? Tout l'enjeu de cette réflexion est là.

I. Les façonneurs

Substantif ou adjectif, en suivant le vocable « plasticien » à la trace et remontant vers sa racine grecque « plassein » qui signifie façonner, modeler, donner une forme, à ce titre étymologique, le premier plasticien fut le façonneur inaugural d'un silex en biface, il y a plus de 2 500 000 ans sur les bords du lac Turkana, au Kenya. Ce premier outil conçu et capital pour la suite des jours, a changé la présence au monde de nos immémoriaux ancêtres, et ouvert la voie à la geste au long cours des Hominidés par bifurcations successives du phénotype dans la biosphère jusqu'à nous. Mis à jour par l'archéologie, bras armé de la nostalgie des origines dans le champ des sciences humaines, la vénération émue dont jouissent ces artefacts exhibés et manipulés avec soin dans les grands musées, est à la dimension de ce dont ils font montre quant aux capacités cognitives d'*homo habilis* et sa descendance. Nos veines transportent forcément du sang de ces pionniers et modeleurs de formes. Dans l'Afrique pré-coloniale, ces personnages, à l'instar du forgeron, étaient unanimement respectés dans les communautés pour leur habileté à façonner des formes et entourés d'une aura notoire de mystère, sinon de crainte.

Ce n'est probablement pas le fait du hasard si en Ewondo les vocables « akeng » et « mëkeng » ont la même racine, le premier signifiant « habileté/habile » et le deuxième « mystères » en sus d'être le substantif pluriel du précédent et renvoie à l'intelligence rusée, la Mètis grecque. Dont une Marilia Amorim suggère que « dans son versant technique », elle « sert à la création ou à la transformation de matériaux, d'outils et d'objets. C'est le savoir que développe l'artiste, l'artisan, le technicien et le bricoleur » ou comment Grecs et Bantous se retrouvent sur un terrain complexe. Il n'était pas rare jadis que la fin d'un cycle d'initiation avancé donnât lieu à des séances de prouesses réalisées par les néophytes et qu'on qualifierait de paranormales, illustrant l'interaction entre l'esprit et la matière. Théodore Monod mentionne un tel cas dans son recueil de chroniques radiophoniques *L'hip-*

popotame et le philosophe[2], rapporté par un témoin oculaire qui avait vu en pareille circonstance un poteau fourchu avec une poutre d'un bon diamètre placée en travers pivoter de 360° sans que personne n'y touche. Télékinésique, cette catégorie de performance, est-il précisé, constituait un anodin prologue avant de passer aux choses plus sérieuses.

Tirant le matériau brut et informe (bois, pierre) de la non-signification par une série d'opérations manuelles aboutissant à cette forme pourvue de sens par le raisonnement qui lui assigne un dessein dans un cadre culturel ayant ses codes et sa grille d'interprétation du réel, cette "conférence", substantif du verbe « conférer » synonyme de donner, en l'occurrence ici sens et forme, laisse entendre que le geste artistique induirait une conversation à plusieurs personnes réglée par la confrontation civile des arguments, sans qu'elle aboutisse nécessairement à un quelconque consensus. Mais cette interlocution croisant des subjectivités entérine d'avoir lieu l'existence d'un objet inédit pour toutes les parties prenantes, *unprecedented* : le rien est devenu quelque chose, le « nothing » un « something ». Il n'est alors point superflu à ce stade de rappeler que la philosophie occidentale prend sa source dans cette interrogation liminaire se voulant vertigineuse : pourquoi y a-t-il quelque chose plutôt que rien ? De leur côté, les Mwaba-Gurma du Togo[3] affirment sans rire que ceux qui posent cette question sont encore des "mouna": les anciens Grecs encensés par la postérité ap-

---

[2] Actes Sud, 1993

[3] *La divination par les huit cordelettes*, Karthala, 1983

précieront pour sûr ce jugement sans appel bottant allègrement en touche le moteur de l'hubris philosophique en Occident, ce désir irrépressible de savoir et de pousser le plus loin qu'il se puisse sur la voie lumineuse de la désignorance extensive, à partir d'une mise en abyme. Prendre juste au sérieux cette sentence revient à couper l'herbe sous les pieds à Kant, Hegel et tous les autres fameux maîtres de pensée en Occident dont les spéculations métaphysiques se dressent dans la bibliothèque de la raison comme les monumentaux piliers du temple de Karnak en Égypte. Partant, il se pourrait que ces hégémonies soient fissurées...

II. Une destruction raisonnée

Fer de lance efficace de la ''mission civilisatrice'', l'évangélisation active des « païens » ne s'y est pas trompée à s'en prendre, pour commencer son implantation dans le paysage, aux ''univers parallèles'' des peuples soumis par le fusil et subjugués par la pacotille exotique, soit en fait à l'imaginaire dont les statues, statuettes et les masques aujourd'hui conservés en Occident-se voulant lieu sûr-pour la plupart et otages muets de cet émerveillement indépassable d'un public disparate éberlué par leurs qualités plastiques formelles, sont les foyers. Cet haro décrété par la puissance occupante sur les *so called* fétiches, équivalent à une diabolisation en bonne et due forme : nul ne se voit finir dans les flammes éternelles de l'Enfer et tout le monde vise le douillet Paradis des anges, ce geste épurateur dans la sphère symbolique vidait du même allant de tout sens social la corporation des façonneurs, il condamnait au silence minéral des cailloux sur la paillasse cloutée de l'eurocentrisme, les visions du monde poétiques ordonnant l'existence de ces communautés qui fonctionnaient en ce temps-là du fait de l'initiation dispensatrice d'un savoir commun, en mode intelligence collective, le paradigme organisationnel et décisionnel informant en ce début de l'ère des algorithmes le management post-pyramidal des entreprises. Il aura ainsi suffi de deux générations seulement pour qu'un monde de valeurs éthiques, esthétiques et politiques venu de loin pourtant s'écroule sous les coups hargneux de ce que le philosophe allemand Peter Sloterdijk appelle un système de démence imbriqué à un système de motivations[4]. Cette destruction raisonnée déblayait le terrain pour installer les structures du pillage.

L'arraisonnement du domaine symbolique par une conceptualité binaire genre l'Enfer et le Paradis, ouvrait la voie à une pénétration sans lubrifiant et non consentie des valeurs matérialistes assurant et ajustant dans les corps au quotidien la férule de la domination économique, culturelle, et à l'école de Jules Ferry, celle du réductionnisme cognitif. C'est dans ce changement violent de référentiel que nous avons perdu un pan essentiel de notre sensibilité originelle, à la faveur d'une ''exérèse'' qui a effacé le logiciel/mindset antérieur, *delete* et *reset* dirait le jargon informatique. Désinitialisation et réinitialisation furent rondement menés sous cette houlette des barbus Pères et des Administrateurs casqués, un bicéphalisme gagnant pour les intérêts de la métro-

---

[4] *Le Palais de cristal : À l'intérieur du capitalisme planétaire,* Hachette littératures, 2008

pole et éreintant pour les indigènes enfermés dans l'enclos étriqué de la morale chrétienne, surveillés par des catéchistes aussi assidus qu'asservis au nouvel ordre spirituel, prêts à sévir contre le relâchement, l'*acedia*, prêcheurs de mortification et de pénitence invétérés. Le salut de l'âme est vite devenu la grande affaire d'un côté, pavant la voie à une ferveur incontestable, de l'autre la compétition effrénée des egos dans l'arène de l'arrivisme, l'accumulation capitaliste au profit d'une minorité et la course aux satisfactions triviales battent leur plein depuis lors. Où est la décolonisation dans ce bazar tragico-comique digne d'une série télévisée et qui dure depuis 1960 ?

Il ne suffit pas d'avoir un drapeau, des armoiries et une devise dont le commun des Camerounais se fiche, il ne suffit pas d'avoir une armée et des gardes prétoriennes aux ordres, il ne suffit pas de bomber la poitrine en souveraineté à de certaines occasions et d'avoir des ambassades à l'étranger, il ne suffit pas d'avoir une fête nationale creuse le 20 mai de chaque année depuis 1972, il ne suffit pas de se gargariser avec des mercenaires du dribble qui font vibrer des tribunes en Occident, il ne suffit pas de vouloir faire la nique à la France en couchant avec la Chine et de plus en plus le premier venu, à l'instar de la Turquie, il ne suffit pas de parader à l'assemblée générale annuelle des Nations-Unies à New-York, il ne suffit pas davantage d'héberger sur son sol un centre de référence sur le VIH et le sida parrainé par son découvreur, le professeur Luc Montagnier, il ne suffit pas d'avoir mis un port en eau profonde à Kribi, il ne suffit pas qu'un deuxième pont enjambe enfin le Wouri sur la route vers l'Ouest et tire demain Bonabéri de sa damnation urbaine pour cause de congestion automobile récurrente, il ne suffit pas d'avoir un Arthur Zang et le Cardiopad, il ne suffit pas d'avoir le Madiba Guillaume et Kiro'o Games, il ne suffit pas d'avoir Jacques Bonjawo et Ocean Innovation Center. Il ne suffit pas d'inaugurer des chrysanthèmes.

III. La relève post-ancestrale

Pour acquise que fut alors en 1960 l'Indépendance sous octroi bleu-blanc-rouge, et la suite des jours a montré assez de quoi retournait au fond cette formalité frisant le tour de passe-passe vicieux à maints égards, la destitution par la "mission civilisatrice" des "univers parallèles" ancestraux en relativisait de beaucoup les dividendes et laissait ouverte la question cruciale de l'émancipation en corps et en esprit, lorsque l'imaginaire se trouve et reste sous une coupe étrangère qui en fait son beurre, pour le dire ainsi. Or, cette instance est le siège même de l'auto-détermination et le lieu de l'élaboration permanente de soi en tant que sujet historique. La stratégie de la tabula rasa portait ses fruits et le colonisateur pouvait se retirer de la scène dans les coulisses du schmilblick en sachant que le dispositif installé sauvegardait ses intérêts : l'extraversion économique persistante malgré les discours ronflants des gouvernements successifs de la Noria 58 l'illustre à souhait, décennie après décennie. Prisées par les riches collectionneurs en Occident et matière à un vaste trafic international alimenté par l'avidité sans

bornes, criminelle, des individus supposés les conserver ja-
lousement au titre du patrimoine national, les œuvres des
plasticiens anonymes du cru ont perdu leur statut initial et
leur pouvoir d'évocation, irrémédiablement privées
d'ouailles par la brutale disruption coloniale et délaissées
par une postérité christianisée que les ''fétiches'' des Blancs
subjuguent désormais au plus haut point.

Séjournant sous les lointains tropiques, les colons y transportent volontiers leur hobby favori et un amateur barbouil-
lant de couleurs une toile tendue sur un châssis dans sa cour,
qui recule de trois pas pour examiner le résultat, ça ne passe
pas inaperçu des badauds. Zéro mur barrant le regard. Dans
le Douala des années cha-cha-cha, rumba et ''maquisards''
signalés à l'orée certaines nuits chaudes, cette activité suscite une émulation. Si les murs des domiciles du gotha s'or-
nent parfois de tableaux naïfs représentant des scènes
bucoliques : la vie au village, la chasse, les champs, la pêche,
un motif toutefois se distingue dans cette production artisanale, c'est le pont sur le Wouri inauguré en 1955. Scintillant
la nuit venue de toutes ses lumières orangées entre les deux
postes de péage, la longue virgule en béton armé qui relie
les deux rives du fleuve d'estuaire avait de toute évidence
frappé les esprits. Par les rues et avenues effervescentes de
la métropole économique flâne un jeune homme sans qualification particulière, Komégné Gaston, originaire de Batou-
fam dans l'Ouest et en rupture d'école, que son géniteur a
jugé prudent d'exfiltrer vers une zone plus sûre, pour cause
de troubles dans la région. La campagne de répression san-

glante de l'insurrection upéciste y bat déjà son plein en mode atrocités. Que va-t-il faire de sa vie ? se demande ce rejeton de la polygamie. Jusqu'au jour où musardant en ville, sa flânerie tombe sur ce Blanc qui peint dans sa cour et il lui vient comme une illumination subite :je serai peintre.

Sans rien savoir des tenants et aboutissants de ce "métier" et dans un contexte où l'école léguée par la colonisation se donne comme la voie royale vers une place au soleil, cette décision est un pari pour le moins risqué sur l'avenir. La plupart des parents poussent leur progéniture dans des couloirs de sécurité : médecin, pharmacien, prêtre, ingénieur, ou vers le service public. La jeune nation a en effet besoin de cadres dans tous les domaines pour remplacer les Blancs en partance et il y a des positions de rapport à prendre, des opportunités uniques de carrière tambour battant à saisir. Passée l'imprégnation sous la houlette de ce débonnaire Mr X qui ne s'est pas fait prier pour lui inculquer les rudiments du pinceau et de l'acrylique, entre deux nuits blanches, le fils de sa mère et musicien de cabaret poursuivra cet apprentissage seul, en autodidacte assidu. D'école d'art il n'y a point au Cameroun en ce temps-là, pas davantage de galerie d'exposition. Si le porte-à-porte et le bouche-à-oreille écoulent les tableaux tant bien que mal, Douala *by night* favorise des rencontres intéressantes pour l'escarcelle avec une faune d'expatriés européens qui se font plaisir en acquérant les oeuvres d'un artiste local, cerise sur le gâteau de leur séjour. Les silhouettes décharnées des malades atteints de trypanosomiase lui ont fourni la base de son langage pictural dépouillé, tout en rythme, et les thèmes traités puisent dans son expérience urbaine, pionnier d'une expression non-figurative, celui qu'on appelle dorénavant Koko Komégné sera deux décennies durant la coqueluche incontournable du microcosme domino des *happy few* férus de peinture sur les bords du Wouri. Il complète ces revenus sporadiques en faisant de la sérigraphie à son compte et puisque sa griffe a le don de plaire, les commandes ne manquent pas.

Alors qu'à l'ombre d'un baobab rien d'autre n'est censé pousser, le long règne du Grand Koko sur les murs de Douala n'a pas empêché l'éclosion d'une nouvelle génération d'homologues qui s'abreuvent à cette source intarissable sur ce qu'il a appris en liseur impénitent dans les livres, doté d'une mémoire phénoménale, et ce que la pratique exigeante de leur art lui a enseigné aussi, toile après toile. Lorsque le cigarettier Bastos fait de Jean-Marie Ahanda le lauréat du Concours de la Jeune Peinture en 1981, la relève des façonneurs de formes d'antan porteuses des "univers parallèles" liés à l'expérience symbolique de nos aïeux ''païens'' existe, d'une certaine manière. La post-Indépendance a accouché d'une bourgeoisie cosmopolite et aisée dont certains disposent une fraction conséquente de leurs ressources financières à l'acquisition d'oeuvres d'art. Comment ne pas mentionner, avec une pointe d'émotion, la délicieuse et hiératique Annie Kadji née Mbialeu, emportée trop tôt par un cancer et promotrice de l'éphémère Bonapriso Arts Center au début de ce 21ème siècle ? Arrivant de ses havres à l'étranger où cette gente dame résidait pour cause de maladie ces dernières années, la visite des ateliers d'artistes était le premier réflexe de son séjour en terre natale. L'histoire de l'art au Cameroun à écrire établira sans peine que l'éclosion d'une scène des arts plastiques vivace le doit à la deuxième génération du gratin de la post-indépendance qui voit plus loin que le bout de son nez, moins rustre que ses pères et mères, autant qu'à l'action déterminante du Centre Culturel Français et de l'Institut Goethe, dans le cadre strictement officiel de la coopération culturelle avec l'Hexagone et l'Allemagne.

IV. Plaques tournantes

Dans la panoplie des outils usuels d'une diplomatie active, entreprenante, non seulement la culture n'est pas le moindre dont usent les États structurés depuis la Rome antique pour asseoir leur influence *at large,* mais elle a même trouvé en ces jours de globalisation frénétique avec la notion de *soft power* développé en 1990 par Joseph Nye de l'université de Harvard et qui prospère, le lieu conceptuel de son affirmation comme une pièce maîtresse des relations internationales. Le CCF rebaptisé IFC et l'Institut Goethe participent de cette stratégie de puissance par d'autres moyens que des divisions blindées et des ogives nucléaires, plaques tournantes de la vie culturelle à Douala et à Yaoundé, ces lieux de rencontres et d'échanges furent des opportunités *sine qua non* de visibilité pour les artistes grâce à ces expositions que les animateurs organisent et mettent dans le programme d'activités. Repères remarquables dans le périmètre urbain, ces espaces extra-nationaux constituent comme un ailleurs d'impesanteur rompant avec une certaine lourdeur et leur fréquentation continue au fil des décennies pointe une grave défaillance vert-rouge-jaune, comparable et toutes proportions gardées, à une importante voie d'eau dans la coque d'un navire sous la ligne de flottaison.

L'existence d'une scène tonique des arts plastiques ne laisse pas de surprendre les Occidentaux. Si dans leurs vieux pays, l'enseignement de l'art a pignon sur rue, ces coopérants sont bien placés pour savoir qu'au Cameroun ce n'est pas le cas, il n'en est juste rien, mais par contre, débits de boissons et prêt-à-porter prolifèrent. Les Camerounais(es)s soignent de très près leur apparence dans le regard des autres et s'adonnent à l'ébriété avec une assiduité confondante, investissements triviaux s'il s'en fut et devançant même la santé, à en croire diverses enquêtes sur la consommation des ménages. Au-delà des obligations et des tâches administratives afférentes à une mission encadrée, les implications de ces personnels, femmes et hommes, souvent jeunes et plutôt de gauche, ont des relents activistes, pourfendant le vide vert rouge-jaune abyssal en matière de formation artistique jusqu'à une date récente. Koko & Co n'en ont donc que plus de mérite à leurs yeux de persister à faire ce qu'ils font, à la seule force de leur volonté obstinée et leur désir d'exister sous ce signe, indémontables malgré les rudes bourrasques de l'adversité.

Il faudrait presque ériger une statue de bronze à un Peter Anders, pétulant et passionné directeur de l'Institut Goethe à Yaoundé au soir du siècle dernier, tant il se sera commis des pieds à la tête dans cette optique palliative des flagrantes carences locales. Le débonnaire Salifou Lindou y a noué une collaboration professionnelle fructueuse devenue une amitié forte avec un Christian Hanusek, artiste conceptuel allemand, grâce à un programme d'échanges les faisant aller venir entre leurs deux pays respectifs pour réaliser des projets communs. Dans un autre registre, l'atelier *Masques modernes sur la passerelle* et le défilé de restitution pour la clôture flamboyante furent en 1998 un moment exceptionnel de collaboration transversale entre plasticiens et stylistes. Organisant de concert avec le centre d'art contemporain Doual'Art en 2006 l'évènement marquant les 40 ans de peinture de Koko Komégné, Nadia Derrar du CCF Douala ne lésine pas sur les moyens que son mandat lui donne formellement pour soutenir les arts plastiques en l'occurrence et un coffret contenant deux livres fut produit à cette occasion. C'est aussi par le truchement de cette affable directrice la même année que l'auteur de *L'Ivresse du papillon* va rencontrer un certain Jacques Gendrault, l'éditeur de cet essai paru en 2008. Autant donc dire que les contribuables allemands et français ont participé à maintenir vivante la scène des arts plastiques au Cameroun, alors que nombre d'entre eux/elles ne sauraient pourtant pas le situer sur une carte de l'Afrique. La clique des goldoraks aussi zélés qu'impénitents de la souveraineté vert-rouge-jaune ne peut guère bomber la poitrine et faire la fière lorsqu'il en va ainsi.

Le Centre Culturel Français et l'Institut Goethe sont également des pourvoyeurs d'informations et des domiciliations pour les artistes qui restent par cet intermédiaire informé(e)s des programmes de résidence à l'étranger et peuvent alors postuler via ce canal assurant l'acheminement du dossier et les correspondances y relatives en toute sécurité et confidentialité, aux frais de Marianne et autres princesses. Sans cette bienveillance humaine et institutionnelle, chaleureuse, un Goddy Leye de regrettée mémoire n'eut pas bifurqué avec le succès qu'on sait de la peinture sur châssis vers l'art vidéo dont il fut un pionnier en Afrique, sinon LE, allant de résidence en résidence sur les cinq continents, et c'est de ces translations incessantes entre Nord et Sud que lui viendra l'idée de fonder une oasis de créativité à Bonendalé, Art Bakery. Jusqu'à sa disparition le 19 février 2011, emporté par un accès palustre mal pris en charge au centre de santé voisin, cette initiative personnelle, sur fonds propres : l'argent de ses cachets, aura fourni un cadre ad-hoc à des néophytes qui y ont trouvé de la documentation tous azimuts pour nourrir leur curiosité en manque, ainsi que des conversations à haute fréquence avec divers interlocuteurs que Goddy Leye faisait venir là à dessein. Diplômée brillante et douée d'une école supérieure de design bleu-blanc-rouge et aujourd'hui installée à Marrakech avec sa marque d'accessoires recyclant des sangles, Alinfini, Sandrine Dole a fait ses premiers pas dans cette orientation artistique à Bonendalé, et le Boris Nzebo qui épate la City avec ses striages volubiles y a rencontré le pop-art. Force est de mentionner encore au crédit du kid de Ndu que rien n'arrêtait, le projet itinérant Exit Tour, soit se rendre de Douala à Dakar pour assister à la Biennale par la route à l'instar des migrant(e)s visant l'Europe et éprouver les frontières avec un groupe mixte d'artistes, dont l'éthérée Dunja Herzog de nationalité suisse et fervente visiteuse du Cameroun où s'est déroulée une partie de sa petite enfance.

V. Made by Art Bakery

Face à la mangrove et à cinq minutes de l'abattoir d'où part toute la viande de zébu que Douala mange à toutes les sauces, l'oasis voulue par Goddy Leye a fonctionné malgré l'entrave rebutante et redoutable du pont sur le Wouri, hébergeant des artistes venus des quatre coins de la planète toucher du doigt pour les Nordistes les conditions d'existence ardues de leurs pairs Sudistes au voisinage nord de la latitude zéro. Mais aussi une destination de relâche courue les samedi et les dimanche par les expatrié(e)s et quelques nationaux éclairés, des sources de cash toujours bonnes à prendre pour l'économie du village, entre la bière et le poisson. Ou comment l'art et ses signes produisent de la valeur économique pour une communauté qui était recluse sur son passé de comptoir colonial allemand. Des gens ont fait connaissance là qui ne s'étaient jamais rencontrés avant et il n'y a pas meilleure démonstration en vrai de ce que l'art est à l'urbanité et l'urbanité à l'art, rompant l'entre-soi vernaculaire quelques heures dans ce paisible havre de sable au bénéfice d'un cosmopolitisme de bon aloi et fauteur d'horizons nouveaux.

Médiations et conversations productrices de sens requièrent des lieux dédiés aux protagonistes des ''univers parallèles'' contemporains, appropriés à la libre dilatation de l'imagination créatrice au large des lourdeurs ordinaires et handicapantes, stressantes au possible, dans lesquelles pataugent en permanence les multitudes vert-rouge-jaune d'en-bas, cette atmosphère intellectuelle et parfois débridée débouchant à l'occasion sur des conspirations conceptuelles. Elle a produit des cogiteurs et des cogiteuses qui bourlinguent aujourd'hui à travers le monde, les Alioum Moussa, Guy Wouété, Luc Foster Diop, Justine Gaga, une cuvée mixte *made by* Art Bakery qui va discrète son chemin. Sanctuaires, ces havres d'impesanteur représentent un tel enjeu politique *in fine* que l'autochtone Joël Mpaah Dooh s'est lancé lui aussi sur fonds propres dans un projet d'espace baptisé Wemah qui est en bonne voie, vaste atelier/salle d'exposition et résidence d'artistes constituent un complexe limitrophe de la mangrove. Censés améliorer la circulation automobile infernale dans ce périmètre, l'entrée en service incessamment du deuxième pont et l'élargissement de la RN 3 faciliteront sous peu l'accès à ce Bonendalé où plane au-dessus de l'assoupissement de l'effervescence dans l'oasis de créativité, l'ombre du souriant et humble Goddy Leye, contempteur lucide, sévère et intransigeant, de l'indifférence ostensible des pouvoirs publics envers les façonneurs de signes post-ancestraux. Peut-on d'ailleurs s'attendre le moins du monde à ce que cette sombre et immonde kleptocratie manifeste de l'empathie pour une corporation d'éclaireurs incorruptibles qui pourfend sans détours sa faillite notoire ?

VI. Le Binôme de Bonandjo

Longtemps à l'ombre du premier palais de justice à Bonanjo, devenu le siège de la Cour d'Appel du Littoral, un bien relevant du patrimoine immobilier de la dynastie Manga Bell est resté désaffecté, attenant à la Pagode que Louis Ferdinand Céline décrit dans *Voyage au bout de la nuit* et qu'il avait vue en 1916. Ces murs ont abrité la première salle de cinéma de Douala, *Le Paradis,* jusqu'à ce que les nouvelles ouvertes à Akwa, au cœur du centre-commercial, taillent des croupières à la rentabilité de son exploitation. Moyennant d'importants travaux de réhabilitation conduits par l'architecte Diwouta Danielle et une consistante subvention européenne, c'est dans ce lieu de l'hyper-centre urbain qu'un binôme soixante-huitard en couple depuis les bancs de l'université à Paris, Marylin Douala Bell et Didier Schaub, va prendre ses quartiers au début de la décennie 90, mû par une ambition démiurgique : pourvoir la ville de Douala d'une identité en implantant dans le polygone urbain des œuvres d'art. Au lendemain de la saison de désobéissance civile et de villes mortes dont Douala fut l'épicentre, la première opération avec *La Nouvelle Liberté* de Joseph Francis Sumégné déclenche un furieux tollé identitaire dont les médias se feront l'écho, liberté d'expression retrouvée oblige. Le Binôme de Bonandjo découvre alors à ses dépens, subissant bordées d'invectives et insinuations sans équivoque sur la sécurité de leurs deux enfants, ce qu'il en coûte de transgresser des clivages sous-jacents à la structure de la société camerounaise postcoloniale.

Au seuil du 21ème siècle, cette réflexion renversante : « *Pourquoi ce Bamiléké ne va pas faire ça chez lui là-bas à l'Ouest ?* », se répand dans la communauté riveraine des Deido réputés irascibles, qui voit dans cette érection une intrusion territoriale et la vit comme une atteinte de plein fouet à son intégrité, de l'ordre de la blessure narcissique. Nonobstant le classement de cette portion de la ville dans le domaine national, cette crispation vernaculaire clamait à la cantonade la posture réelle de la postérité d'Ebélè : « *Nous sommes sur notre territoire et personne ne peut venir de l'extérieur pour y faire n'importe quoi comme ça ! Pas même une Bell, fut-elle mariée à un Blanc !*», et des querelles sourdes entre lignages de faire surface à la faveur de cette ébullition. Sous la paix de la propagande du Renouveau de Paul Biya courait une profonde fissure ethnique. Ou comment l'art démasque les faux semblants sur le théâtre des apparences et la forte emprise des attachements primordiaux au détriment des idéaux de la construction nationale. Si ça se trouve, c'est celle-ci qui laisserait même à désirer, engendrant ces réactions essentialistes et primaires, anti-cosmopolites, hostiles au brassage et, au final, politiquement conservatrices. Pour ses fils/filles, Deïdo reste encore le village des aïeux sur le sol duquel leur arrogance se figure avoir toujours des droits à exercer et le tapage nuit après nuit de l'intempérance éthylique dans la rue de la joie ne change rien à cette conviction erronée, on ne peut plus anachronique.

Batifoler sans limites d'un point cardinal à l'autre, d'une aube à la suivante, avec les "fétiches" *made in Whiteland* dont chaque encoignure du quotidien est truffée convient à tout ce petit monde de brailleuses et de brailleurs enfourchant allègrement le cheval fougueux de l'identité ethnique bridée par le parti unique au nom de l'intégration nationale depuis 1972. Va pour la dissipation nocturne au-delà de la soif et le vacarme insensé de la mise-en-bière, néfaste à l'endormissement spontané des gens qui crèchent dans les parages. Pas question par contre de tirer les conséquences de se trouver rendu dans une époque dotée de ses normes et le chauvinisme vernaculaire de se braquer contre une initiative artistique dans un douteux combat d'arrière-garde : le spectre de la dissonance cognitive rôde. Les promoteurs du *White Cube* de Bonanjo n'en demandaient pas tant et s'en tiendront pour la suite de cette aventure au mot de Nietzsche tombé avec le temps dans la lice publique : ce qui ne nous tue pas nous rend plus fort. La scène des arts plastiques entre mangrove et macadam vivait jusque-là sa routine poussive comme elle pouvait, mais l'entrée en scène du Binôme va bousculer la donne, agissant à la façon d'un agent catalytique puissant. L'inséparable couple de soixante-huitards passionnés d'art récupère ainsi cette cruciale fonction d'interface pourvoyeuse d'informations sur les résidences et de domiciliation pour les artistes locaux, que les représentants institutionnels du *soft power* français et allemand assuraient. S'y ajoutent pour eux celle éminemment stratégique d'animer certaine vacuité urbaine et de procurer une visibilité correcte aux plasticiens du cru, de mettre en valeur leur travail avec des accrochages maîtrisés, dans un partenariat gagnant-gagnant fondé sur la connivence tissée d'année en année avec eux et la proximité en découlant.

Frileux plusieurs saisons quant à assumer la dimension commerciale d'une galerie ayant pignon sur rue, au risque de brouiller l'image intellectuelle qu'il donne de son entreprise, le Binôme n'en fera pas moins du *white cube* jouxtant le palais de justice à Bonanjo, un haut lieu d'urbanité et sous le nez des seules œuvres dans l'espace public qu'une brochure touristique sur Douala pouvait évoquer, des vestiges coloniaux : le brave Soldat Inconnu du jardin public et le désinvolte colonel Leclerc de Hautecloque en stèle articulée à la fresque retraçant l'épopée de la Deuxième Division Blindée un peu plus loin, devant le bâtiment de la Poste centrale planté de plain-pied. En directeur artistique inspiré et jusqu'à ce qu'un méchant cancer l'emporte finalement malgré sa résistance opiniâtre le 10 novembre 2014, l'intraitable Didier Schaub avait organisé dans les murs de l'Espace doual'art plus d'une centaine d'expositions, individuelles et collectives, qui furent autant de joyeux vernissages attirant un public composite, quoique constitué à majorité souvent d'expatriée)s européenn(e)s. Koko Komégné, Hervé Yamguen, Hervé Youmbi, Salifou Lindou, Goddy Leye, Justine Gaga, Boris Nzebo, Joseph Francis Sumégné, pour ne citer que cette brochette-là d'artistes, ont pu mesurer avec le temps et leurs homologues, qu'il y a un avant l'engagement du Binôme et un après.

VII. Cosmopolis

Dans ce contexte subjugué par l'incitation à la dissipation, battant pavillon de divagation sexuelle tous genres confondus, femmes et hommes déployant le même entrain, où la parade narcissique est aux heures tant ouvrables que non ouvrables un sport prisé à tous les étages de la société et pratiqué avec les moyens du bord, sur fond de rivalité mimétique dans l'arène des privilèges distribués par le sérail popaulien aux ''bons élèves'' ayant passé avec brio les diverses épreuves démonstratives de leur allégeance à la cause de l'imposture historique, les canards boiteux largués n'ayant que leurs chaudes larmes pour pleurer et barbotant dans une mare d'aigreur, les expositions sont des fenêtres ouvertes sur les "univers parallèles" contemporains du Cameroun post-Ahmadou Ahidjo et certaine sensibilité y trouve à s'investir. Mieux, il faut les voir et les prendre comme des actes de résistance posés contre l'emprise de l'abrutissement généralisé et orchestré par l'appareil de pouvoir avec la complicité de séides qui sont parties prenantes au maintien du statu quo. Chaque accrochage est un geste de liberté réaffirmée contre la tyrannie ambiante et le conformisme social oppressant qu'elle induit, un authentique manifeste politique en faveur de la désobéissance créatrice et une insurrection esthétique apostrophant la laideur totalitaire de la faillite avérée.

Rituels aussi universels que consacrés de convivialité, propices à nouer ces conversations en haute fréquence que l'œuvre d'art exposée est censée susciter, les vernissages apériodiques du *white cube* de Bonanjo instaurent alors un horizon de rendez-vous toujours attendu par les aficionados « *C'est quand la prochaine expo ?* » et unanimement appréciés, où le caractère cosmopolite de la ville s'épanouit en toute impesanteur entre playlist rock, jazz, afro-beat, reggae et petits fours. *Stairway to heaven* de Led Zeppelin y côtoie harmonieusement *Wata no get enemy* de Fela Anikulapo Kuti, *Brown Sugar* des Stones le cultissime *Vulcan princess* de Stanley Clarke, des Altriciel(le)s que leurs trajets urbains journaliers séparaient se découvrent en ce lieu et des atomes crochus. Surplombant cette émulsion humaine et mondaine depuis une mezzanine, derrière la console du son installé en maître de céans et des décibels indélogeable, le directeur artistique ne pouvait pas espérer mieux que pareille augmentation de la réalité en récompense directe de leurs efforts inlassables malgré les embûches innombrables, son précieux double féminin pour la vie et lui, Douala en *cosmopolis* rejoignant ainsi, même si ça reste encore pour sûr toutes proportions gardées, une mappemonde recensant des sites prestigieux: Paris, Londres, New-York, Berlin, Lisbonne, Venise, Prague, Dakar, Johannesburg, Shanghai, etc, dans la célébration enthousiaste et débridée de l'imaginaire comme instance fondamentale de l'existence, peut-être son foyer même, *sine qua non.*

À Nkololoun, s'il n'y a aujourd'hui aucun *memorabilia* du temps où le "terrorisme" faisait rage à Douala, au PK 5, l'oeuvre du Grand Koko, *Nje Mo Yé,* a stoppé un jour la course folle de ce camion lâché par ses freins et probablement empêché qu'un drame funeste se produise à cet endroit très populeux : des tubulures tordues se remplacent aisément contre argent, mais pas une vie fauchée, pas un destin interrompu. Les habitants de Ndog-Passi II disposent dorénavant d'un amphithéâtre au site de leur source conçu par Philippe Aguirre, artiste belge, et ne pataugent plus dans la gadoue, une illustration parfaite du mariage réussi entre utilité sociale et intention artistique, au moyen d'un pur geste plastique *in situ* : le modelage du talus originel. Au carrefour dit Shell New-Bell, la *Colonne Pascal* intrigue à juste titre les vieux militants chenus de l'UPC historique qui vivent au bord de cette place de l'Indépendance depuis des lustres : ils se demandent quel est le lien de cet empilement de soupières en émail avec leur lutte et les évènements qui se sont produits là en Mai 1955. Pascal Marthine Tayou ? Illustre inconnu en l'occurrence pour ces preux anonymes du Crabe noir sur fond rouge qui voient juste dans sa pièce phallique et spectaculaire un odieux attentat contre la mémoire nationaliste assez douloureuse déjà, tandis que depuis le *Jardin Sonore* suspendu de Lucas Grandin, plasticien français, les jeunes de Bonamouti à Deïdo peuvent observer de cette position surélevée la touffue mangrove tapie dans le Wouri en face, voire aussi s'amouracher. Ou comment adhésion et appropriation ne vont donc pas toujours de soi dans le programme d'art public du Salon Urbain de Douala dont la première édition a eu lieu en Décembre 2007. Son action au long cours a valu au Binôme de Bonanjo le Prince Claus Award en 2009, une distinction internationale fameuse et un gage de crédibilité auprès des guichets de financement soucieux de l'utilisation à bon escient des subventions qu'ils accordent aux heureux/ses élu(e)s.

VIII. Vers la reprise en main

Répondant en principe à cette demande de formation ad-hoc exprimée et dont l'IFAS de Mbalmayo a pris en charge une partie avec différentes filières depuis son ouverture, les instituts des beaux-arts créés par l'État comblent d'une certaine manière un vide devenu insupportable et on peut certes s'en féliciter, car il n'est jamais trop tard pour bien faire. Force reste néanmoins à la crainte fondée par des témoignages probants que ces établissements d'enseignement supposé supérieur soient à ce champ ce que furent les ''éléphants blancs'' au tissu industriel national, des gouffres budgétivores ne créant aucune valeur. Rouages parmi d'autres d'une université essentiellement aux ordres, de quelle consistance seront leurs "produits" à l'arrivée, au terme du cursus, quand la censure institutionnelle et l'auto-inhibition venue de loin se conjuguent chez un individu ? Panthères ou moutons ? Marbre dur sur lequel l'Histoire s'écrit ou molle glaise lessivable avec la première averse de saison ? Les premières cuvées n'ont pas donné encore de leurs nouvelles sur le front des expositions. Auront-ils extrait des enseignements reçus matière à crânement s'affranchir par la suite de ce cadre normatif et politiquement correct, pour appareiller vers des hauteurs où la pensée et l'imagination fusionnent, gambadent dans une atmosphère sans coercition ?

Ces premiers pas vers la reprise en main d'un domaine négligé doivent s'inscrire dans une démarche globale et volontariste détectant dès l'école maternelle les sujets prédisposés aux métiers artistiques afin de les orienter au mieux en fonction des aptitudes décelées. Générant un chiffre d'affaires qui fait du voyage la première industrie mondiale, les touristes écumant la planète se rendent en premier lieu dans les musées, arpentent les villes au gré des monuments listés dans les brochures idoines, s'y font raconter par des guides volubiles leur histoire, et ces hordes ne se privent pas de visiter aussi des galeries. Les ''univers parallèles'' sont donc un aimant efficace pour attirer des devises lorsqu'ils disent quelque chose et ne se contentent pas de faire du vent à des fins idéologiques : le Louvre de Paris ne serait pas le musée le plus visité du monde. Les mégalopoles dotées se livrent en ces jours à une véritable course pour capter cette manne de la translation massive. Tout reste à faire au pays de Madiba, Pa'a Evans et Pa'a Njombè, les téméraires aînés de la lignée des néo-façonneurs de formes. Mais il se pourrait toutefois que la Noria 58 ne soit pas à la hauteur de cette tâche de restauration. Il lui convient tout à fait que les Kmers de tous les âges, femmes et hommes, adultes et adolescents, jeunes et vieux, continuent de se dépenser sans retenue dans des investissements ruineux pour l'âme et la société tout entière. Façonnée par le goût au long des âges, dixit Michel Serres[5], il y va de notre humanité, ni plus ni moins.

---

[5] *Les Cinq Sens*, Grasset, 1985

www.ingramcontent.com/pod-product-compliance
Lightning Source LLC
Chambersburg PA
CBHW080925050426

42334CB00056B/2866

9789956464388